高等教育旅游专业新型活页式教材

茶叶网络营销

主编 耿晓琴 闫馨

華中科技大学出版社
http://press.hust.edu.cn

高等教育旅游专业新型活页式教材

茶叶网络营销

主　编　耿晓琴　闫　馨
副主编　韩　密　邱　雯　代　玥　莫宇婷

華中科技大學出版社
http://press.hust.edu.cn
中国·武汉

图书在版编目(CIP)数据

茶叶网络营销 / 耿晓琴,闫馨主编 . — 武汉:华中科技大学出版社,2024.9
ISBN 978-7-5680-9665-2

Ⅰ . ①茶…　Ⅱ . ①耿…　②闫…　Ⅲ . ①茶叶—网络营销　Ⅳ . ① F762.2

中国国家版本馆 CIP 数据核字(2023)第 162930 号

茶叶网络营销
Chaye Wangluo Yingxiao

耿晓琴　闫馨　主编

策划编辑:江　畅
责任编辑:陈　骏　李　弋
封面设计:孢　子
责任校对:刘小雨
责任监印:朱　玢
出版发行:华中科技大学出版社（中国・武汉）　电话:（027）81321913
武汉市东湖新技术开发区华工科技园　邮编:430223
录　　排:武汉创易图文工作室
印　　刷:武汉科源印刷设计有限公司
开　　本:787 mm × 1092 mm　1/16
印　　张:16.5
字　　数:389千字
版　　次:2024年9月第1版第1次印刷
定　　价:52.00元

华中出版

本书若有印装质量问题,请向出版社营销中心调换
全国免费服务热线:400-6679-118　竭诚为您服务

前言

Preface

中国有着5000多年的茶叶种植历史。茶叶出口一直是我国重要的出口创汇产品之一,茶叶产业已经成为21个主产省、8000多万茶农的重要支柱产业。2023年中央一号文件提出继续支持创建农业产业强镇、现代农业产业园、优势特色产业集群,为更好发展茶产业指明了方向。随着网络经济时代的到来,依托全球网络技术发展与信息网络社会变革的新技术和新手段,传统茶叶产业正结合自身营销实际,大规模进入网络营销领域。

茶叶网络营销是我国商品经济发展催生的产物,是运用网络营销对茶叶行业及茶叶企业营销活动深入研究的成果,它以茶叶网络市场营销活动为研究对象,以茶叶消费者的需求为研究中心,探讨茶叶行业网络市场的活动开展,为茶叶行业以及茶叶企业网络营销活动提供理论知识及网络营销实践经验,指导茶叶行业以及茶叶企业进行有效的营销和管理。通过查阅资料,市场上关于茶叶市场营销的书籍较少,关于茶叶网络营销的书籍更是少之又少。如今电商的发展和互联网的普及对茶叶营销提出了新要求,这就要求我们跟上时代,丰富相关的理论知识以指导实践。

本书是高等教育旅游专业新型活页式教材,以茶叶网络营销实践应用为写作导向,从茶叶网络营销的概念、策略出发,介绍了茶叶网络营销基础、茶叶网络营销分析、茶叶微博营销、茶叶微信营销、茶叶短视频营销、茶叶直播营销、茶叶社群营销、软文营销、茶叶移动营销新模式以及茶叶网络营销效果评估与优化等内容,以帮助茶叶营销人员更好地利用各种网络渠道开展营销活动、运营产品、获得竞争优势,并实现茶叶营销变现。本书可作为应用型本科院校和高等职业院校茶叶网络营销课程的教材,也可作为从事茶叶网络营销相关工作的人员的参考书。

本书本着满足读者从事茶叶网络营销管理工作的需要,针对互联网条件下茶叶企业市场营销活动的不断发展,借鉴了国内外先进的市场营销理论与方法,致力于建立完善的茶叶网络营销体系。本书编写坚持理论与实践相结合,阐述与评论相结合,介绍茶叶网络营销基本理论与方法,为茶叶企业、茶叶品牌的网络营销组织管理提供必要的理论支持与实践经验。本书内容具有针对性、适用性和前瞻性。本书由贵州经贸职业技术学院组织编写,具体编写分工如下:项目一、项目二由莫宇婷编写,项目三、项目四由闫馨编写,项目五、项目九由耿晓琴编写,项目六由韩密编写,项目七由代玥编写,项目八、项目十由邱雯编写,耿晓琴、闫馨担任主编并统稿。

另外,本书在编写过程中,参考了大量相关文献和书籍,编者在此对这些作者表示衷心的感谢!由于编者水平有限,书中遗漏和欠妥之处在所难免,恳请广大读者批评指正。

《茶叶网络营销》编委会

2023 年 10 月

目录

Contents

项目一 茶叶网络营销基础

学习目标

★知识目标

了解茶叶网络营销环境，掌握网络营销基本实质

了解茶叶网络营销的概念和特点

了解茶叶网络营销战略的目标、模式、规划与实施

★技能目标

能够熟练使用网络营销工具开展茶叶营销活动

能够正确制定茶叶企业网络营销发展战略

通过茶叶网络营销学习，掌握自主学习的方法

★素质目标

培养自觉探究的学习习惯，养成良好的管理方式

培养规范的行为意识和习惯

案例导入

艺福堂备战双十一

杭州艺福堂茶业有限公司，作为杭州市2008年首批大学生创业企业之一，短短几年，年销售额已经逾3亿元，被评为全球十佳网商、互联网茶业领军品牌。2022年双十一期间，为了护航双十一茶叶消费热潮，艺福堂首发量贩装茗茶、进阶款茗茶、三角袋泡新式茶饮、精选花草茶、网红普洱茶等5大系列20款新品，并以双十一尝鲜价，让更多好茶走进千家万户。打造放心直播间，全镜像展现产品制售环节，杜绝货不对板的现象，解决网上购茶“看不见、闻不着、尝不到”的“不放心”。推出30天保价、60秒快速响应、30天无理由退换货服务，全方位打造客诉机制，让消费者买得放心，喝得舒心。最终，艺福堂茶业以“支付买家数行业排名第一”的成绩稳居天猫茶行业TOP10榜单，持续领跑天猫茶类目，数十款产品名列天猫榜单第一，其营销页面如图1-1所示。

图 1-1　艺福堂天猫营销页面

思考

通过阅读上述案例，你认为艺福堂茶业的营销方式有何特色？在互联网发达的现今，茶叶企业应该如何利用网络营销加强自身品牌影响力？

任务一　茶叶网络营销概述

随着市场经济、信息技术、营销渠道、移动智能设备等的迅猛发展，茶叶网络营销已经步入一个新阶段，在茶叶市场营销中越来越受到重视。在深入学习茶叶网络营销这门课程之前，需要先了解茶叶网络营销的概念、特点、内容和功能等。

一、茶叶网络营销的概念与特点

现在营销市场上网络营销已是大势所趋，无论是企业的营销人员还是从事营销相关工作的人员，都应该在了解网络营销概念和特点的基础上，结合互联网开展营销实践活动。

（一）茶叶网络营销的概念

茶叶网络营销是茶叶企业利用网络进行品牌宣传、商品或服务营销的一种策略活动，最终目的是吸引消费者进入目标网站并购买商品或服务。茶叶网络营销借助互联网（包括移动通信、互联网结合形成的移动互联网）满足消费者需求，为消费者创造价值，它是包括规划、实施、运营和管理等在内的整体活动，且贯穿于企业的整体运营活动。

网络营销仍然属于市场营销的范畴，但与传统营销的手段和理念相比又有较大的变化，因此，茶叶网络营销的内涵可以从以下几个方面来理解。

1. 茶叶网络营销离不开现代信息技术

茶叶网络营销是借助互联网、通信技术和数字交互式媒体进行的营销活动，它主要是随着信息技术、通信卫星技术、电子交易与支付手段的发展（尤其是国际互联网的出现）而产生的，并随着信息技术的发展而进一步发展。

2. 茶叶网络营销是一种新型的直销营销模式

茶叶网络营销是一种新型的直销营销模式，但网络营销不是单一的在网络上进行销售，它是茶叶企业现有营销体系的有利补充，是将传统的营销手段应用到网络上，降低营销成本，开拓新市场。

网络营销的效果表现在多个方面（例如，茶叶企业品牌价值的提升，加强与客户之间的沟通，作为一种对外发布信息的工具等），茶叶网络营销活动并不一定能实现茶叶在网上直接销售，但极有可能对增加销售额和提升顾客忠诚度起到积极作用。

3. 茶叶网络营销的本质是满足消费者和企业的需求

茶叶网络营销的本质仍然是通过商品交换来满足企业与消费者的需求。消费者需求内容与需求方式的变化是网络营销产生的根本动力，网络营销的起点是消费者需求，最终实现的是消费者需求的满足和企业利润的最大化，因此，茶叶网络营销必须以追求消费者满意为中心。如何利用网络技术，来满足茶叶企业与消费者的需求，是茶叶网络营销的本质。

4. 茶叶网络营销贯穿营销活动的全过程

信息发布、信息收集、客户服务以及网上交易活动，都是网络营销的重要内容。茶叶网络营销包括从茶叶产品生产之前到产品售出之后的所有活动，其实质是利用互联网对产品的售前、售中、售后各环节进行及时、双向的信息沟通和跟踪服务。其自始至终贯穿于企业经营的全过程，包括市场调查、客户分析、产品开发、销售策略、客户服务与管理等方面。

5. 茶叶网络营销建立在传统茶叶营销理论基础之上

茶叶网络营销是建立在传统茶叶营销理论基础之上的，不是简单的营销网络化。4P、4C等市场营销理论对于茶业网络营销来说都是值得借鉴的，网络营销理论是传统营销理论在互联网中的应用和发展。

作为一种新的营销方式或营销手段，茶叶网络营销活动不可能脱离传统营销活动而独立存在，网络营销是茶叶企业整体营销战略的一个组成部分，是利用互联网开拓市场并满足客户需要的活动，在实际运用中网络营销要与传统营销结合起来才能得到更好的效果。

（二）茶叶网络营销的特点

茶叶网络营销是随着互联网的发展而衍生出来的一种新的营销手段，相较于传统的市场营销手段，茶叶网络营销具有以下几个特点。

(1) 全球性。

互联网具有超越时间和空间限制的特点，任何企业的营销活动通过互联网都能够扩大市场范围，并且可以随时随地向消费者提供全球性的营销服务，以尽可能多地占有市场份额。同时，茶叶企业也需要考虑如何开发茶叶网络营销的潜力，并制定合理的营销战略。

(2) 交互性。

茶叶网络营销具有良好的交互性，一方面，消费者能自主通过网络平台查看与搜索信息；另一方面，企业能更加直接地与消费者交流和沟通，拥有更多展示自身的机会，同时也有助于提高企业的应变能力。

(3) 个性化。

茶叶网络营销是由消费者主导的、非强迫性的、循序渐进的一种低成本与人性化的营销方式，消费者可以根据自己的需求自由选择是否接受企业的产品或服务，或通过信息主动寻找，并提供需求和反馈，以便于茶叶企业为消费者提供更加个性化的产品或服务。

(4) 成长性。

互联网的使用人数逐渐递增，消费群体涵盖了各个阶层。其中年轻、高收入水平的消费群体占主导地位，这部分消费群体的购买能力强且极具影响力，是一个极具潜力与成长性的市场。

(5) 经济性。

茶叶网络营销通过互联网交换信息，改变了传统的茶叶交易方式，减少了交易成本（如店面费、印刷费、水费、电费和人工成本等）。同时，还提高了交易的效率，减少了多次交易带来的损耗。

(6) 高效性。

茶叶网络营销通过计算机进行信息的查询与筛选，其信息传送速度快、数量多、精确度高，能根据市场需求及时更新产品或调整价格，以满足消费者的需求。

(7) 技术性。

茶叶企业进行茶叶网络营销必须先具备互联网基础和一定的技术投入与支持，并且还要根据企业需求改变传统的组织形态，提升企业内部管理职能，招聘熟练使用计算机技术、网络技术和营销手段的复合型人才，以使企业在激烈的茶叶市场竞争中保持优势。

(8) 整合性。

网络营销从发布茶叶商品信息、交易、收款到售后服务，以及与客户关系的管理等活动均可通过网络实现，因此网络营销也是一种全程的营销渠道。茶叶企业可以借助互联网将不同的传播营销活动进行统一设计规划和协调实施，以统一的传播资讯向消费者传达信息，避免不同传播途径信息的不一致产生的消极影响。

(9) 多媒体。

互联网可以传递多种媒体形式信息（如文字、声音、图像等），为达成交易进行的信息交换可以以多种形式存在，同时可以充分发挥营销人员的创造性和能动性。

(10) 超前性。

互联网是一种功能强大的营销工具，它同时兼具渠道、促销、电子交易、双向互动服务以及市场信息分析与提供的多种功能。它所具备的一对一营销能力，正符合定制营销与直复营销的未来趋势。

二、茶叶网络营销的内容

茶叶网络营销涉及的范围十分广泛，具体包括以下几个方面。

（一）环境分析

茶叶企业营销活动是在复杂的社会环境中进行的，环境的变化既可能给企业带来市场机会，又可能对企业构成某种威胁。因此，分析网络营销环境有利于茶叶企业制定网络营销战略和策略。

（二）消费者分析

互联网的发展推动了网络消费的发展。与传统茶叶市场相比，消费者在网络市场的购物过程中占据了更主动的地位，也更加自由，拥有更多的权利。因此，茶叶企业必须分析消费者网络消费的特点和规律，充分了解消费者的购物行为，做到有的放矢，以获得更多消费者，扩大消费市场。

（三）市场调查

茶叶企业开展网络营销活动不是盲目和随意的，通常会提前进行周密详细的网络市场调查，尤其是在研发新产品、投放新广告前。通过详细的网络市场调查，企业能根据反馈的信息，制定符合市场需求的营销决策。网络市场调查的重点是充分利用互联网的特点，提高调查的效率，从而在海量的网络资源中快速获取有用的信息。

（四）制定网络营销战略

网络营销战略是指茶叶企业以消费者需求为导向，对企业网络营销目标及实现目标的方案、措施做出总体的、长远的谋划。为实现网络营销目标，茶叶企业需要制定相应的网络营销战略。

（五）制定网络营销策略

茶叶企业开展网络营销，在战略层面进行长远规划后，还需要围绕网络营销战略制定相应的网络营销策略。网络营销策略是指企业根据自身在市场中所处的环境采取不同的网络营销组合方式，包括产品策略、价格策略、渠道策略、促销策略等。

1. 产品策略

网络技术与环境的日益成熟，实现了消费者与企业的直接对话，个性化的消费需求日益受到企业的重视。同时，在网络上销售产品的费用远低于在其他渠道上销售产品的费用，降低了企业成本，提高了产品竞争力，也为企业制定产品策略提供了更多选择。

(1)需求型产品。

需求型产品是满足消费者需求的产品，企业可通过分析消费群体的总体消费特征制定适合在网络上销售的产品。需求型产品是一种大众化的产品，如大宗龙井茶、铁观音等。

(2)体验型产品。

体验型产品是促进消费者购买、保证转化率的一种产品，如折扣茶、“买一送一”的赠品茶等。

(3)形象化产品。

形象化产品代表企业的品牌形象,是企业的核心产品,起引流作用,如限量茶、明星签名包装茶等。

(4)定制化产品。

定制化产品是企业通过与消费者直接交流、沟通,为消费者提供的个性化、定制化的产品或服务,注重趣味性、粉丝互动性,如占卜茶、答案茶等。

小贴士

茶叶营销者不一定需要了解如何生产和制作茶叶,但需要重点了解茶叶的功效、适用群体,并挖掘茶叶卖点和价值等。茶叶营销者如果对茶叶的细节不熟悉,推广茶叶时将很难达到预期效果;茶叶营销者如果不知道茶叶的功效,就无法与消费者顺利地进行沟通,写作营销文案时也无从下笔,不能将产品完美地融入文案。

2. 价格策略

网络时代产品价格是透明的,消费者可以通过网络同时了解到多款茶叶的厂家甚至全部厂家的价格,以做出购买决策,这导致茶叶的网络销售价格弹性较大,竞争也比较激烈。在网络营销中,网络产品的附加价值往往大于产品本身的价值,如不同企业销售同样的产品,赠送价值、服务价值等突出的一方其产品定价更高,消费者也乐于接受。为此,企业在制定茶叶网络销售价格时,一方面,可根据市场供需情况、竞争产品的价格变动和促销活动等因素,对价格进行调整;另一方面,可开诚布公地在价格目录上向消费者介绍企业的价格制定程序,并在网络上对本产品的性能价格指数与其他同类产品的性能价格指数进行比较,促使消费者做出购买决策。

3. 渠道策略

网络将企业和消费者连在一起,给企业提供了一种全新的销售渠道。这种新渠道为茶叶企业了解消费者购物信息提供了途径和平台,方便企业收集消费者的购买数据,从而更好地维护并拓展消费群体,进行精准营销。而消费者则可以得到丰富、全面、及时的商家折扣信息和优惠的价格,订购更方便。总之,网络营销渠道不但简化了传统营销渠道,而且集消费指南、便捷服务、分享平台和消费体验于一体,紧密联系销售与售前、售后服务,因此具有更大的优势。

4. 促销策略

营销的基本目的是促进销售,网络营销也不例外,大部分网络营销方法都与直接或间接促销有关。与传统营销不同,网络营销促销的出发点是利用网络信息交流自由、开放和平等的特征实现与消费者的双向沟通。这种沟通方式不是传统营销中企业将营销信息强制"推送"给消费者,而是由消费者掌握主动权,选择是否接收企业的营销信息,即"软"营销方式。

(六)网络营销管理

网络技术的发展为企业开展网络营销创造了有利条件,茶叶企业要取得网络营销的预期效果，就需要管理好网络营销的各个环节。虽然传统营销管理的一些理念和方法仍可采用，但网络营销活动依托于网络平台，难免会遇到传统营销未遇到的新问题，如网销茶叶质量问题、消费者网上消费行为的隐私保护问题等，这些都要求茶叶企业必须做好有别于传统茶叶市场营销的管理工作。

三、茶叶网络营销的功能

茶叶网络营销具有很强的实践性，人们能够从实践中发现茶叶网络营销的一般方法和规律。如何定义茶叶网络营销其实并不重要，关键是要理解茶叶网络营销的真正意义和目的，并在充分认识互联网营销环境的基础上，利用各种互联网工具为企业营销活动提供有效的支持。开展茶叶网络营销的意义就在于充分发挥各种功能，使网络营销的整体效益最大化。

（一）品牌推广功能

茶叶网络营销的重要任务之一就是在互联网上建立并推广茶叶企业的品牌。知名企业的线下品牌形象也可以在网上得到延伸，如通过互联网快速树立品牌形象，并提高企业整体形象。网络品牌建设以茶叶企业网站建设为基础，通过采取一系列的推广措施，使消费者对茶叶企业产生正面的认知和认可。在一定程度上，茶叶企业网络品牌价值甚至高于通过网络获得的直接收益。

（二）信息搜索功能

茶叶企业在营销活动中需要获取各种商业信息（包括价格、商业竞争对手的发展态势等），这些信息的获取均可以通过多种信息搜索方法来完成。信息搜索已经成为营销主体能动性的一种表现形式，是提高网络经营能力的竞争手段。现如今，信息搜索功能已从单一化向集群化、智能化方向发展，这使得网络搜索的商业价值得到进一步扩展。例如，消费者在百度上搜索某款茶叶，链接的不是某个网上商城的首页，而是这款茶叶的综合信息页面，这个页面显示了茶叶的价格、折扣、消费者评分、茶叶简介以及茶叶功效介绍等信息。并且，该页面还会显示类似“购买本商品的消费者还买过”“看过本商品的消费者还购买了”等栏目，向消费者推荐其可能感兴趣的相同类型的其他茶叶。

（三）信息发布功能

网站是一种信息载体，通过网站发布信息是网络营销的主要方法之一，信息发布也是网络营销的基本职能之一。无论采用哪种网络营销方式，网络营销的最终目的都是将信息快速、有效地传递给目标人群，包括消费者和潜在消费者、媒体、合作伙伴、竞争者等。

网络营销可以把茶叶相关信息发布到全球任何一个地点，既可以实现信息的大面积覆盖，形成地毯式的信息发布链，又可以创造信息的轰动效应，发布隐含信息。通过网络营销的方式，能使信息的扩散范围、表现形式、延伸效果、穿透能力都最佳化。

在网络营销中，网上信息发布以后，可以联动地进行跟踪，获得反馈，可以进行反馈后的交流和沟通，因此信息发布的效果很显著。茶叶企业可以利用网络社区、微博、QQ 的个人空间等网络平台发布信息，现在大多数茶叶企业看中的是信息发布系统，利用信息发布系统相比企业自行发布信息要简便得多。

（四）促进销售功能

营销的基本目的是为增加销售提供帮助，提高营销者的获利能力，网络营销也不例外，大部分网络营销方法都与直接或间接促进销售有关，但促进销售并不限于促进网上销售。事实上，网络营销在多数情况下对线下销售有促进作用。

（五）销售渠道开拓功能

网络具有极强的穿透力，传统经济时代的经济壁垒、地区封锁、人为屏障、交通阻隔、资金限制、语言障碍、信息封闭等，都阻挡不住网络营销信息的传播和扩散。一个具备网上交易功能的企业网站就是一个网上交易场所，网上销售是茶叶企业销售渠道在网上的延伸。网上销售渠道建设不限于网站本身，还包括建立在电子商务平台上的网上商店，以及与其他电子商务网站建立不同形式的合作等。

（六）特色服务功能

互联网提供了更加方便的在线消费者服务手段，消费者不仅可以获得形式最简单的FAQ、邮件列表，以及BBS、聊天室等各种即时信息服务，还可以获取在线收听、在线收视、订购、交款等选择性服务(如无假日的加急服务，从信息跟踪、信息定制到智能化信息转移的手机接听服务，以及网上茶叶选购、线下送货到家的上门服务等)。这种服务以及服务之后的跟踪延伸，不仅极大地提高了满意度，使以消费者为中心的原则得以实现，同时使消费者成为商家的一种重要的战略资源，便于茶叶企业维护其与消费者的关系。良好的消费者关系是网络营销取得成效的必要条件，通过网站的交互性、消费者参与等方式在开展消费者服务的同时，也可以增进消费者与企业之间的友好关系。

（七）经济效益增值功能

茶叶网络营销能够极大地提高茶叶营销者的获利能力，使营销主体提高或获得增值效益。这种增值效益的获得，是由于茶叶网络营销效率的提高、营销成本的降低、商业机会的增多，更在于茶叶网络营销中新信息量的累加使原有信息量的价值实现增值。这种无形资产促成价值增值的观念和效果，既是前瞻的，又是明显的，是为多数人尚未认识、不理解的一种增值效应。

（八）客户关系管理功能

在传统的经济模式下，由于认识不足或自身条件的局限性，使茶叶企业在管理客户资源方面存在较为严重的缺陷。针对上述情况，在茶叶网络营销中，通过客户关系管理，把客户资源管理、茶叶销售管理、茶叶市场管理、综合服务管理、茶叶企业决策管理融于一体，将原本疏于管理、各自为战的销售、市场、售前服务和售后服务与业务统筹协调起来。实时跟踪订单，帮助茶叶企业有序地监控订单的执行过程；规范销售行为，了解新、老客户的需求，提高客户资源的整体价值；避免销售隔阂，帮助茶叶企业调整营销策略；收集、整理、分析客户反馈信息，全面提升企业的核心竞争力。客户关系管理系统还具有强大的统计分析功能，可以为茶叶企业提供决策建议书，从而避免决策的失误，为茶叶企业带来可观的经济效益。

网络营销的各种功能之间并不是相互独立的，发挥其中一种功能可能需要多种网络营销方法的共同使用，同一种网络营销方法也可能实现多种网络营销功能。

四、茶叶网络营销与茶叶传统营销的关系

茶叶网络营销并没有改变茶叶营销的本质，传统营销与网络营销实质上是茶叶企业整体营销战略的两个组成部分。传统茶叶营销依靠传统媒介将茶叶产品、服务和企业品牌传递给消费者，茶叶网络营销依靠互联网将这些信息传递给消费者，营销手段不同，并且消费者消费行为和消费习惯的改变，使得两者的营销理念、信息沟通模式等产生了一定的差异。传统营销与网络营销不是相互排斥的，只有两者相互融合，才能更好地实现企业的营销目标。

（一）茶叶网络营销对茶叶传统营销的影响和冲击

茶叶网络营销作为一种茶行业全新的营销方式，发展速度快、实践性强。特别是在当前信息化、网络化经济社会中，具有天然的优势，使传统营销面临着巨大的冲击。

1. 对传统营销策略的影响

(1)对产品策略的冲击。

茶叶网络营销对传统的茶叶产品产生了冲击，通过互联网，茶叶企业可以迅速获得关于产品概念和广告效果测试的反馈信息，也可以测试不同消费者的认同水平，从而对消费者的行为和偏好进行跟踪。在网络条件下，消费者一定程度上占据了主动权，他们可以发出具有个性的需求信息，茶叶企业则按照消费者的需求，对不同的消费者提供不同的商品，能够有效地满足消费者各种个性化需求。

(2)对定价策略的冲击。

由于茶叶网络营销可以大大降低经营成本，茶叶企业可以按照消费者心理价位进行定价，更好地满足消费者的需求，互联网使得地区的价格水平标准化或缩小地区间的价格差异。如果茶叶企业某种产品的价格标准不统一或经常改变，消费者可以通过网络了解价格差异，相对于目前的各种媒体，互联网的网络浏览和服务器会使变化不定且存在差异的价格趋于一致，这对于执行差别化定价策略的茶叶企业来说是一个严峻考验。

(3)对传统营销渠道的冲击。

通过互联网，生产商可与最终用户直接联系，中间商的重要性因此有所下降。会造成两种后果，一是由大型茶叶企业所建立的传统分销网络对小企业竞争者造成的进入障碍将明显降低；二是对于目前直接通过互联网进行产品销售的生产商来说，其售后服务工作是由各分销商承担，但随着代理销售利润的消失，分销商很可能不再承担这些工作。如何在现有的渠道下为消费者提供售后服务是茶叶企业要解决的重要问题之一。

(4)对传统促销活动的冲击。

茶叶网络营销主要通过在互联网发布茶叶相关网络广告进行促销,网络广告在传统广告的基础上有更好的发展前景。首先,相对于传统媒体来说,由于网络空间具有无限扩展性,因此在网络上打广告受到空间篇幅的局限较少,可将必要的信息充分展示出来。其次,网络的特点使得广告的表达形式更加生动、形象,网络广告相较于传统媒介的广告对消费者更具冲击力和吸引力。最后,迅速提高的广告效率也为网上企业创造了便利条件。例如,茶叶企业可以根据其注册用户的购买行为较快地改变向访问者发送的广告;有些茶叶企业可以根据访问者的特性(如硬件平台、域名或访问时的搜索主题等)有选择地显示其广告。

2. 对传统营销方式的冲击

随着网络技术迅速向宽带化、智能化、个人化方向发展,用户可以在更广阔的领域内实现声、图、像、文一体化的多维信息共享和人机互动功能,"个人化"把"访问到家庭"推向了"服务到个人"。正是这种发展使得传统营销方式发生革命性的变化,它可能会导致大众市场的终结,并逐步体现市场的个性化,最终以每一个用户的需求来组织生产和销售。

(1)对消费者关系的影响。

茶叶网络营销可以使茶叶企业重新营造消费者关系,茶叶网络营销的企业竞争是一种以消费者为焦点的竞争形态,争取新消费者、留住老消费者、扩大消费者群体、建立亲密的消费者关系、分析消费者需求、创造消费者需求等,都是茶叶企业最关键的营销课题。如何与分散在全球各地的消费者群体保持紧密的关系并能掌握消费者的特性,通过塑造企业形象和加强对消费者的引导,建立消费者对于虚拟企业与网络营销的信任感是茶叶企业网络营销成功的关键问题。网络时代的目标市场、消费者形态、产品种类与传统营销相比发生了很大的变化,茶叶企业要通过多种创新营销行为,去跨越地域、文化、时空的差距再造消费者关系。

(2)对营销战略的影响。

一方面,互联网具有平等、自由等特征,使用网络营销将会降低大型茶叶企业所拥有的规模经济的竞争优势,从而使小微茶叶企业更易于在全球范围内参与竞争。另一方面,由于人人都能掌握竞争对手的产品信息与营销行为,因此胜负的关键在于如何适时获取、分析、运用这些来自网络上获取的信息,来研究出更具优势的竞争策略。同时,策略联盟将是网络时代的主要竞争形态,如何运用网络来组成合作联盟,并以联盟形成的资源规模创造竞争优势,将是未来茶叶企业经营的重要手段。

(3)对企业跨国经营战略的影响。

网络时代茶叶企业开展跨国经营活动是非常必要的,互联网所具有的跨越时空连贯全球的功能,使得进行全球营销的成本低于地区营销,茶叶企业不得不进入跨国经营的时代,根据不同国家市场消费者的特点,满足他们的需求,用优质的产品和良好的服务赢得他们信任的同时,还要通过网络安排好跨国生产、运输与售后服务。

(二)茶叶网络营销与茶叶传统营销的区别

网络的特点赋予了网络营销新的特点,使网络营销与传统营销相比产生了较大的改变。

这两者之间的区别主要体现在营销理念的不同、营销目标的不同、营销竞争方式的不同、信息沟通模式和内容的不同这几个方面(表 1–1)。

表 1–1　茶叶在网络营销和传统营销中的区别

比较项目	网络营销	传统营销
营销理念	以消费者为核心，从消费者的个性和需求出发，寻找企业的产品、服务与消费者需求之间的差异和共同点	以企业的利益为中心，追求低成本的规模生产，极易导致产销脱节
营销目标	以消费者为中心，通过充分满足消费者需求来实现企业价值	企业利润最大化
营销竞争方式	企业在网络提供的虚拟空间中与其他企业展开竞争	企业在现实空间中与其他企业进行面对面的竞争
信息沟通模式和内容	通过微博、微信等新媒体实现交互式双向信息传播，双向沟通及时，消费者既可主动查询信息，又可以反馈意见	依靠传统媒体（如电视、杂志、广播、宣传单等）单向传播信息，消费者被动接受企业观念和产品

(1)营销理念的不同。

传统的茶叶营销理念(如生产观念、产品观念、推销理念等),主要以茶叶企业的利益为中心,未能充分考虑消费者的需求,单纯追求低成本的规模生产,极易导致产销脱节。在茶叶网络营销中,茶叶企业的营销理念核心是消费者,该理念从消费者的个性和需求出发,寻找茶叶企业的产品、服务与消费者需求之间的差异和共同点,并在适当的时候通过改变茶叶企业的营销策略来满足消费者的需求。

(2)营销目标的不同。

茶叶传统营销注重的是茶叶企业利润的最大化,而茶叶网络营销强调以消费者为中心,以满足消费者需求、为消费者提供更加优质与便利的服务来实现茶叶企业价值。

(3)营销竞争方式的不同。

茶叶传统营销是企业在现实空间中与其他企业进行面对面的竞争,而茶叶网络营销是企业在网络提供的虚拟空间中与其他企业展开竞争。在茶叶网络营销条件下,具有资金实力的大规模企业不再是唯一的优胜者,所有的企业都站在同一起跑线上,这就使小微企业实现全球营销成为可能。

(4)信息沟通模式和内容的不同。

茶叶传统营销依靠传统媒体(如电视、杂志、广播、宣传单等)单向传播信息,营销者在与消费者沟通时,倾向于说服消费者接受企业的观念和产品,此时消费者处于被动地位,消费者只能根据企业提供的固定信息来决定购买意向。但茶叶网络营销通过微博、微信等新媒体实现了交互式双向信息传播,茶叶企业与消费者之间的沟通及时而充分,消费者在信息传播过程中既可主动查询自己需要的信息,又可以反馈自己的意见。

(三)茶叶网络营销与茶叶传统营销的融合

虽然茶叶网络营销对茶叶传统营销有巨大的影响,但并不等于茶叶网络营销可以完全取代茶叶传统营销。二者是互相依赖、互相补充和互相配合的关系，只有充分整合逐渐走向融合，才是未来市场营销的发展方向。

鉴于茶叶传统营销与茶叶网络营销的特点，茶叶企业在进行营销时，应该根据企业的经营目标和细分市场，整合茶叶网络营销和茶叶传统营销策略，以低营销成本实现良好的营销效果。同时，茶叶企业可以将网络营销作为企业营销策略的一部分，用网络营销的优点来弥补传统营销的不足，使营销策略更加完善，进而实现企业的营销目标。

知识拓展

网络营销最大的弊端之一是缺乏信任感。很多人更倾向于实物，而不是网上的图片，买到不满意的产品存在退货、换货等问题，遇到不诚信的企业还可能产生交易纠纷。在茶叶网络营销中，产品质量需要第三方监督，但这种监督也容易让消费者产生不信任感。如何让茶叶网络营销取得成功、取信于人是众多网络消费平台努力的目标。

任务二 茶叶网络营销战略

茶叶网络营销战略是茶叶企业市场营销战略的一部分，是对茶叶企业网络营销工作做出的全局性、长期性和方向性的谋划，它使网络营销活动有条不紊地展开，从而实现企业目标、资源能力和经营环境三者之间的动态平衡。

一、茶叶网络营销战略的目标

茶叶网络营销战略的目标是指确定开展网络营销后达到的预期效果，只有确定了目标，才能对企业的网络营销活动做出及时的评价。茶叶企业在开展网络营销时可根据自身的特点，设定不同的网络营销战略目标。一般来说，茶叶网络营销战略目标的类型有以下几种。

（一）销售型目标

销售型目标主要是为茶叶企业拓宽销售渠道，借助网络的全球性、交互性、实时性和直接性为消费者提供便捷的网上销售点。

（二）服务型目标

服务型目标主要是为消费者提供网上服务。网上服务人员可为消费者提供售前咨询和售后服务。

（三）品牌型目标

品牌型目标主要是在网上建立茶叶企业的品牌形象，加强与消费者的直接联系和沟通，提高消费者的品牌忠诚度，为茶叶企业的后续发展打下基础。

（四）提升型目标

提升型目标主要是指茶叶企业通过网络营销代替传统营销手段，以降低营销费用、提高营销效率、促进营销管理和提高企业自身竞争力。

（五）混合型目标

混合型目标是指同时达到上述目标中的两种或两种以上，如茶叶网通过设立茶叶网上商城作为其主要网上销售点，同时建立茶叶知识网站，并利用各种网络营销方式和手段提升企业竞争力。

二、茶叶网络营销战略的模式

为了达到预期的营销目标，茶叶企业开展网络营销应根据自身特点及目标消费者的需求特征，选择相应的网络营销战略模式。常见的茶叶网络营销战略模式有以下几种。

（一）留住消费者增加销售额

对茶叶企业而言，一个新消费者的投入产出比要高于一个老消费者的投入产出比。在这种情况下，企业通常会采用留住消费者增加销售额的战略模式，这种战略模式的核心是维护良好的消费者关系，其主要是通过茶叶网络营销有针对性地提升消费者的服务质量，优化服务内容，提高消费者服务的满意度，建立茶叶企业与消费者之间的密切关系，从而留住老消费者，吸引更多的新消费者，进而增加茶叶企业的销售额。

（二）提供有用信息刺激消费

基于网络环境信息传递的优势，开展茶叶网络营销的企业可以向消费者不断地提供新信息。提供有用信息刺激消费战略模式的核心是信息发布，该模式主要是通过网络营销向消费者连续提供有用的信息（如新产品信息、新流行趋势等），不断激发消费者新的消费欲望，达到促进产品销售的目的，进而提升企业的盈利水平。因此，在网上站点发布有吸引力的、能够刺激消费者消费欲望的信息内容，是茶叶企业实施提供有用信息刺激消费战略模式的基础。

（三）简化销售渠道、降低销售成本

网络营销是随着信息技术、通信技术、电子交易与支付手段的发展而产生的，特别是互联网的出现更是为它的发展提供了广阔的空间。在简化销售渠道、降低销售成本的战略模式下，茶叶企业可以利用网络平台进行产品销售，从生产端直接抵达消费终端，剔除中间商加价环节，为消费者提供购买方便、省时的销售渠道，从而减少消费者在购物时间和精力上的支出与消耗，达到降低销售成本、减少管理费用的目的。茶叶企业建立具有网上交易功能的独立网站或在电子商务平台上建立网上商店便是该模式的应用。同时，茶叶企业可通过降价、打折、团购等促销方式吸引消费者购买。

（四）树立品牌形象、提高市场占有率

大多数企业都将网络作为增强品牌形象的工具。茶叶企业可以通过各种网络营销方式和

手段，突出品牌宣传，树立整体的企业品牌形象，提高消费者忠诚度，实现市场渗透，达到提高市场占有率的目的。

（五）吸引消费者参与、提高消费者忠诚度

茶叶企业可以通过社交媒体或网站相关栏目，使消费者能根据自己的兴趣爱好形成一些有共同话题的网络社区，以提高消费者忠诚度，以“共同话题”的形式吸引消费者积极参与，使他们成为企业品牌和产品的忠实消费者。例如，喜茶的网络营销战略以“粉丝经济”为核心，通过在微博建立喜茶超话聚集消费者，并在超话和微博账号上与消费者互动以加深感情，进而让消费者越来越认可喜茶，将这些消费者培养成忠实消费者。

三、茶叶网络营销战略的规划

茶叶网络营销战略应与茶叶企业整体理念和经营目标一致，企业在确定采取网络营销战略后，要根据战略进行相应规划（包括目标规划、组织规划等）。

（一）目标规划

设置茶叶网络营销目标。在确定采用某一战略的同时，识别与之相关联的营销渠道和组织，提出改进目标的方法。

（二）组织规划

茶叶企业决定采用某一战略后，其组织结构需要进行相应调整以配合该战略的实施，如增加技术研发部门、数据采集处理部门等。

（三）管理规划

茶叶企业实施网络营销组织结构改变后必然要求管理的变化，即企业的管理需要适应网络营销的需要。

（四）技术规划

茶叶企业实施网络营销需要更多的技术投入和支持，因此，技术资金投入、系统购买和设备安装，以及营销者培训都应统筹安排。

四、茶叶网络营销战略的实施

茶叶网络营销战略的实施应综合考虑企业的规模和整体目标、企业技术支持和应用、企业产品的类型与周期等情况。

下面介绍一种实施网络营销战略的常见思路和流程，以供参考。

（一）确定网络营销组织结构

网络营销工作，一般由专门的部门负责。茶叶企业可设立专门的营销部门或工作小组，成

员主要包括网络营销者、网站运营人员和网络技术人员。茶叶企业即使在开展网络营销的初期想要精简网络营销的组织结构，也应保证茶叶网络营销工作由专人负责，网络营销工作初期任务繁重且兼职人员难以保证工作质量。

（二）网络营销预算

茶叶企业实施网络营销战略需要有前瞻性，要考虑网络营销的成本和收益。因此，企业应对可能的成本投入有所估计。一般来说，茶叶网络营销预算主要包括以下几个方面：营销部门相关人员的工资；计算机、路由器、打印机等硬件设备费用；空间租用、网站建设、网页制作、搭建数据库等软件费用；网费、广告费等其他费用。

（三）构建企业网站

茶叶企业网站（包括独立网站和基于第三方平台建立的网站）是网络营销的主要载体，对于茶叶企业而言非常重要，网站的好坏会影响网络营销战略的实施效果。网站的功能包括：企业管理及文化建设、企业形象展示、合作企业交流、网上销售、消费者服务等。

（四）网站推广

茶叶企业网站完成构建后即可开始进行网站推广，网站推广的过程实际上是企业品牌及产品推广的过程。网站推广应考虑的因素主要包括：明确企业产品的目标消费群体；分析企业产品的使用者、购买者及购买决策者各有何特点（如年龄、收入水平、受教育程度等），他们的上网习惯如何（如感兴趣的内容、常用的购物平台、网络浏览时间等）；应该向哪些消费者做网站推广；采用哪种或哪几种推广方式进行网站推广的效果更好；分析竞争对手采用的推广方式及推广效果；如何降低推广成本。

可选择的推广方式包括：网站链接交换；搜索引擎收录和竞价广告投放；其他平台的广告投放；通过微博、微信等新媒体进行推广；在公司名片等对外资料中标明网址；通过宣传单、广播、报刊等传统媒体进行推广。

（五）评估网络营销效果

茶叶企业进行网站推广后，其网络营销工作完成了某个阶段，此时，茶叶企业可通过该阶段消费者的信息反馈，对网络营销效果进行初步评估。评估内容包括：企业网站建设是否成功、功能是否完善，网站推广是否有效，网上消费者参与度如何，潜在消费者及现有消费者对企业网上营销的接受程度如何，企业各部门对网络营销的配合是否高效等。网络营销效果评估指标包括：网站访问量、访问者地区分布、访问者访问频率与访问时长、访问者反馈的信息内容、购买转化率等。

（六）网络营销的全面实施

初步评估网络营销效果后，茶叶企业可改进推广策略并逐步全面实施网络营销。工作内容包括:潜在消费者、经销商与竞争对手的市场调查及管理,面向开发人员的技术交流,面向消费者提供网上咨询与消费者服务,通过企业现有条件和资源策划系列营销活动等。

小贴士

综合评价茶叶网络营销战略实施,应考虑3个方面的问题:成本效益问题,成本应低于预期收益;该战略能带来多大的市场机会;企业的组织结构、文化及管理方式能否适应该茶叶网络营销战略带来的转变。

复习思考题

1. 请简述茶叶网络营销与茶叶传统营销的区别。
2. 请简要说明茶叶网络营销的功能。
3. 请结合本项目的学习,简要叙述茶叶网络营销策略的内容。

工作任务清单——网络购物体验

任务情景描述

通过学习茶叶网络营销基础,小王表示想在双十一通过淘宝购买一款茶叶,请与小王一起完成以下任务。

建议学时

2 学时

任务流程与活动

任务活动 1:任务确立;

任务活动 2:购茶体验;

任务活动 3:问题分析;

任务活动 4:撰写分析报告;

任务任务 5:评价与总结。

任务活动 1:任务确立

(1) 活动思考。

本项目工作任务的具体内容是什么?涉及哪些知识点?

____

____

____

(2)思想提升。

网络购茶需要掌握哪些信息分析能力？

______

______

______

任务活动 2:购茶体验

体验步骤	体验内容	活动记录
步骤 1	登录淘宝账号：打开淘宝 App 或网页，使用已注册的账号登录	
步骤 2	搜索茶叶：在搜索框中输入关键词，如“茶叶”“绿茶”“普洱茶”等，点击搜索按钮	
步骤 3	筛选和排序：根据个人需求，在搜索结果页面使用筛选功能，如价格区间、品牌、产地等。根据个人偏好，选择适合的茶叶筛选条件，并按照价格、销量等方式进行排序。 如：购买茶叶的价格可选择 100 元以下	
步骤 4	查看商品详情：点击感兴趣的茶叶商品，进入商品详情页面。仔细阅读商品描述、规格、产地、质量认证等信息，查看商品图片，了解茶叶的特点和质量	
步骤 5	查看评价和口碑：在商品详情页面下方，查看其他买家的评价和晒图。重点关注好评和中评，了解其他买家的使用体验和茶叶的口感	
步骤 6	咨询客服：如有疑问，可以通过在线客服功能向卖家咨询，询问茶叶的产地、包装、保质期等问题，以及退换货政策和物流信息	
步骤 7	下单购买：确认选择的茶叶后，点击“立即购买”或“加入购物车”按钮	

任务活动 3:问题分析

问题思考	内容	作答记录
问题 1	你是通过什么方式在淘宝网找到需求茶叶产品的	
问题 2	商家使用了哪些方式来推广茶叶产品的	
问题 3	淘宝网中同类产品琳琅满目，吸引你打开产品页面、浏览产品信息的原因是什么	
问题 4	在浏览产品页面的过程中，有的产品页面被打开后，你却没有继续浏览下去的兴趣，这是为什么	
问题 5	通过对比，最终你会在一家网店中购买茶叶产品，使你做出购买决策的原因是什么	

任务活动 4:撰写分析报告

报告要点	内容	作答记录
茶叶选择	描述购买茶叶的过程，包括使用的购物平台、关键词搜索、筛选和排序条件等	
茶叶品质评估	对购买的茶叶进行质量评估，包括茶叶的外观、香气、口感等方面。考虑茶叶的产地、规格、质量认证等因素	
客服咨询	总结与客服的沟通和咨询体验，评估客服的服务态度、响应速度和专业程度	
价格与性价比	评估购买茶叶的价格与性价比，比较所购茶叶的价格与市场平均价，讨论茶叶的品质是否与价格相符	
体验总结	总结购茶体验的结果和满意度，以及是否达到预期目标	

任务活动 5:评价与总结

(1) 评价。

一级指标	二级指标	评价内容	分值	自评	互评	师评
工作能力	学习能力	可以完成学习活动的各种能力组合	10			
	操作能力	能够根据所学的技能独自完成工作任务	10			
	创新能力	具备新思想、新理论、新方法和新发明的能力	10			
工作态度	学习方法	根据工作任务能对知识进行归纳总结	10			
	学习态度	对学习保有较为持久的行为状态	10			
作品成果	成果展现	作品完整度	50			

(2) 所思所获。

____

____

____

项目二 茶叶网络营销分析

学习目标

★知识目标

了解网络消费者的行为和心理

了解茶叶网络营销的宏观环境和微观环境

掌握茶叶网络市场的动态变化，及时调整营销战略和策略

★技能目标

提高茶叶网络营销分析水平

掌握茶叶网络市场调研的步骤

掌握网络问卷调查设计方法

★素质目标

通过小组学习和合作，培养团队协作精神

通过调查活动，培养学生敢于质疑、勇于创新的精神

案例导入

咨询公司助力茶叶企业开展网络市场调查

随着茶叶市场和科技的发展,传统茶饮不断升级,新式茶饮纷纷崛起。通过艾媒咨询发布的《2020年中国茶叶行业市场现状及用户调研分析报告》数据显示,茶叶企业在“直播热”的助力下不断增加线上营销,2020年中国茶叶的线上市场规模达到265亿元,同比增长12.8%。未来,短视频直播等线上营销将会成为茶叶企业常态化的营销方式之一。2020年双十一当天,淘系电商平台上Top100的茶行业店铺交易总额为4.25亿元,其中Top10的店铺的交易总额为2.29亿元,占Top100店铺成交总额的53.9%。

分析认为,流量向头部企业集中,头部茶叶企业品牌效应凸显,而且全渠道布局完备的成熟品牌在双十一期间发力明显。随着市场竞争越来越激烈,未来资源向头部企业集中,强者恒强是必然趋势。

思考

通过阅读上述案例，你认为网络市场调查对茶叶企业开展网络营销活动有何意义？你知道哪些网络市场调查方法？

任务一 茶叶网络营销环境分析

茶叶网络营销环境是指影响茶叶企业生存与发展的，直接或间接与茶叶企业网络营销活动有关联的因素的总和。一般来说，可将茶叶网络营销环境分为网络营销宏观环境与网络营销微观环境两个层面。

一、茶叶网络营销宏观环境分析

宏观环境是企业不可控制的因素，它们从不同方面影响和制约着茶叶企业的网络营销活动。茶叶企业通过分析网络营销宏观环境对企业网络营销的影响，能使企业更好地适应网络营销宏观环境。具体来讲，茶叶网络营销宏观环境包括政治环境、法律环境、经济环境、人口环境、社会文化环境、科学技术环境和自然环境等。

（一）政治环境

政治环境是指国家政体、政局、政策及政治团体等因素，它对茶叶企业的影响具有直接性、不可逆性和难预测性。国际关系和谐友好、政局稳定、政策支持茶产业发展，则茶产业兴旺；反之，则阻碍茶叶企业经济活动的开展。在分析政治环境时，茶叶企业应关注对自身网络营销的影响因素，如税收政策、对外贸易政策、价格管制等。例如，我国加入世界贸易组织(WTO)以来，世界对中国茶叶表现出接受而又阻挠的双面性，欧盟、日本等发达国家纷纷设立了以农药残留最大限量为主的“绿色壁垒”，且越来越严格。茶叶企业应时刻关注和把握政策走向，有效利用各项资源，制定相应的网络营销及发展策略。

（二）法律环境

法律环境是指国家及省、市、自治区主管部门颁布的对茶叶企业网络营销活动有影响的法律、法规、条例、标准和法令等。茶叶企业开展网络营销活动，首先需要了解国家或地方政府颁布的相关法律法规，尤其是《中华人民共和国商标法》《中华人民共和国专利法》《中华人民共和国广告法》《中华人民共和国环境保护法》等与经济相关的法律法规。法律法规规定了企业能做什么，不能做什么，从而影响企业的战略选择。例如，2019年1月1日，正式施行的《中华人民共和国电子商务法》规定：“电子商务经营者应当全面、真实、准确、及时地披露商品或者服务信息，保障消费者的知情权和选择权。电子商务经营者不得以虚构交易、编造用户评价等方式进行虚假或者引人误解的商业宣传，欺骗、误导消费者。”茶叶企业不能开展上述法律规定禁止的活动。

（三）经济环境

经济环境是指与茶叶企业网络营销活动密切相关的各类经济要素的组合，主要包括经济发展阶段、经济形势、经济体制、政策和社会购买力等。在人口规模既定的情况下，市场规模与社会购买力成正比。社会购买力是一个综合性指标，其直接或间接地受到消费者收入与支出、消费信贷及消费者储蓄、单位货币价值和税收等因素的影响。下面将从消费者收入、消费者支出、消费者信贷和消费者储蓄四个方面加以分析。

1. 消费者收入

消费者收入是由工资、利息和红利等构成，收入水平决定其购买力。在分析消费者收入时要着重区分“个人可支配收入”和“个人可任意支配收入”这两个概念。个人可支配收入是指个人收入减去直接负担的各项税款和其他具有强制性的负担（如交通罚款）之后的余额，它是影响消费者购买力和消费者支出的决定性因素。个人可任意支配收入是指个人可支配收入减去维持生活所必需的支出和其他固定支出（如房租、分期付款、保险费、抵押借款等）所剩下的部分个人收入。消费者的个人可任意支配收入越多，则购买力越大，茶叶企业的网络营销机会就越多。

2. 消费者支出

消费者的收入影响其支出，支出模式会随收入变化而发生相应的变化，通常用恩格尔系数表示收入与支出的关系：

$$恩格尔系数=\frac{食品支出总额}{家庭或个人消费支出总额}\times 100\%$$

这一公式反映了人们收入增加时食品支出总额变化的趋势，是衡量一个国家、地区、家庭生活水平的基本标准。联合国根据恩格尔系数的大小制定了一个划分（家庭、阶层、国家、地区均适用）贫富的标准：系数在 59% 以上为绝对贫困化水平，系数在 40%～50% 为小康水平，系数在 30%～40% 为富裕水平，系数在 30% 以下为最富裕水平。茶叶企业可以通过对目标市场恩格尔系数的了解，制定网络营销规划和策略。

3. 消费者信贷

消费者信贷是一种超越自己目前购买力的超前消费行为，即消费者凭信用或担保先取得商品使用权，然后按期归还贷款。目前我国消费信贷的范围和种类正在逐步扩大，主要为购买商品的分期付款、住房公积金贷款和按揭贷款等，这在一定程度上刺激了茶叶的消费，因此，茶叶企业网络营销可研究目标市场的消费者信贷状况，以制定相适应的营销策略。

4. 消费者储蓄

消费者储蓄是指消费者出于某些目的将收入的一部分做储存待用。虽然我国人均收入水平不高，但储蓄率相对较高，且储蓄形式多样（如银行存款、债券、股票及基金等），这与中国人爱存钱的传统观念是分不开的。茶叶企业网络营销人员可从目标市场储蓄变化来研究消费者储蓄的动机，从而把握当前市场需求，预测未来市场变化。

（四）人口环境

网络市场由兼具购买欲望和支付能力的消费者组成，消费者是构成网络市场的第一要素。人口环境对网络市场具有长远的和整体的影响，从根本上制约着茶叶企业网络营销机会的形成和市场目标的选择。因此，把握人口环境的现状和变化发展趋势，多角度、全面地认识人口环境与茶叶企业网络营销的关系，是茶叶企业开展网络营销活动的重要依据之一。一般来说，对茶叶网络营销的人口环境的把握主要从人口规模、人口增长、人口构成和人口分布四个方面着手进行动态和静态的分析。

1. 人口规模

人口规模是指一个国家或地区的总人口数量，是衡量市场潜在容量的重要因素之一。对提供满足人们基本生活的茶叶企业而言，其所在的市场区域人口规模越大，其市场规模和潜能也越大，营销机会也越多；而提供高档茶产品或定位于奢侈品市场的茶叶企业，单纯的人口数量还不足以确定其市场规模，还必须考虑人口的实际购买力，只有二者结合才能全面客观地分析市场的规模。如果一个国家或地区的人口规模大，且人均收入水平高，购买力强，对任何茶叶企业的网络营销活动都是有利的。

2. 人口增长

人在市场中的双重身份带来了人口增长对企业网络营销的双面影响：一方面，如果人口增长伴随着经济快速发展，则人口的平均购买力也会相应地或更快地提高，这意味着经济的发展和市场的扩大，将为茶叶企业提供更多的发展机会；另一方面，如果人口增长速度超过经济的增长速度，则人口的平均购买力可能会被人口高速增长拉低。因此，茶叶企业不仅要从静态的人口规模上考察市场容量，还应从人口增长的动态趋势去考察市场，并把这种趋势与经济增长形势结合起来分析企业的营销趋势。

从全球整体而言，人口还处于不断增长的趋势。人口的过度膨胀给有限的地球资源带来了巨大压力，为此各国政府、非政府组织等倡导和推行低碳、绿色、健康生活。茶叶是世界上三大无酒精饮料之一，它是大自然对人类的馈赠，与时代发展节奏相吻合。茶叶企业网络营销应结合天然、绿色、生态、保健、养身等概念，把握人口增长的趋势和特点。

3. 人口构成

人口构成是指各类人口在总人口中所占的比重。对于人口构成的划分比较复杂，一般可分为自然构成和社会构成两大类。

(1) 自然构成。

人口的自然构成一般包括年龄、性别、家庭和种族等，以下对其中 3 种进行介绍。

①年龄构成。年龄构成是指不同年龄段的人口比重。消费者的消费需求和消费模式，由于年龄、生理和心理特征、收入状况等不同而有所区别。就消费模式而言，一般青年消费者偏向于方便、快捷的茶叶消费方式，而中老年消费者则倾向传统的泡饮方式。

②性别构成。性别构成是指男女人口各自在总人口中的比重,常用性别比表示。其中,女性消费者注重茶叶的抗衰老、抗氧化、瘦身美容等功效,男性消费者更注重与自己的购买力水平相符的茶产品。

③家庭结构。根据家庭成员组成情况,可分为完整家庭和不完整家庭。完整家庭由于人员较多,多选择容积较大的家庭装茶饮料、散装实惠型茶叶;不完整家庭(如单身者),多选择容积较小的瓶装茶饮料和包装精美的茶叶。为此,要求茶叶企业在产品设计、包装和促销工作时对不同家庭结构的需求做出及时的调整和改进。

(2)社会构成。

人口的社会构成包括职业构成、民族构成和教育程度及地域或城乡构成等。不同职业、民族、教育程度及不同地域或城乡的人口对茶叶消费需求、消费习惯存在较大差异。因此,茶叶企业应瞄准市场,根据目标客户的不同采取相应的网络营销手段。

4. 人口分布

人口分布可分为人口地理分布和人口地区间流动。

(1)人口地理分布。

地理分布是指不同地区人口的密集程度。由于自然条件、经济环境、生活习惯等差异,农村与城市、东部与西部、北方与南方、热带与寒带、山区与平原等不同地理环境的人口在茶叶消费需求方面有着显著的区别,如内蒙古、新疆等边远地区因缺乏蔬菜、水果,且喜食油腻的食物,以黑茶、沱茶、砖茶等为主;而北方气候干燥,则以茉莉花茶为主。

(2)人口地区间流动。

当前我国人口流动主要表现为从农村流向城镇、从内地流向沿海地区和工矿区。人口流动越多的地区,人口构成也会呈现多样化的发展,对茶产品的需求也会呈现多样化的发展态势。因此,不同种类、品质的茶叶市场空间就会不断扩大,不仅优质高档的茶产品会有较大的市场,而且中档、低档茶叶市场空间也不会减小。

(五)社会文化环境

社会文化环境一般是指在某种社会生活中长期以来形成的对事物的态度和看法、价值观、宗教信仰、道德规范、审美观念以及世代沿袭的风俗习惯等。社会文化环境在茶叶企业网络营销中有着特殊的含义,其影响极为隐秘、深远、广泛与复杂,是其他因素无法比拟的。社会文化环境对茶叶网络营销的影响也是无处不在的,且具有多层次、全方位和渗透性。这里主要分析社会文化中的价值观、宗教信仰、审美观、风俗习惯等具有代表性的因素。

1. 价值观

价值观是指某一特定的社会中人们对事物的评价标准和崇尚风气,是社会文化的重要组成部分。不同国家和民族的价值观存在着较大的差异,即使是同一个国家、同一个民族,不同的地域和阶层间也会存在差异。一个社会的核心价值观是世代相传的产物,不仅不会轻易改变,而且会通过学校、企业、政府、教堂和寺庙而不断强化和扩展。因此,茶叶企业在进行网络营销活动时,应深入了解目标市场的价值观,尊重不同文化背景下的价值差异,避免出现与消费者价值观相抵触的营销行为。

2. 宗教信仰

宗教对人的生活方式、价值观以及消费行为都具有深刻的影响。不同宗教的宗教行为、宗教节日和宗教禁忌等存在着一定的差异。例如,信佛者食素,伊斯兰教信徒在斋月的饮食禁忌等。这一系列的宗教信仰和规范都会影响茶叶企业的营销决策。

3. 审美观

由于民族习俗、社会环境、教育水平以及科技发展水平的差异,不同国家或地区的审美观也会有所区别,审美观往往蕴含在商品的设计、款式、色彩、格调、记号以及包装这些与产品质地等相关要素之中,这些看似细微的要素都会影响到商品的网络营销。

4. 风俗习惯

风俗习惯是世代相传且相对稳定的生活方式和行为方式,不同国家、民族、地区的风俗习惯具有较大差异。一般来说,常见的风俗有民族性、地域性、社会性、传承性等,不同的风俗习惯形成了不同的消费习俗和商业习惯。对于茶叶企业而言,熟知各地各民族的风俗习惯有利于把握好网络市场的需求偏好,同时还可以促进企业策划出最佳的营销方案。例如,中国的春节、端午节及中秋节等传统节日,西方国家的感恩节、万圣节和圣诞节等。

(六)科学技术环境

科学技术是第一生产力,科技的发展对经济发展有巨大的影响,给茶叶企业的网络营销活动带来机会和挑战。科学技术的发展使商品的市场生命周期迅速缩短,新工艺、新材料、新能源、新方法的出现,可能给某些企业带来新的市场机会,也可能给某些企业带来威胁。随着科技在茶产业中发挥的作用日益凸显,机械揉茶机取代了千百年来的手工揉茶,茶叶真空包装机便利了茶叶运输和保存。茶叶企业必须密切关注技术环境和知识经济的发展趋势,针对市场的需求善于利用创新技术研发新产品、开拓新市场。高新技术的发展也促进了产业结构朝尖端化、软性化、服务化方向发展,茶叶企业在营销时应注重提升产品质量、种类,还必须考虑应用尖端技术,重视软件开发,强化用户服务意识,以适应知识经济时代的要求。

(七)自然环境

自然环境是指茶叶企业营销活动所需要或受营销活动所影响的自然资源,包括资源状况、生态环境和环境保护等方面。自然环境会给茶叶企业的网络营销活动带来考验,同时茶叶企业也应对自然环境的变化承担应有的责任。随着世界各国日益重视自然资源管理,茶叶企业营销活动受到国内外自然资源和环境保护方案的约束,茶叶企业营销管理者应加强对当前自然环境面临的难题和变化趋势的关注,应按照循环经济的发展思路,实施生态营销、绿色营销等策略,实现可持续发展。

二、茶叶网络营销微观环境分析

网络营销微观环境又称行业环境因素,是与企业网络营销活动联系比较密切的各种因素的总称。茶叶网络营销微观环境主要是由企业、供应商、营销中介、消费者和竞争者等构成。由于微观环境既受制于宏观营销环境，又与企业营销形成协作、竞争、服务和监督的关系，直接影响并制约着企业的营销能力。因此，企业必须熟知微观环境各构成要素，处理好各要素之间的关系，保证营销行为与微观环境相协调。

(一)企业

企业制定网络营销策略不仅需要洞察外部环境和条件，还需要内部的合作和支持。企业内部环境(见图 2-1)由企业内部纵向管理层和横向职能部门构成。其中纵向管理层由决策层、管理层和执行层构成，横向职能部门可根据功能的不同划分为供应、生产、营销、技术、财务、人事等职能部门。茶叶企业开展网络营销活动必须协调好各部门之间的关系，明确各部门的权力和职责，使营销管理工作在企业内部得到大力支持，促进网络营销活动的顺利实施。此外，企业最高管理层对网络营销的认知态度也是影响企业内部环境的主要因素，也将对企业网络营销活动的具体开展产生直接影响。

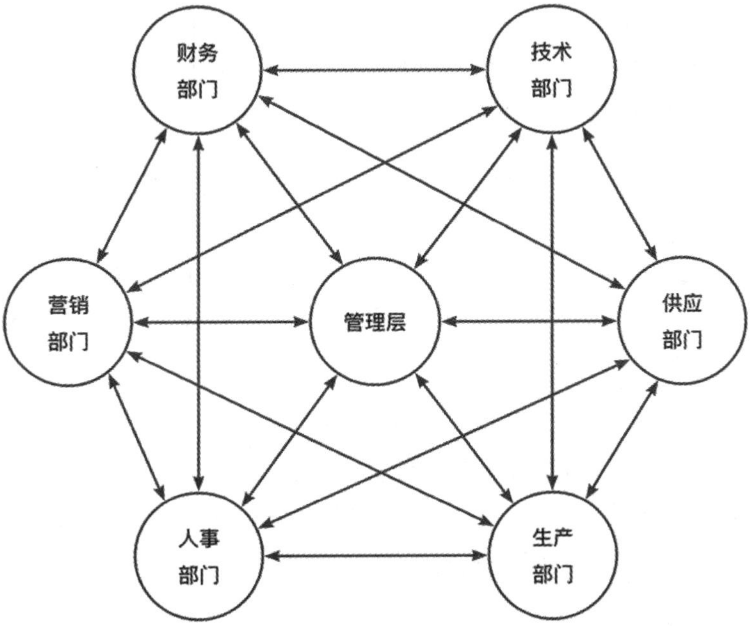

图 2-1　企业内部环境

(二)供应商

供应商是指向企业及其竞争对手提供生产经营所需原材料、设备、能源、资金、劳务等生产资源的企业或个人。企业与供应商的关系既受宏观环境的影响，又受微观经济的影响。供应商对企业网络营销业务有实质性的影响，其所供应的原材料数量和质量将直接影响产品的数量和质量，所提供的原材料价格会直接影响产品成本、价格和企业利润。企业在选择供应商时要综合考虑供应商的信誉、技术水平、财务状况、品牌形象、付款条件、质量和价格等因素，认真选择最佳的供应商和供应商组合，并与之建立良好的合作关系。此外，为了减少供应商对企业的影响和制约，还应积极开拓更佳的供货渠道，或采取逆向的发展战略，以增强企业的市场竞争能力。

（三）营销中介

营销中介是协助企业促销和分销其产品给最终消费者的企业或个人，经销商、经纪人、代理商以及仓储、运输、银行、保险、网络服务机构等服务商均属于营销中介。网上销售不仅使企业间、行业间的分工模糊化，随着更多新业务方式的出现，也促进了网络营销过程中各种中介机构的产生和发展。对于大部分茶叶企业而言，中介服务能力越强，业务分布越广，茶叶企业对宏观网络营销环境的适用性就越强。目前营销中介的形式主要包括业务分销机构、实体分配机构、营销服务机构和金融机构等。

1. 业务分销机构

业务分销机构即中间商，是协助茶叶企业寻找消费者或直接与消费者进行交易的商业性组织或个人，主要是指购买并拥有商品所有权的批发商和零售商。代理中间商包括代理商、经纪人和生产商代表，专门介绍消费者或与消费者洽商签订合同，但不拥有商品所有权。在茶叶企业未能建立自己的全销售渠道（自销）的情况下，中间商的销售效率及任何变动对产品从生产领域流向消费领域会产生巨大的影响。茶叶企业应维持与中间商的良好关系，把中间商的活动纳入企业整体营销活动体系中，保持网络营销活动的流畅性。

2. 实体分配机构

实体分配机构是指帮助茶叶企业进行产品保管、包装、储存、运输、装卸等活动的专业仓储和运输公司，使市场营销渠道中的物流畅通无阻，为茶叶企业创造时空效益。

3. 营销服务机构

营销服务机构主要是指为企业提供营销服务的各种机构，如市场调研机构、营销咨询公司、广告公司、会计师事务所、审计师事务所等。茶叶企业可自行承担某些业务，也可以委托外部服务机构代理相关业务。茶叶企业在利用营销服务机构时，要注意选择最适合本企业、专业化程度较高并能有效提供企业所需服务的机构。

4. 金融机构

金融机构是指可协助厂商融资或分担货物购销储运风险的机构，如银行、信用社、保险公司、证券公司等。在市场经济中，茶叶企业与金融机构关系密切，企业间的财务往来要通过银行结算，企业财产和货物要通过保险公司取得风险保障，贷款利率与保险费率的变动也会直接影响企业成本，而信贷来源受到限制会使企业处于困境。因此，处理好茶叶企业与金融机构的关系，对茶叶企业的发展有较大的影响。

（四）消费者

消费者是企业服务的对象，是营销活动的出发点和归宿，企业的网络营销活动应以满足消费者的需要为中心。根据消费者的购买意图和身份可将消费者市场划分为生产者市场、中间商市场、政府市场、非营利组织市场和国际市场等类型。每类市场都有各自的特点，且随着时间的推移而不断变化，茶叶企业营销人员应根据不同市场类型的特点及所处的实际情况来确定相应的营销策略。

(五)竞争者

竞争是商品经济活动的必然规律，在互联网经济大趋势的刺激下，越来越多的茶叶企业加入网络营销的队伍。在网络环境下，竞争者的优缺点都可以通过网络呈现，随着相似业务出现的数量越来越多，企业之间不可避免地形成竞争之势。竞争可以促使企业改善自身的不足，在开展网上营销活动的过程中，学会识别和确认竞争者，分析竞争者的目标和策略，分析竞争者的资源、团队、能力和反应模式。从消费需求的角度来看，竞争者可以分为以下几种类型。

1. 欲望竞争者

欲望竞争者是指提供不同产品，满足不同消费欲望的竞争者。消费者在同一时刻的欲望是多方面的，但很难同时满足，这就出现了不同的需求，即不同产品之间的竞争，如为满足解渴欲望的消费者会选择购买饮品，而饮品可能是茶，也可能是碳酸饮料、果汁或矿泉水等。因此对于非饮品企业就形成了不同产品之间的竞争格局。

2. 平行竞争者或类型竞争者

平行竞争者或类型竞争者是指满足同一消费欲望的不同产品之间的可代替性的竞争者，它是消费者在决定其需求类型之后形成的次一级竞争，如购买茶产品，可以按制饮工艺分为固态茶、液态茶，也可以按加工工艺分为普洱茶、绿茶等。

3. 产品竞争者

产品竞争者是指满足同一需要的产品的各种形式之间的竞争者，如满足购买茶叶的需要可买乌龙茶、红茶、白茶、普洱茶、绿茶等。

4. 品种竞争者

一个产品可以由不同品种构成，各个品种之间也会形成一种竞争的格局。同一产品的不同品种的竞争就形成了品种竞争。例如，乌龙茶中有铁观音、大红袍、黄金桂、肉桂、水仙等不同品种的产品。

5. 品牌竞争者

品牌竞争者是指生产相同规格、型号、款式的产品，但品牌不同的企业。品牌竞争者生产的产品之间具有较高的替代性，竞争十分激烈，因此，品牌竞争者把培养消费者品牌忠诚度作为竞争的重要手段之一。

企业的营销系统被一群竞争者包围和影响，要想取得成功，必须在满足消费者需要和欲望方面比竞争对手做得更好。为此，企业必须加强对竞争者的研究，知己知彼，扬长避短，在消费者心目中确定其所提供产品的地位，获取战略优势。

任务二 消费者分析

对消费者心理和行为进行分析，可以帮助茶叶企业更好地进行消费者定位，并制定符合消费者购物意向的网络营销策略，提升消费者的购物欲望，增加企业销售额。

一、消费者消费心理分析

消费心理是指消费者进行消费活动时所表现出的心理特征与心理活动的总称。简单地讲，消费心理就是人作为消费者时的所思所想。不同年龄、性别、经济状况、生活环境的消费者通常会产生不同的消费需求，一个消费者可能同时存在多个消费需求。茶叶企业对消费者的消费心理进行研究，可以更加准确地定位消费者的购买行为，从而制定更加符合消费者需求的营销策略，以下介绍几种消费者的消费心理。

(一)好奇心理

好奇心是一种普遍的社会现象，几乎每个人都会存在一定的好奇心，但不同的人好奇心的强烈程度不同。好奇心强的消费者一般喜欢追求新奇的事物，有强烈的求知欲，通常希望茶叶企业能够提供更多充满知识性、趣味性、娱乐性的信息。

(二)实惠心理

拥有实惠心理的消费者追求商品的物美价廉，商品功能实用且价格便宜更容易赢得消费者的青睐。茶叶企业应该注重茶品的功能和实用性，通过不断提高茶品的性价比，或进行适当优惠活动来吸引这类消费者。

(三)个性和品牌心理

拥有个性和品牌心理的消费者更注重茶品的个性化或品牌价值。针对这类消费者，茶叶企业可以为其提供更多个性化服务，或者提升品牌吸引力。

(四)从众心理

从众心理是指个人受到外界人群行为的影响，而在自己的知觉、判断、认识上与多数人的行为方式保持一致的心理现象。拥有从众心理的消费者通常喜欢选择热度更高、消费者购买数量更多的服务或产品，茶叶企业可以通过增加产品或服务热度的方法来吸引这类消费者。

(五)习惯心理

很多消费者在购茶的过程中会产生一定的习惯，如偏向于购买某个品牌的茶叶、只购买价格不超过某个范围的茶叶等。这一类型的消费者一般会有一个消费心理预期，当茶品的实际价格或功能未达到预期时，就会选择其他产品。

（六）方便和享受心理

网络消费是一种非常便捷的消费形式，可以帮助消费者节约时间和劳动成本，同时还能带给消费者购物乐趣。针对有方便和享受心理的消费者，茶叶企业可以设计更简洁的购物流程和丰富的购物类型来吸引此类消费者。

知识拓展

随着中国供应链的日渐成熟，越来越多的中国企业把销售范围向全球市场发散。近几年越来越多的中国品牌得到国外消费者的认可，并且正在为“中国制造”正名，“中国制造”的印象正在转变为“中国智造”，这无疑彰显了我国日益强大的综合国力。但中国品牌要在全球范围内打造“爆款”，仍然需要在了解国外消费者文化背景、生活习惯等基础上为他们解决“痛点”需求，打造创新性的产品，弘扬“中国智造”之美。

二、消费者购买行为分析

消费者是市场营销的目标对象，企业的产品、营销方式都是在迎合消费者需求和喜好的前提下产生的。因此，茶叶企业在确定了目标市场后，还需要对目标市场进行深入分析，了解消费者购买行为。消费者购买行为是受消费心理支配而产生的产品购买活动过程，消费者购买行为由购买产品的种类、规格、型号及购买的数量、时间、地点等内容组成。关于消费者购买行为的分析可以采用“5W1H 分析法（六何分析法）”，这种方法是由 5 个以 W 开头的英语单词和 1 个以 H 开头的英语单词进行组合形成的一种思考方法。

（一）消费者购买什么（What）

通过分析消费者购买什么产品、为什么需要这种产品而不是其他产品，茶叶企业可以了解不同品牌的销售情况和消费者的偏好，以提供适销对路（适销对路指产品特性能够满足广大目标消费者的物质与精神需求）的产品。例如，有的消费者喜欢购买绿茶，有的消费者热衷购买红茶等。

（二）消费者为何购买（Why）

不同消费者有不同的购买动机，购买动机是消费者为了满足一定的需要而产生的购买欲望。茶叶企业了解消费者的购买动机后，可以分析消费者产生购买动机的原因，以便为自身的营销决策提供依据。例如，有的消费者追求新奇，不在意产品是否经济实惠，会购买小罐茶；有的消费者追求物美价廉，对产品外观、样式不太重视，会购买散装茶。

（三）购买者是谁（Who）

茶叶企业应分析产品购买者的特征，包括购买者的年龄、性别、职业、收入水平和兴趣爱好等。同时，购买者可能是产品的使用者，也可能不是产品的使用者。因此，企业需要清楚消费者在购买行为中，购买的产品最终使用者是谁，谁是购买的决策者、执行者、影响者。例如，年轻人作为购买者到店购买茶叶，但最终的使用者是老年人，茶叶店营销人员就应推荐功效温和且适合老年人的茶叶，如黑茶、白茶等。

（四）消费者何时购买(When)

企业应分析购买者对特定产品购买时间的要求，以便适时将产品推向市场，分析各类电商购物节、自然季节和传统节假日对市场购买的影响程度等。例如，消费者通常选择在春节购入高档茶叶（因为春节属于中国重要传统节日，部分消费者需要购买高档茶叶作为礼品送人），在日常购买口粮茶。

（五）消费者何地购买(Where)

消费者购买产品的地点往往受消费人群及产品性质等因素的影响，如口粮茶因为会被频繁购买，为了节省时间，消费者通常会去住所附近的茶叶店、超市购买；对于高档茶叶，消费者往往选择在茶叶专卖店购买。分析消费者对不同产品的购买地点的要求及其选择不同地点的原因，有利于企业寻找适销渠道，并针对不同渠道制定不同的推广策略。

（六）消费者如何购买(How)

不同消费者对不同产品会选择不同的购买方式，例如，20～30 岁的年轻消费者多数喜欢在电商平台购买茶叶，40～50 岁的中年消费者大多喜欢在茶叶专卖店购买茶叶。分析消费者对购买方式的不同要求，茶叶企业可以有针对性地提供不同的产品或服务。

小贴士

1932 年，美国政治学家拉斯维尔提出“5W 分析法”，随后经过人们的不断运用和总结，逐步形成了“5W1H 分析法”。5W 即 What(做什么)、Why(为什么做)、Who(谁去做)、When(什么时候做)、Where(在哪里做)，1H 即 How(怎么做)。无论是 5W 分析法还是 5W1H 分析法，在企业管理、日常工作中都得到了广泛应用，在分析问题时，先将问题列出，然后逐一回答，有利于做出高效或创新性的决策。

三、消费者购买决策过程分析

消费者购买决策过程即消费者购买行为形成和实现的过程，从购买需求到购买意向，再到形成购买行为。研究消费者购买行为过程，目的在于使茶叶产品产销者针对消费者购买决策过程中不同阶段的主要表现和特点，采取相应的措施。一般消费者购买特殊茶饮品或馈赠茶礼品，尤其是初次购买价格昂贵的茶叶商品时，消费者的购买行为由一系列相关活动构成，可归纳为五个阶段，即需求认知、收集信息、评价比较、购买实施、购后反应。

（一）需求认知

需要认知是购买行为的开始，当消费者有了喝茶或用茶的需求，就有可能寻找茶叶，进而购买茶叶。消费者喝茶或用茶的需要可能由两种刺激引起,一种是消费者自身心理或生理活动引起(如饥渴、困惑、心烦等),它是人体本能和生理活动的反应;另一种是外部的刺激,即五官感受到的外部环境刺激,例如,看了某种茶叶产品的广告或者接触了商场对茶叶产品的促销活动而引发对该茶叶产品的需要。这个过程就是消费者确认需要的过程。

根据需求认知的性质,可将需求分为主动型需求与被动型需求。主动型需求即消费者自身认识到需求的存在,并转化为消费需求;被动型需求即消费者尚未意识到需求的存在,需别人提示才意识到其重要性,形成消费的意愿。面对主动型需求,销售者只需向消费者说明产品的优越性并使其信服;面对被动型需求,则需要销售者付出较多努力,销售者应注意不失时机地采取适当措施,让消费者意识到需求的迫切性、重要性,唤起和强化消费者的需要。

(二)收集信息

消费者产生需求之后,为了满足这个需求,就会通过各种渠道来收集和了解该产品或服务的相关信息,此时企业就需要了解不同信息来源对消费者购买行为的影响程度,有针对性地设计合理恰当的信息传播策略。消费者如果对茶叶已经相当了解,并经常购买,或购买茶叶产品作为饮品时,一般无须专门收集信息,只有在初次购茶或购买特殊茶饮品或馈赠茶礼品、贵重茶叶等特殊茶叶商品前,通常需要收集相关信息。

一般情况下,信息来源可分为内部信息和外部信息。内部信息是指储存于消费者大脑中的信息,主要指记忆来源,这是消费者最直接、最有效、最信赖的信息来源。需要注意的是,内部信息最终来源于外部。外部信息根据来源可以分为以下几个方面:一是个人来源,如家庭成员、朋友、邻居、同事等提供的信息;二是商业来源,如茶叶广告、茶产品说明书、茶叶展销会等渠道获得的信息;三是公共来源,如茶叶协会、消费者组织、政府机构和大众传媒等传播的信息。茶叶企业需要了解消费者可能的信息来源及其影响力,以便对目标市场制定详细的网络营销策略。

(三)评价比较

消费者在了解产品和服务信息后,通常还会对其进行评价和比较,一是比较产品或服务的基本属性、品牌文化、功能效用等,二是比较产品价值与自身的购买能力。消费者对自身已有的茶叶产品信息和得到的最新信息,将备选的茶叶商品或品牌进行比较评选,首先考虑品牌的可信度、知名度,然后对比产品的风味特色、安全卫生、价格等因素。如果是购买茶叶作为馈赠品,还会进一步考虑包装、图案和色彩等,最后在头脑里做一个简单的综合评价,决定取舍。在评价比较环节,消费者参考的信息多源于网络,所以茶叶企业在该阶段应该正确详细地描述自己的产品或服务,吸引和打动消费者。

(四)购买实施

消费者在完成对拟购茶叶的综合评价之后,便形成了对某品牌的偏好和购买意向。形成购买意向,就会进入购买决策阶段,在该阶段,企业形象、产品质量、支付手段都是非常重要的影响因素，因此企业应该想办法提升消费者对企业和品牌的信任度，并提供更安全、快捷的支付方式。

消费者对商品信息进行评价并做出决策，然而从购买决定到购买行为之间，还会受到两方面因素的影响。一是他人态度。他人态度对消费者购买决定起到强化或减弱作用。肯定态度可加快购买行为的实施；否定态度则弱化购买意愿。他人否定态度越强烈，他人则与消费者关系越密切或者是在相关方面越权威，对其是否购买的影响力就越大。二是意外因素。消费者购买意愿是在某些预期条件得以满足的情况下形成的，如预期质量、预期价格、预期服务、预期收入等，倘若某一或某些预期条件没有实现，消费者购买意向就可能发生改变。例如，实际的茶叶质量低于预期、茶叶价格偏高、茶叶销售人员态度较差等都可能导致消费者改变购买决定。

（五）购后反应

消费者购买某种茶叶产品后，认为符合自身需求可能会再次购买该茶叶，久而久之对该茶叶产品或该品牌茶叶建立忠诚度，并且会影响周围亲朋好友的购买决策。消费者对某一茶叶品牌的信任度和忠诚度，对该茶叶品牌产销企业的生存、发展至关重要。因此，随时了解消费者对茶叶产品的信息反馈，应成为企业营销人员经常性的重要工作。企业应该在购后阶段广泛、开放地收集消费者的评价，及时了解消费者的意见和建议，同时积极减少消费者购买后的心理失调感，处理好消费者的不满情绪，提高消费者满意度，甚至可以与消费者建立长期沟通机制，主动和消费者进行沟通联系。

课堂思考

根据自己的网络购物经历，分析在实际的网络购物过程中，消费者要做出完整的购物决策，需要经历哪几个阶段。

任务三　茶叶网络市场调查

市场调查是茶叶企业开展网络营销活动的关键环节，网络市场调查就是基于互联网进行营销信息的收集、整理、分析和研究的过程，也是分析网络营销环境和消费者的重要途径和手段。一定阶段和一定地区内的茶叶市场竞争状况、茶叶产品情况、消费者需求和购买行为变化、当前营销策略的效果、未来市场成长的机会和潜力等都可以通过市场调查取得基础数据资料。详细的市场调查数据可以为茶叶企业制定营销目标和策略等提供科学依据。

一、茶叶网络市场调查的对象

网络市场调查的对象主要包括消费者、竞争者、合作者等相关人群，通过对目标人群进行调查，可以分析市场的营销机会，及时调整营销策略。

（一）消费者

不同的网络市场拥有不同的消费人群，不同的消费人群会表现出不同的特征和差异性。茶叶企业在进行市场调查时，应该通过网络跟踪目标消费人群的购买行为，调查其购买意向，收集消费者对企业、产品、服务、支付、配送、性价比等方面的意见，综合整理以供参考。

（二）竞争者

网络营销环境下的企业竞争者不仅包括现有竞争关系的企业，还包括潜在竞争者、商品替代者等。茶叶企业可以分析不同类型的竞争者带来的威胁，了解竞争者的营销动向、产品生产、企业管理等信息，结合消费者的对比反馈，制定出合理有效的营销策略。

（三）合作者

企业的联盟企业、供应商、第三方代理等提供的行业评估信息也可以为茶叶企业的网络营销策略提供有价值的信息数据。

二、茶叶网络市场调查的步骤

遵循网络市场调查的程序，有助于调查工作的顺利进行，确保调查质量达到预期目标。不同的网络市场调查，由于调查目的、范围、内容和要求的不同，程序也不尽相同。但一般来说，可通过以下五个步骤来实施。

（一）明确调查目标

明确调查目标即调查什么、为什么调查，是整个网络市场调查工作的起点和前提。然后再根据这个目标来确定调查的范围、内容和方法。一般来说，可从以下五个角度来设定调查目标。

(1) 谁有可能在网上使用你的商品或服务？

(2) 谁有可能购买你提供的商品或服务？

(3) 在同类型的行业中，谁已经开展了网络业务，他们具体在做什么？

(4) 你的竞争者对你的目标消费者的影响如何？你的目标消费者对你的竞争者的印象如何？

(5) 企业的日常运作可能要受哪些法律、法规的约束？如何依法运营？

（二）制订调查计划

明确调查目标后，茶叶企业可根据调查目标制订出有效的调查计划。调查计划是对调查本身的具体设计。传统市场调查计划主要包括调查的目的与要求、调查对象的范围与数量、调查样本的选择及抽样、调查项目与内容等。一般情况下，网络市场调查主要包括确定资料来源、调查方法及手段、抽样方案和联系方式等。

(1) 资料来源。

市场调查的资料来源可能是一手资料（原始资料），也可能是二手资料。一手资料是调查人员通过现场实地调查，直接向有关调查对象收集的资料；二手资料是经过他人收集、记录和整理所积累的各种数据资料。只要保证资料来源的准确性与真实性,不管是一手资料还是二手资料都可以被采用。

(2)调查方法及手段。

网络市场调查的方法有很多,具体采用哪一种调查方法需要企业根据自身实际情况进行分析。

(3)抽样方案。

抽样方案包括抽样方法、抽样数量和样本判断准则等。

(4)联系方式。

网络市场调查的联系方式一般为电子邮件、企业微信等。

(三)收集信息

互联网没有时间和空间限制,茶叶企业可以在全国甚至全球范围内进行信息收集。网络信息丰富且繁杂,企业需要采用合适方法才能找到自身需要的信息。网上搜索、在线发放问卷等方法均可用于企业收集所需信息。

(四)分析信息

完成信息的收集后就需要调查人员对信息进行分析,从庞大的数据中提炼出与调查目标相关的信息,作为后续工作的依据。分析信息需要借助一些数据分析技术,如交叉列表分析技术、概括技术、综合指标分析和动态分析等,或者采用 Excel、SPSS、SAS 等分析软件。不管采用哪种方法进行分析,均要保证分析的速度、准确与真实性,因为在网络信息时代,信息的传播非常迅速,如果企业的竞争对手更快地占领了市场,企业将失去既有的优势。

(五)撰写调查报告

网络市场调查的最后一个阶段是撰写调查报告,这需要调查人员把调查情况与市场营销策略结合起来,以标准的调查报告的书写格式完成调查报告。网络调查报告的内容主要包括标题、目录、引言、正文、结论、启示、建议和附录等,其中正文的内容就是对本次调查的主要说明,如调查目的、调查方法和调查数据统计分析等。

小贴士

除了以上内容外,企业还可选择是否给予消费者适当的答谢。适当的答谢可以调动消费者参与网上调查的积极性。企业可采取抽奖的方式来进行随机答谢,或采用致谢的方式向每一位参与调查的消费者进行答谢。

三、茶叶网络市场间接调查

网络市场间接调查是指利用互联网收集与企业营销相关的二手资料信息。间接调查是网络市场调查的首选方法,它能提供直接调查中难以取得的各方面的宏观资料,便于进一步开展和组织直接调查。当二手资料不足以解决调查问题时,即可决定实施直接调查。网络市场间接调查主要有以下三种方法。

(一)利用搜索引擎查找资料

在搜索引擎中输入所需资料的关键词对互联网信息进行检索,筛选出与关键词相关的信息。例如,在百度搜索引擎中输入"茶叶短视频营销行业状况",搜索查找相关信息(见图 2-2)。

图 2-2 利用搜索引擎查找资料

(二)访问相关网站收集资料

各种专题性或综合性专业数据网站都提供了一些关于市场调查的资料,企业若知道需要的资料可以从哪些网站中获得,就可以直接访问这些网站。图 2-3 所示为在艾瑞网查找行业报告资料,单击报告标题,在打开的页面中可在线浏览和下载报告资料,其中有的报告资料可以免费浏览和下载,有的报告资料需要付费浏览和下载。

图 2-3 在艾瑞网查找行业报告资料

(三)利用大数据平台查找资料

移动互联网的发展和社交网络的普及使消费者每天的网络活动都生成海量的有效数据。基于大数据平台(如百度指数、360 趋势、微信指数),能够快速收集和抓取消费者的社会属性、生活习惯和消费行为(如年龄、性别、品牌和商品偏好及购买水平等信息)。随着大数据技术的成熟，这些数据的价值日益增加，有的大数据平台需要付费来获取用于市场调查的数据资料。

小贴士

政府机构有自己的统计调查机构，每年会提供大量的数据资料，这些数据资料不仅具有权威性，而且综合性强、辐射面广。例如，国家统计局和各级地方统计部门定期发布的统计公报、各类统计年鉴等。通过访问统计调查机构的官方网站，便可查阅相关资料。

四、网络市场直接调查

在互联网上收集一手资料的过程为网络市场直接调查。因调查的思路不同，直接调查的方法可细分为网上观察法、网上实验法和网络问卷调查法。

（一）网上观察法

网上观察法是指通过相关软件和人员记录网络浏览者浏览网页时的内容和行为的方法。

（二）网上实验法

网上实验法是指在网络市场调查中，调查人员通过改变某些因素来测试对其他因素的影响，通过实验对比分析，收集市场信息的一种调查方法。例如，在网络上设计并发布几种不同的广告内容与形式，对比各个广告内容与形式带来的效果，以收集市场行情资料。

（三）网络问卷调查法

开展网络问卷调查时，调查人员将想获取的信息设计为问卷在网上发布，然后请求浏览网页的浏览者通过填写网络问卷来参与企业的各种调查。调查问卷主要由标题、问卷说明和调查主题组成。其中，标题用于概括说明调查主题，使被调查者对所要回答的问题有大致的了解，如“中国茶叶发展状况及趋势调查”“××平台购物体验满意度调查”等；问卷说明一般用于说明调查的目的、意义及调查结果的用途，有些问卷还有问候语、填表须知、交表时间和地点、调查组织单位介绍及其他注意事项；调查主题为问卷的核心部分（问题和选项），用于调查人员收集所需信息，以实现调查目标。

问卷调查是一种了解消费者的优势渠道，但前提是必须设计一份有价值的网络调查问卷。一份设计不够理想的网络调查问卷所收集的数据往往是不完整的、没有代表性的，而且反馈率也不会太高，这样的调查结果自然不会有很高的实际意义和价值。

一份有价值的网络调查问卷应具备以下五个特征。

(1)问题应该简洁明了。

(2)问题应该易于回答。

(3)问题可让被调查者有一种参与某种重要活动的感觉。

(4)问题不应带有偏见或误导性。

(5) 网络问卷中的所有问题都应有精准答案。

企业除了自己设计问卷外，还可以依托专业的问卷调查平台（如问卷星、问卷网、91 调查网等）进行问卷设计和发布、收集和分析用户数据。

下面以问卷星为例，介绍通过问卷调查平台设计问卷的方法。问卷星包括免费版和付费版，免费版适合学生或个人，可设计问卷，浏览下载调查报告，进行答卷统计与分析，用于各类公开的在线调查、投票、评选、测试等，部分功能受限。付费版包括企业版、尊享版和旗舰版，适合企业、咨询公司、政府机关、高校教师及科研机构用于市场调查、企业内训、人才测评、民意调查、科研课题研究等。

使用问卷星设计问卷，首先需要打开问卷星官方网站注册账号，然后使用注册的账号登录，进入管理后台，方可设计问卷。下面针对茶叶消费者制作一份“茶叶消费者网络购茶行为及消费习惯调查问卷”，调查内容以消费者的基本信息和消费信息为主，包括消费者的性别、学历、收入、消费额度、购物心理、品牌偏好等，具体操作如下。

(1) 打开问卷星的官方网站，在右上角单击“登录”按钮，如图 2–4 所示。

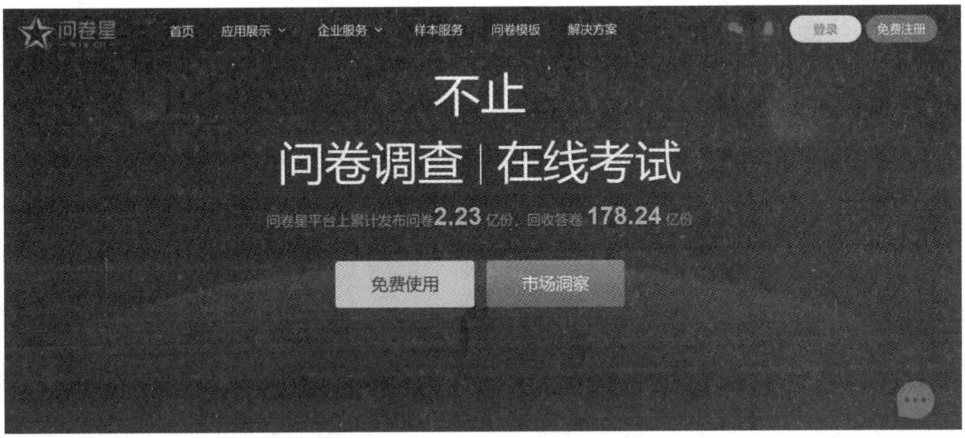

图 2–4　单击“登录”按钮

(2) 在登录页面输入账号和密码，单击“登录”按钮，图 2–5 为登录账号。

图 2–5　登录账号

(3)进入管理后台,在左上角单击“创建问卷”按钮,如图 2-6 所示。

图 2-6 单击“创建问卷”按钮

(4)打开“创建问卷”页面,选择“调查”选项,单击“创建”按钮,如图 2-7 所示。

图 2-7 单击“创建”按钮

(5)打开“创建调查问卷”面板,在“从空白创建”下方的“请输入标题”文本框中输入问卷标题“茶叶消费者网络购茶行为及消费习惯调查问卷”,单击“立即创建”按钮,如图 2-8 所示。调查问卷还提供了“复制模板问卷”“文本导入”“人工录入服务”三种问卷创建方式。

(6)进入问卷设计页面,左侧为题型设置面板,右侧为问卷内容编辑页面。这里单击“添加问卷说明”超链接,如图 2-9 所示。

(7)在打开面板的“添加问卷说明”文本框中输入问卷说明的内容,单击“确定”按钮,如图 2-10 所示。

图 2–8　输入问卷标题

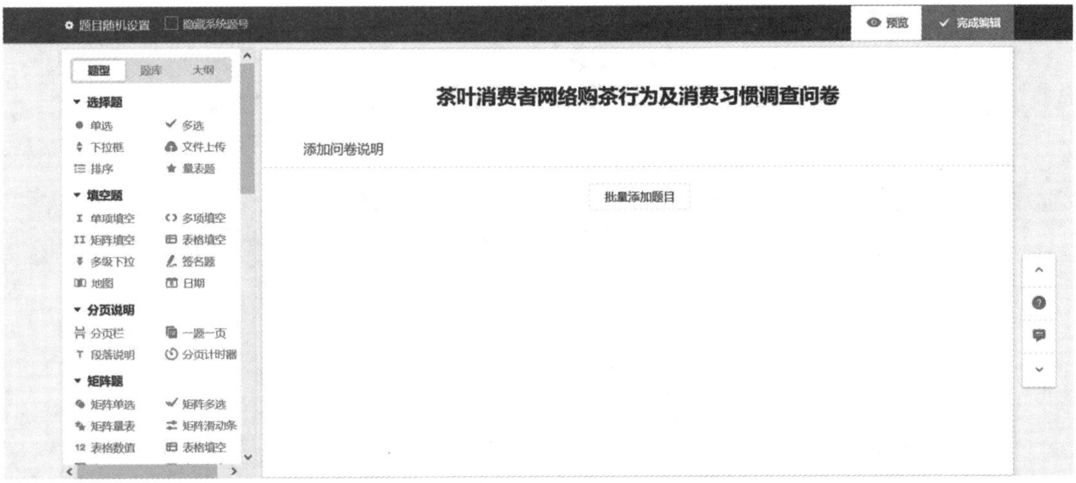

图 2–9　单击“添加问卷说明”超链接

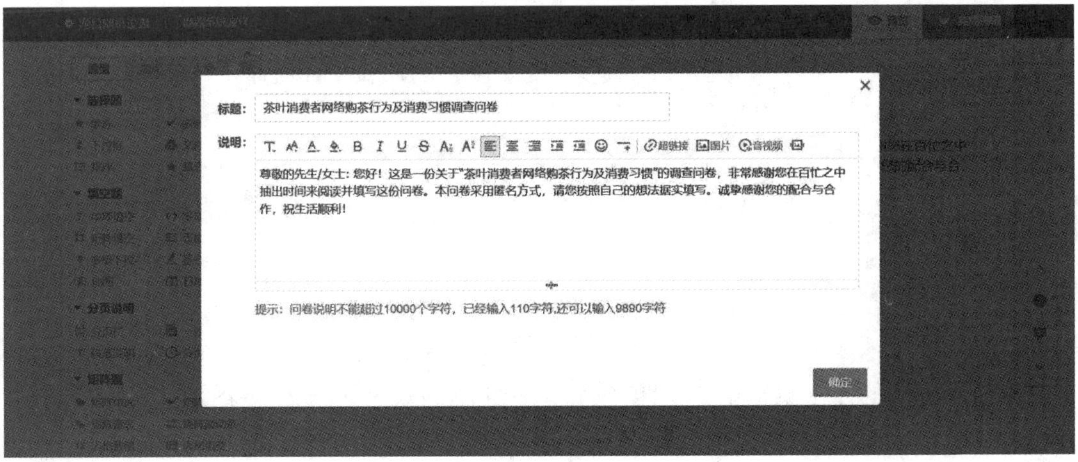

图 2–10　输入问卷说明内容

(8)在左侧面板单击“选择题”下方的“单选”选项添加第1题，在“标题”文本框中输入题目标题，在“选项文字”栏下方的文本框中输入答案选项的文本内容，图2–11所示为编辑第1题。

(9)继续在左侧面板选择“单选”选项添加第2题，输入题目标题后（系统默认只能输入两个答案选项），单击“添加选项”超链接，用于添加答案选项文本框。添加答案选项文本框后，输入所需内容，图2–12所示为编辑第2题。

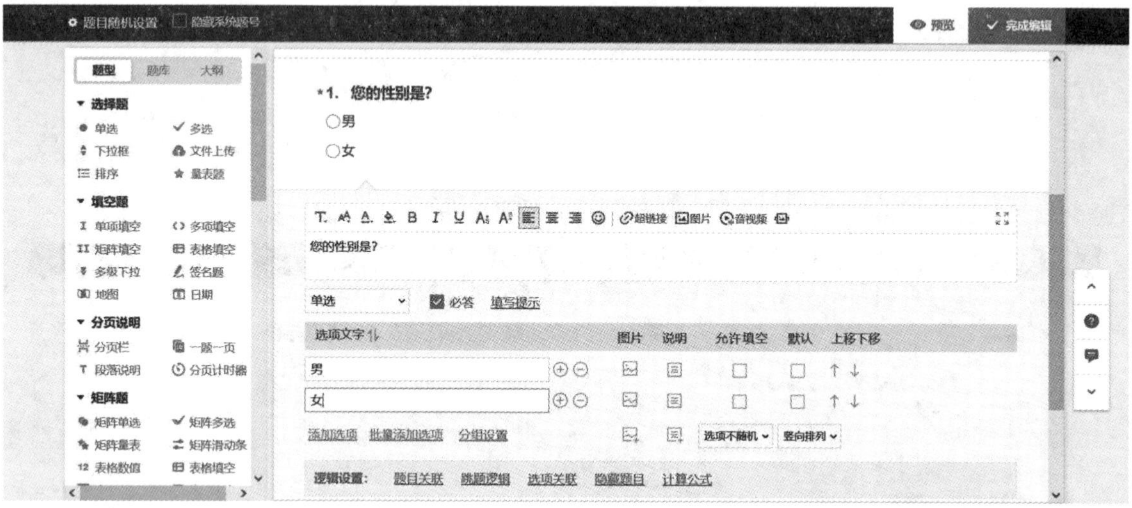

图2–11 编辑第1题

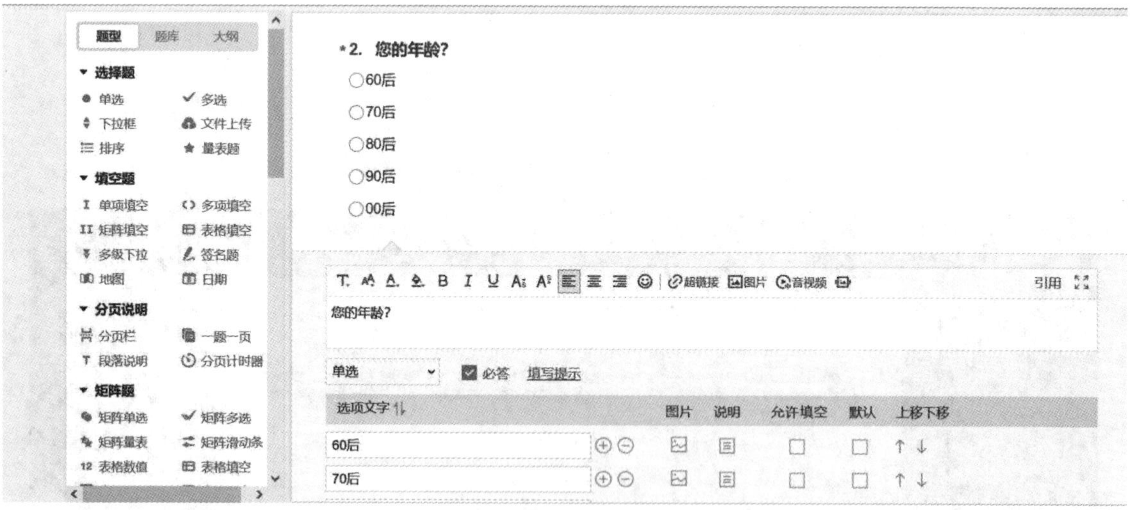

图2–12 编辑第2题

(10)使用相同的方法编辑第3、4题，编辑第3、4题的效果如图2–13所示。

(11)在左侧面板选择“多选”选项添加多选题，在“标题”文本框中输入题目标题，在“选项文字”栏下方的文本框中输入答案选项的文本内容，图2–14所示为编辑第5题。

(12)使用相同的方法编辑相关多选题，如图2–15所示。

图 2-13　编辑第 3、4 题

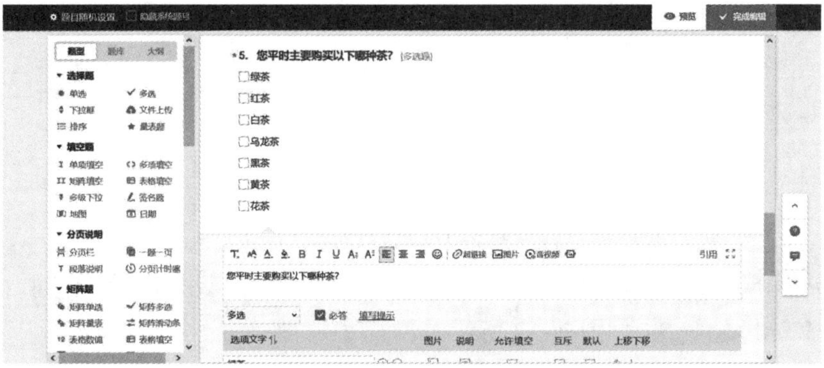

图 2-14　编辑第 5 题

图 2-15　编辑相关多选题

(13)完成题目的编辑后，单击问卷设计页面右上角的“完成编辑”按钮，完成问卷设计工作。若单击“完成编辑”按钮左侧的“预览”按钮，即可预览电脑端或手机端的问卷显示效果，如图 2–16 所示。

图 2–16 预览问卷

(14)单击“完成编辑”按钮后，将自动打开“设计问卷”的“设计向导”页面，在该页面单击“导出问卷到 Word”超链接，如图 2–17 所示。

图 2–17 “设计向导”页面

知识拓展

我国相关法规规定，不允许调查人员发布与政治、军事、信仰、民族、人权、民主、国家主权、国家统一、外交事件等相关的敏感话题调查。同时，需要注意的是，在问卷设计中，禁止调查人员使用歧视性、侮辱性的语言描述。这些是每个市场调查相关人员的基本素养和应尽的责任与义务。

(15) 打开“打印问卷”页面,如图 2-18 所示,单击“打印”按钮可打印问卷;单击“保存为 Word 文档”按钮或通过复制问卷内容的方式,可将问卷保存为 Word 文档。

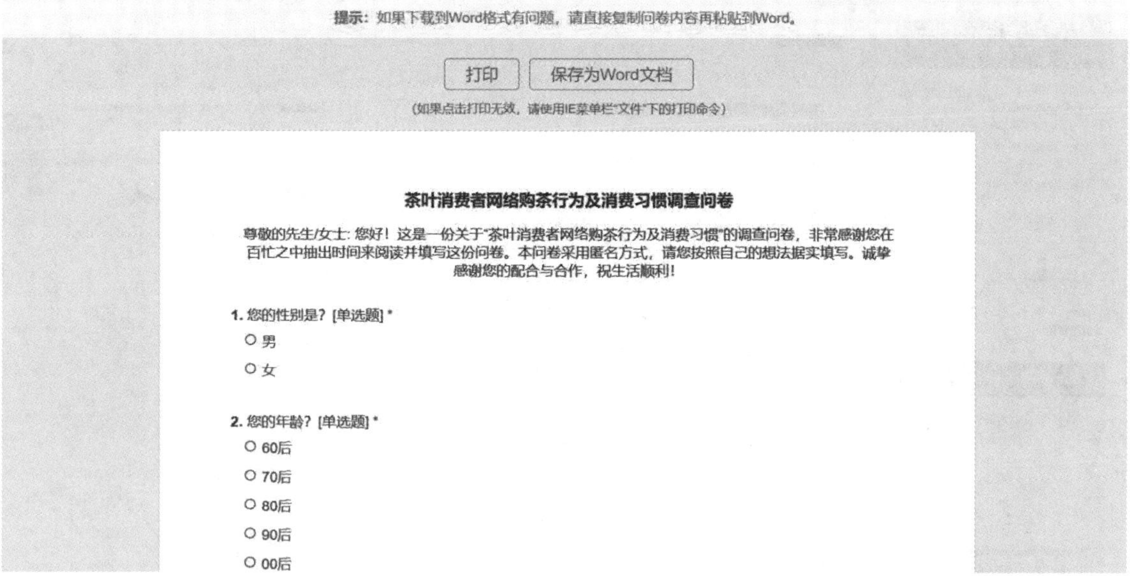

图 2-18　单击“导出问卷到 Word”超链接

(16) 关闭“打印问卷”页面。在“设计向导”页面单击“发送问卷”按钮,打开“链接与二维码”页面,如图 2-19 所示。消费者可通过发送问卷链接或二维码的方式邀请调查对象参与问卷填写,也可将问卷网页分享到微信朋友圈、QQ 好友或 QQ 空间及新浪微博等,进行网络调查。

图 2-19　打开“链接与二维码”页面

(17) 完成网络调查后,登录问卷星,在管理后台首页的问卷列表中,单击已发布问卷栏中的“分析 & 下载”超链接,在打开的下拉列表中选择对应的选项,即可了解调查问卷的相关数据，如图 2-20 所示。

图 2-20 问卷列表

课堂思考

如果你想通过网络问卷调查绿茶消费者的购买行为，那么，你需要设计哪些调查问题（如购买的方式、购买的品牌等）以获得所需信息？

复习思考题

1. 茶叶企业在分析网络营销环境时要综合考虑哪些方面的问题？
2. 网络营销发展会对传统营销形成哪些冲击？
3. 结合自己的认识，谈一谈对消费心理的理解。

工作任务清单——调查问卷制作

任务情景描述

为了解大学生茶叶需求情况，小王、小李、小孙共同设计了一份关于“大学生茶叶消费情况的市场调查问卷”，请帮助他们完成该任务并对结果进行分析。

建议学时

2 学时

任务流程与活动

任务活动 1：任务确立；

任务活动 2：设计调查问卷；

任务活动 3:利用问卷星制作调查问卷;

任务活动 4:评价与总结。

任务活动 1:任务确立

(1)活动思考。

本项目工作任务的具体内容是什么?

(2)思想提升。

通过调查当代大学生茶叶消费情况,对企业、茶行业发展有何重要意义?

任务活动 2:设计调查问卷

问卷要点	问卷内容	内容记录
要点 1	消费习惯 例句：你更倾向于哪类茶叶	
要点 2	购买偏好 例句：你购买茶叶时更注重哪些因素	
要点 3	消费动机 例句：你平时购买茶叶的主要目的是什么	
要点 4	价格意愿 例句：你是否愿意支付更高的价格购买有机认证的茶叶	
要点 5	其他关键问题 例句：你是否愿意在大学期间学习茶艺或茶叶知识	

任务活动 3:利用问卷星制作调查问卷

活动步骤	活动内容	活动记录
步骤 1	打开问卷星的官方网站,在登录页面输入账号和密码,单击“登录”按钮	
步骤 2	进入管理后台后，在左上角单击“创建问卷”按钮	
步骤 3	打开“选择创建问卷类型——问卷星”页面,选择“调查”选项,单击“创建”按钮	
步骤 4	打开“创建调查问卷”面板，在“请输入标题”文本框中输入问卷标题，单击“立即创建”按钮	
步骤 5	进入问卷设计页面，左侧为题型设置面板，右侧为问卷内容编辑页面	

续表

活动步骤	活动内容	活动记录
步骤 6	题型包含选择题、填空题、评分题等，每组根据自己的需求选择题型，设计题目	
步骤 7	完成题目的编辑后，单击问卷设计页面右上角的“完成编辑”按钮，完成问卷设计工作	
步骤 8	单击“完成编辑”按钮后，将打开“设计问卷”的“设计向导”页面，在该页面单击“导出问卷到 Word”超链接	
步骤 9	打开“打印问卷”页面，单击“打印”按钮可打印问卷；单击“保存为 Word 文档”按钮或通过复制问卷内容的方式，可将问卷保存为 Word 文档	
步骤 10	关闭“打印问卷”页面。在“设计向导”页面单击“发布此问卷”按钮，打开“链接与二维码”页面。可通过发送问卷链接或二维码的方式邀请调查对象参与问卷填写，也可将问卷网页分享到微信朋友圈、QQ 好友或 QQ 空间及新浪微博，进行网络调查	
步骤 11	完成网络调查后，登录问卷星，在管理后台首页的问卷列表中，单击已发布问卷栏中的“分析 & 下载”超链接，在打开的下拉列表中选择对应的选项，可了解调查问卷的相关数据	

任务活动 4：评价与总结

(1) 评价。

一级指标	二级指标	评价内容	分值	自评	互评	师评
工作能力	学习能力	可以完成学习活动的各种能力组合	10			
	操作能力	能够根据所学的技能独自完成工作任务	10			
	创新能力	具备新思想、新理论、新方法和新发明的能力	10			
工作态度	学习方法	根据工作任务能对知识进行归纳总结	10			
	学习态度	对学习保有较为持久的行为状态	10			
作品成果	成果展现	作品完整度	50			

(2) 所思所获。

____

____

项目三 茶叶微博营销

学习目标

★知识目标

了解茶叶微博营销的特点

掌握茶叶微博营销的运营方法

掌握茶叶企业微博营销的运营技巧

★技能目标

能够结合实际情况，制定茶叶微博营销策略

★素质目标

引导学生在实施网络营销时做到爱国、敬业、诚信、友善

使学生具备良好的职业道德，养成良好的沟通协作能力

案例导入

“非常茶叶”的微博运营

为了提高其市场曝光率，一家名为“非常茶叶”的茶叶企业开通了微博账号，在微博营销的过程中，这家企业及时响应消费者需求，注重消费者体验，并立足于消费者对茶叶的热爱，不断推出新鲜、有趣的茶文咨询，激发消费者的情感，同时，经常发布企业的各种茶叶产品信息，立足于消费者的兴趣点，还重视与粉丝的互动，及时回复粉丝的提问，设计粉丝能积极参与的游戏、活动，在一段时间内取得了良好的成果，提升营销效果。

企业微博营销已成为当今企业营销策略中不可或缺的一部分，也是企业宣传品牌和促进销售的重要手段。企业微博营销对提高企业知名度、增加粉丝量、提升客户忠诚度、推广企业产品等均有积极作用。

任务引入

小王在网上看到这样一段话：传统企业开展网络营销需要建立“新五官”，即官网（官方网站）、官博（官方微博）、官号（官方微信公众号 + 小程序）、官抖（官方抖音号加头条号）、官 P（官方 App）。“新五官”已经成为传统企业开展网络营销的必备条件。小王看到家中的茶叶已经快到成熟季节，他想：是否可以通过微博开展茶叶营销活动呢？

任务一 了解微博及微博营销

随着互联网技术的发展,微博作为一种新的网络应用形式越来越为人们所知并迅速兴起和流行。微博不仅增添了人际传播的新模式,还开辟了信息传播网络新媒介。对企业而言,微博逐渐成为网络营销新阵地,微博营销以微博作为营销的平台,每一个微博用户都是潜在营销对象,每个企业都可以在新浪和网易等平台注册微博账号,然后利用自己的微博向网友传播企业、产品的信息、树立良好企业形象和产品形象。

一、微博的定义

国内新媒体传播与营销领域的知名学者陈永东率先给出了微博的定义:微博是一种通过关注机制分享简短实时信息的广播式社交网络平台。2009 年之后我国微博的发展进入了快速成长期,其中新浪微博、腾讯微博、搜狐微博、网易微博等占据了我国微博的主要市场。2014 年,腾讯微博、搜狐微博和网易微博等纷纷退出微博市场,在中国微博领域一枝独秀的新浪微博宣布改名为"微博",并推出了新的标识,新浪色彩逐步淡化。目前,如果没有特殊说明,微博就是新浪微博。

微博分为个人微博和企业微博两种。通过个人微博,我们可以关注行业信息,打造个人品牌,结识行业领军人物和建立人脉关系,展示个人技能。企业微博具备了企业官方的特性,企业微博可实现信息发布、与消费者建立情感,并具有危机公关、预警、快速公关等功能。

关于微博,我们需要先建立以下五个方面的认识。

(1)关注机制:分为单向关注和双向关注。

(2)简短内容:通常在 140 字以内。

(3)实时信息:最新产生的信息、最新事物的发生,其信息传递的过程是立即的,没有时间间隔或延迟。

(4)广播式:公开的信息,大家均可浏览。

(5)社交网络平台:把微博归为社交网络。

二、微博营销

微博营销是指通过微博平台为企业、个人等创造价值的一种营销方式,其涉及的范围包括认证、有效粉丝、话题、名人博客、开放平台、整体运营等。微博营销是基于粉丝进行的营销,对于营销人员而言,微博上的每一个活跃粉丝都是潜在营销的对象。如果博主(包括企业和个人微博用户)拥有数量庞大的粉丝,那么发布的信息可以在短时间内传达给更多的用户。该营销方式注重价值的传递、内容的互动、系统的布局、准确的定位,增加了企业品牌直接接触消费者的机会,有利于维护品牌认知度和顾客忠诚度。

（一）微博营销的分类

微博营销的分类主要有个人微博营销、企业微博营销、行业资讯微博营销。

1. 个人微博营销

一般个人微博营销是通过个人本身的知名度来获取别人的关注和了解，以明星、成功商人或者是社会中其他成功人士为例，他们使用微博通常是想经由微博粉丝更进一步地去了解自己和喜欢自己，发布的微博多为记事或抒发感情，功利性不是很明显，他们的宣传工作一般是由粉丝转发来达到营销效果的。

2. 企业微博营销

企业一般是以盈利为目的，他们使用微博往往是想增加企业的知名度，最后达到能够销售更多产品的目的。企业微博营销比个人微博营销更困难，有些企业知名度有限，简短的微博不能使消费者直观地了解商品，而且微博更新速度快、信息量大，企业微博营销时，需要建立固定的消费群体，与粉丝多交流，多互动，多做企业宣传工作。

3. 行业资讯微博营销

以发布行业资讯为主要内容的微博，往往可以吸引众多用户关注，类似于通过电子邮件订阅的电子刊物或者 RSS 订阅等，微博内容成为营销的载体，订阅用户数量决定了行业资讯微博的网络营销价值。 因此，运营行业资讯微博与运营一个行业资讯网站在很多方面是很类似的，需要在内容策划及传播方面下很大功夫。

综上所述，茶叶微博营销主要采用企业微博营销和个人微博营销的方式。

（二）微博营销的特点

1. 低成本低门槛，效果好

首先，微博营销的发布门槛比较低，140 个字的内容。其次，相较于广告来说，微博营销的成本比较低，比起同样效果的广告来说，更具经济性。

2. 传播速度快，覆盖范围广

从覆盖面上来讲，微博与传统的大众媒体（如报纸、广播、电视等）相比，受众同样广泛。微博支持在手机、电脑、移动端等多种平台上使用，随着移动互联网的发展，可以说随时随地就能从微博获取信息。此外，由于微博的名人效应和其特定的传播方式，往往能使信息传播的速度和效果呈几何式放大。一条微博在触发微博引爆点后，短时间内互动性转发就可以抵达微博世界的每一个角落，达到短时间内提升话题热度的效果。

3. 展现形式多样，更具人性化

从微博营销的使用手段上来说，虽然文字框仅限于 140 个字，但还可以利用图片、视频、音乐等多种形式展现，而这些先进的多媒体技术手段，能够从多方面将企业品牌或者产品以更多样的形式呈现给受众，使消费者更想去了解品牌或产品；从另外一个方面来说，微博的拟人化和接地气的亲和力，也能够吸引更多的粉丝。

4. 微博更具亲民化，拉近距离

微博比起其他营销模式更重要的一点是：它对话题是没有限制性的，像政界人士、明星名人，甚至包括一些外国友好人士，都会通过微博拉近和普通民众的距离，而企业通过微博营销，也是同样的道理。

5. 操作简单，高效便捷

作为社交工具，微博的操作十分简单、方便，几乎所有人都能快速上手，节省大量的时间和成本。

6. 互动性强，能及时获得反馈

微博具备传统传播渠道和平台所没有的社交属性，也就意味着通过微博能够及时与粉丝进行沟通，获得用户反馈，而反馈的方式一般会表现为评论、转发、点赞。其中最重要的是转发，转发可以说是二次传播，扩大了微博营销的影响力。

7. 针对性强，短期效果显著

微博是即时性的社交工具，一方面，它的营销是短期的，具有时效性；另一方面，它投资少、见效快，在短期内可以获得可观利益。

（三）微博营销的原则

1. 真诚原则

真诚不仅是做人做事的基本原则，也是微博营销的基本原则，微博上的言行和现实社会中的言行其实是一样的，好的声誉就是财富，真诚的互动是微博营销成功的关键因素。

2. 趣味原则

在微博上，幽默的段子、搞笑的图片、滑稽的视频经常被刷上热门，而包含广告内容的微博更需要创新内容，以有趣、生动的内容引起粉丝的关注。

3. 乐观开朗原则

在微博上的互动，人们往往喜欢和乐观开朗的人交朋友，特别是有幽默感的人，很少有人会讨厌与他人分享快乐。

4. 个性魅力原则

千篇一律的营销手段只会使受众产生审美疲劳，具有个性魅力的微博账号才能受人喜爱，微博营销者是企业的网络形象大使。

5. 利益原则

人们总是喜欢获得更多的利益，因此微博营销者可以时常发布折扣信息，以此增强粉丝的购买欲。

6. 互动原则

微博转发抽奖活动一直是微博互动中最主要的方式之一，在微博营销过程中通过互动适当给予一些福利作为回馈，粉丝将会更加忠诚。

7. 创新原则

微博可拓展的空间十分巨大，只有抓住机会、有效创新，才可从中轻松获益。

8. 保持热度的原则

让微博信息保持热度，可以设置问题由粉丝进行回答，掀起辩论热潮，让消息及其回复不断地引起波澜，产生互动。

知识拓展

企业蓝V认证

新浪微博极具影响力，拥有超过5亿注册用户、超过 300 万认证用户，其中有53万多家新浪认证企业与机构账户。通过140字以内的文字“织围脖”是网友随时随地记录生活、分享社会新鲜事的生活方式。新浪微博认证类型及简介见表3–1。

表3–1　新浪微博认证类型及简介

认证类型	特权	认证图标	认证难度
政府认证	身份识别	蓝色图标	简单
企业认证	搜索优先	蓝色图标	中等
机构团体	发言特权	蓝色图标	中等
媒体认证	发言特权	蓝色图标	较难
个人用户认证	名人堂	黄色图标	难
网站认证	搜索优先	蓝色图标	中等
个人认证	身份认证	黄色图标	难

企业主要通过以下步骤开展微博蓝V认证：

(1) 微博使用实名制，被公众熟知且具备企业特征的名称，微博一经认证，昵称将不能进行修改。

(2) 一般情况下，微博活跃度要求是，内容超过30条，粉丝超过30个。

(3) 下载填写《企业用户认证信息表》和《企业认证申请公函》并加盖企业公章，以及提交同样加盖公章的企业营业执照副本或机构证明等其他证明文件，按照企业认证页面提示发送到指定邮箱。

以下类型的企业与组织机构暂时不能被认证：①不属于经纪公司管辖的娱乐明星粉丝团体；②无政府备案信息的自发性民间团体；③淘宝店铺；④个人网站或无信息产业部（现为中华人民共和国工业和信息化部）备案信息的网站。

新浪微博进行蓝V认证可以提高企业诚信度，增加其曝光量，从而为今后的引流和增加粉丝数量打下良好的基础。

任务二　了解茶叶微博营销的运营与实施

茶叶微博营销是指通过微博平台为茶叶企业、茶叶商家、茶叶销售个人等创造价值的一种营销方式。该营销方式注重价值的传递、内容的互动、系统的布局、准确的定位。茶叶微博营销涉及的范围包括认证、有效粉丝、话题、开放平台、整体运营等。

一、茶叶微博营销的运营思路

1. 微博的数量不在多而在于精

一个成功的微博营销账号不在于他发布微博数量的多少，注重的是他每条微博的转发、评论、点赞的数量。茶叶企业和茶叶商家在进行微博营销时，无须每天发布大量的微博信息，只需要着重描述一条或几条微博信息，就能收获更大的利益。

2. 个性化的名称

一个好的微博名称更容易让粉丝记住并产生兴趣从而获取关注。茶叶微博账号可以根据茶业企业自身的特点进行巧妙的设计。

3. 巧妙利用模版

普通用户的模板多数是在微博提供的模板中选择，茶叶微博营销账号可以选择与行业相关的模板，如果有能力可以自行设计模板。

4. 使用搜索检索，查看与自己相关的内容

微博自身携带有搜索检索的功能，茶叶微博账号可以利用其对自己发布的话题、信息进行检索，查找对比与其他微博营销的不同之处，进行改善，同时查看自己发布的微博排行榜等，了解微博营销带来的效果。

5. 定期更新微博信息

微博系统不限制用户发布微博的频率，但对于营销来说，微博的热度和关注度来自微博的可持续话题。茶叶企业要不断制造新的话题、发布与企业相关信息，才可以吸引目标客户的关注。 但是频率过高可能会引起粉丝的反感，频率过低无法引起粉丝的重视，因此茶叶企业要把握好发布微博的频率。

6. 善于回复粉丝们的评论

在茶叶企业营销过程中，不仅要发布有趣的微博，也要实时关注粉丝对该微博信息的评论，既然是互动，那就得相互动起来，有来才会有往，回复粉丝们的评论，与粉丝们保持互动。如果想获取更多的评论，就要以积极的态度去对待评论，回复评论也是对粉丝的一种尊重。

7. “#”与“@”符号的灵活运用

茶叶微博账号发布微博时，要添加话题需使用“#”符号，两个“#”间的文字是话题的内

容。同时也可以谈谈自己对该话题的见解，如果要把某个活跃用户引入，可以使用“@”符号，意思是“向某人说”。

8. 学会使用私信

使用私信可以向自己的粉丝发布比微博更多的内容，因为私信可以保护收信人和发信人的隐私，所以当活动展开时，发私信的方法会显得更尊重粉丝。

9. 确保信息真实与透明

茶叶企业可以以企业的形式做一些优惠活动、促销活动，但要注意即时兑现，并公开得奖情况，获得粉丝的信任。微博上发布的信息要与企业网站上发布的信息一致，并且在微博上及时对活动跟踪报道，确保活动的持续开展，以吸引更多消费者的加入。

10. 不能只发产品企业或广告内容

有的微博很直接，每天发布大量的产品信息或广告宣传等内容，基本没有自己的特色。茶叶微博不是单纯广告平台，微博的意义在于信息分享，分享没有特色的信息话题是不会引起粉丝发生互动，茶叶企业要注意话题的娱乐性、趣味性等。

二、茶叶微博营销实施方式

根据茶叶微博营销的特点，茶叶企业或茶叶销售个人在策划微博营销活动时，可以通过活动营销、借势营销、话题营销和粉丝营销这四种方式实施。这四种营销方式并不会孤立存在，有时会相互配合，以增强营销效果。

（一）活动营销

活动营销是一种整合资源的营销方式，是指茶叶企业利用网络平台，通过介入社会活动或整合有效的资源策划营销活动，迅速提升企业知名度和影响力的营销方式。活动营销是一种常见的微博营销方式，不仅能提升品牌的影响力和用户的忠诚度，还能吸引媒体的关注。

1. 活动营销的形式

微博活动营销的类型多样，例如，有奖转发、有奖征集、有奖竞猜等。

(1)有奖转发。

有奖转发是微博营销中常见的活动营销方式(图 3–1)。茶叶企业营销人员发起有奖转发活动，并指定参与形式，如“点赞 / 转发 / 评论 + 关注”“转发 / 评论 + 关注 +@ 好友”等，用户完成相关任务后就可参与活动，有机会获得奖品。有奖转发不仅可以有效增加粉丝，还可以扩散传播信息，使信息覆盖更多微博用户，从而扩大活动影响力。如果是多方联合发起的有奖转发活动，还可将抽奖条件设置为关注多个账号。

手机端或 PC 端微博均可发布有奖转发活动。以手机端为例，具体操作步骤如下。

步骤一：打开微博 App，点击“我”图标，在打开的界面中点击“创作中心”图标。

步骤二：打开“创作者中心”界面，在“互动工具”栏中点击“抽奖平台”图标。

步骤三：打开“微博抽奖平台”界面，点击“创建转发抽奖”按钮。

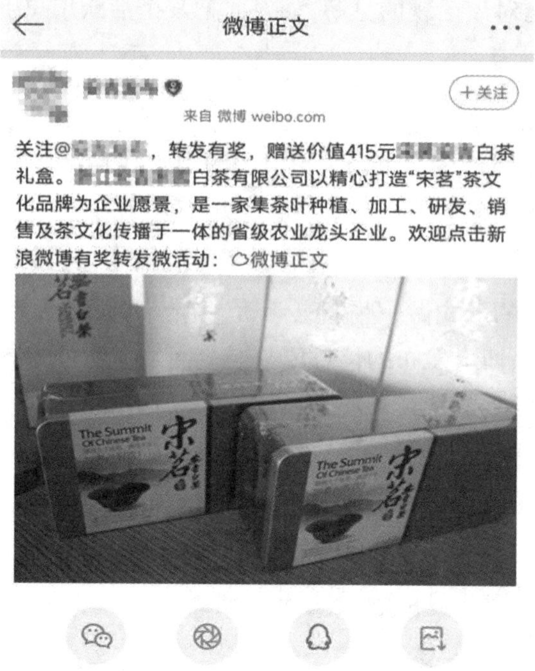

图 3–1　某白茶有限公司有奖转发活动

步骤四：打开“抽奖设置”界面，点击“+ 选择微博”按钮。

步骤五：打开“选择微博”界面，在所选微博下方点击“选择微博”按钮。

步骤六：选择微博后，返回“抽奖设置”界面，点击“+ 添加奖品”按钮。

步骤七：打开“奖品设置”界面，在“奖品类型”栏中选中“现金”选项，然后依次设置玩法、单个奖品金额和中奖人数，完成设置后点击“完成”按钮。

步骤八：返回“抽奖设置”界面，在“基本参与条件”栏中点击“参与方式”栏中的“转发微博”按钮，在“关注我”栏中点击“开启”按钮，然后设置定时抽奖时间，其他保持默认设置，点击“发起抽奖”按钮。

步骤九：在弹出的“抽奖详情”面板中确认抽奖信息后，点击“发起抽奖”按钮，在打开的界面中支付奖品金额后即可发起抽奖。在“抽奖设置”界面中，如果要开启“@ 好友”参与条件，则需要开通微博“超级粉丝服务包”功能，截至 2022 年 6 月的收费标准为每年 5000 元。开通该功能后，在“抽奖设置”界面中还可以进行高级设置，如通过设置转发关键词的方式发起有奖竞猜和有奖征集活动等。另外，在撰写、发布微博时也可发起有奖转发活动，具体操作步骤如下：在撰写微博内容后，点击“+”按钮；在弹出的面板中点击“抽奖”选项；打开“创建抽奖”界面，设置奖品、抽奖条件后，点击“下一步”按钮发起抽奖。

在 PC 端发起有奖转发活动的方法是：登录微博，进入个人主页，在左侧导航栏中单击“创作者中心”选项卡，打开“微博管理中心”页面，在左侧导航栏中选择“运营助手 – 抽奖中心”选项，在打开的页面上方单击“开始抽奖”选项卡，在需要发起活动的微博右侧单击“抽奖”按钮。此时，将打开“抽奖设置”页面，可对奖品和参与条件进行设置，设置方法与手机端相同。

(2)有奖征集。

有奖征集是指发布微博信息，征集创意点子、广告文案、祝福语、买家秀图片等，用户根据征集要求参与活动，就有机会获得奖品(图 3–2)。有奖征集有助于拉近茶叶企业与用户之间的关系，激发用户的参与积极性和主动传播性。有奖征集活动常与事件营销、话题营销相结合，以扩大活动影响力。

(3)有奖竞猜。

有奖竞猜是指发布竞猜信息，提供谜面，由用户来猜谜底，竞猜内容包括猜文字、猜图片、猜谜语、猜价格等，竞猜成功的用户有机会获得奖品。有奖竞猜常用于产品或品牌推广，以加强企业与用户之间的联系。一般来说，竞猜活动的趣味性越强，用户参与的积极性越高。

除了有奖转发、有奖征集、有奖竞猜这三种十分常见的活动形式外，微博活动营销形式还有新品试用活动、产品预约活动、投票活动、调查活动等。

图 3–2　某企业茶叶品牌名称征集活动

2. 活动营销的要点

活动营销是围绕活动展开的营销方式，以活动为载体。打造有影响力的活动是营销成功的关键。不同于其他营销方式，活动营销所追求的更多是短期内的营销效果。因此，营销人员要想通过短期的微博活动营销获得更广泛和更有影响力的营销效果，需要把握好活动营销的要点，具体可从以下几个方面入手。

(1)取好活动名字。

开展微博活动营销时，为活动取一个好的名字既可以很好地传递活动主题，又可以使活动具有吸引力，引起用户的注意。

(2)活动预热。

活动预热是活动营销前期宣传阶段的主要工作。在这个阶段，营销人员可以释放一些有关活动的消息(如奖品设置、活动参与流程、邀请的重磅嘉宾等)，以扩大活动声势。

(3)激发用户参与热情。

在微博活动营销中，激发用户参与热情十分关键。因此，活动要有意义，活动奖品也要有足够的吸引力。

(4)拓展传播渠道。

拓展传播渠道的目的是让更多用户参与活动，以便形成病毒式营销效应(简称病毒营销，其是一种常见的网络营销方法，是利用公众的积极性和人际网络，让营销信息像病毒一样传播和扩散的营销方式)。营销人员可以从两个方面拓展传播渠道：一是拓展内部传播渠道，活动初期可以要求企业内部员工参加活动，并且让员工邀请自己的亲朋好友参加；二是拓展外部传播渠道，企业可以与知名微博博主合作，知名微博博主本身就具有较大的流量，与其合作可以扩大活动的覆盖人群规模和影响范围。

⑸沉淀优质粉丝。

为了更好地实现推广品牌、促进销售的营销目的，营销人员在策划活动时就要考虑沉淀优质粉丝的问题，如适当提高参与活动的门槛、增加 @ 好友的人数等。

⑹关注后续传播情况。

活动营销的时效性强，营销人员应考虑关联新的话题，促进营销信息多次传播，进一步提高产品或品牌的曝光率。

（二）借势营销

借势营销是茶叶微博营销中一个非常重要的方法，即将营销目的隐藏在借助的“势”中，潜移默化地引导用户消费，以提高企业或品牌的知名度、美誉度，树立良好的品牌形象，并最终促成产品或服务销售。一些被广大用户主动关注的事件，自带热度和传播性，是茶叶企业进行借势营销的素材。借势营销中常用的事件有文化节庆活动、时事新闻、社会热点事件、体育事件等。

借势营销是一种“顺势搭车”的营销方式，且时效性很强。在借势营销里，要想借事件的“势”达到引起用户共鸣的成效，茶叶营销人员要把握好借势时机，找准营销内容与事件的关联点(即借势点)，快速关联品牌和产品，让借助的“势”与产品或品牌所倡导的价值导向和品牌文化相融合，这样才能得到用户的认可，引发用户的自主传播行为，为营销信息的广泛传播提供基础。图 3–3 所示为某茶企借势三八国际妇女节发布的微博，在赞美女性特质过程中隐喻茶叶的特质，创意非常巧妙，让人眼前一亮。

（三）话题营销

微博是天然的舆论场，聚合了大家关注的热点话题。话题营销也是茶叶微博营销的一种常用方法。茶叶企业可以发布新的话题，也可以转发其他用户已发布的话题进行话题营销。微博中的热门话题通常具有庞大的阅读量与讨论量，适合用来开展营销。在微博话题榜中可以查看当前的热门话题，如图 3–4 所示。

开展话题营销的方法是：单击话题名称并查看话题具体内容，结合企业的产品或服务，写一段与话题相关性较高的内容并附带上该话题。这样可以使关注该话题的用户群体参与讨论，从而扩大营销信息的传播范围。如果互动效果较好，转发、评论与点赞数量较多，那么该话题还会被话题主持人推荐，始终展示在话题首页，从而增加自身微博账号的曝光度和营销内容的热度。

借助热门话题营销的关键是选择有趣的话题，一个有趣的话题可以使营销事半功倍。除了微博话题榜中的内容，实时热点、热门微博、微博热搜榜中的内容也可以作为话题营销的切入点。图 3-5 所示为某茶企发布的话题营销微博，该微博利用了当时的热门话题“中国女排”，巧妙地将中国女排精神与茶叶历经岁月沉淀的特性相结合。

图 3-3　某茶企三八国际妇女节微博文案

图 3-4　微博话题榜

图 3-5　某茶企微博文案

如果没有比较合适的热门话题，企业还可以围绕主推关键词、营销活动或品牌来创建话题。创建话题后，企业要发动用户转发、评论话题内容，增加话题热度。此外，企业也可以联合一些知名微博博主或名人转发企业发布的话题内容，以增加话题热度。

（四）粉丝营销

粉丝营销是指茶叶企业利用产品或服务使庞大的用户群体成为粉丝，利用粉丝之间相互传递信息的方式，达到营销目的的一种常用的网络营销方法。粉丝营销的效果很大程度上取决于粉丝的质量，如果粉丝对企业微博的认同度高，积极参与互动转发，就有利于营销信息的传播。茶叶营销人员应通过评论、转发、私信或提醒等方式与粉丝保持良好的互动，加强与粉丝的联系，提高粉丝的忠诚度，这样才能扩大微博营销的影响力。同时，营销人员也可以将部分活跃粉丝的故事、意见、建议等作为微博内容进行发布，以引起其他粉丝的共鸣，增强粉丝的归属感和参与感。

任务三　茶叶微博营销运营技巧

微博作为重要的营销平台，茶叶营销人员需要进行常态化运营，保证微博账号的活跃度和曝光度，并掌握一定的营销技巧，推动微博营销的开展。

一、茶叶微博账号设置

对于社交平台账号而言，个性化的账号设置既能清晰展现账号定位，又能给用户留下良好的第一印象，吸引用户关注。

（一）茶叶微博账号信息内容

账号信息涉及昵称、头像、封面、认证信息等内容。用户浏览微博内容时只能看到账号昵称和头像，昵称和头像是用户对博主的直观印象。进入博主账号主页则默认显示账号昵称、头像、封面和认证信息。图 3-6 和图 3-7 所示分别为个人微博账号主页、企业微博账号主页，展开博主的账号内容，还会显示其他信息。

图 3-6　个人微博账号主页

图 3-7　企业微博账号主页

(1)昵称。

个人微博账号昵称应简洁、有个性、拼写方便并与账号定位相符，便于用户记忆和搜索。如幽默类个人微博账号的昵称“全球幽默趣事”，历史类个人微博账号的昵称“煮酒君”“历史课代表”等。个人微博账号昵称也可以为个人真实姓名，企业微博账号昵称通常与企业名称保持一致。

(2)头像。

对个人微博来说，微博头像可以设置得比较随意，可以是清晰的真人照片，也可以是特殊标志等；对企业微博来说，宜选择能够代表茶叶企业形象的头像，如企业 Logo、企业拟人形象、企业特色产品等。

(3)封面。

封面在茶叶微博账号主页中的位置非常醒目，可用于彰显账号特色，幽默类个人微博账号选择富有趣味的图片，科技类个人微博账号选择炫彩夺目的科技产品图片，摄影类个人微博账号选择展示风光、拍摄技巧的图片，茶叶微博账号的封面图片可以选择企业标志性建筑物、企业拟人形象、茶产品及其他茶文化创意图片等。

(4)认证信息。

微博平台提供了微博认证功能，对账号资质、专业、能力等方面进行认证。微博认证分为个人申请认证和机构认证，通过认证的微博账号名称后会有一个“V”标志。微博认证不仅可以提高微博账号的知名度，还可以使微博账号容易赢得微博用户的信任，从而获得粉丝。

(二)茶叶微博账号信息设置

1. 在 PC 端设置账号信息

在 PC 端设置账号信息的方法是：登录微博，进入个人主页，在打开的列表中选择“账号设置”选项，如图 3–8 所示；在打开页面的“设置”导航栏中单击“编辑资料”选项卡，然后在账号信息设置页面设置头像、昵称、简介等，如图 3–9 所示。

2. 在手机端设置账号信息

在手机端设置账号信息的方法是：登录微博 App 后，点击“我”图标，在打开的界面中点击上方的头像图标，如图 3–10 所示；点击头像进入个人中心，如图 3–11 所示；在打开的界面中点击“编辑个人资料”，如图 3–12 所示；打开“编辑资料”界面，点击相应选项可设置相应的信息。

图 3–8　个人账号主页

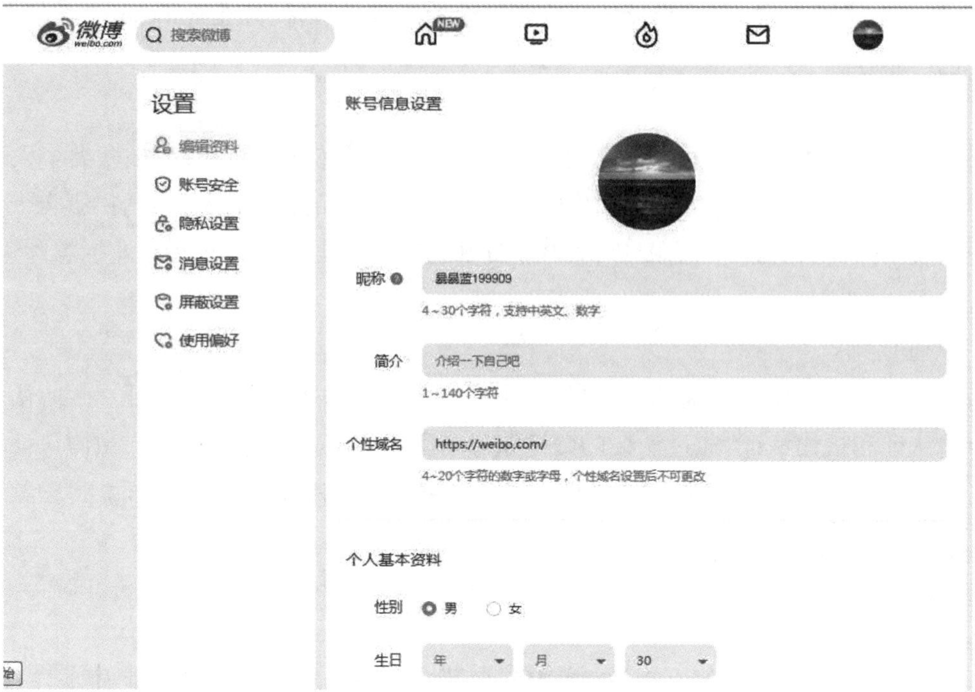

图 3-9　账号信息设置页面

图 3-10　微博 App 个人界面

图 3-11　微博 App 个人中心

图 3-12　进入“编辑个人资料”

二、茶叶微博营销的定位

茶叶微博营销无论是引流还是输出内容，或是打造品牌，都离不开定位。简单地说，茶叶微博营销的定位就是给自己贴上一个标签，用户看到这个标签就知道你是做什么的，对他有没有帮助或是吸引力，然后再决定要不要关注。

(1)茶叶品牌号。

茶叶品牌号即该账号主要用来做茶叶企业、品牌宣传，提高产品口碑，其运营方向也在于高曝光。

(2)茶叶营销号。

茶叶营销号即该账号主要用作茶叶广告，如果是通过这个市场定位，那账号其实很容易被平台降权[1]。广告也分很多种，不同的广告形式效果不一样，被平台降权的力度也不一样。

(3)茶叶个人 IP。

茶叶个人 IP 也就是个人形象的塑造，相当于把自己当成一个品牌来宣传，该账号可用来分享自己的日常生活、工作或是喜欢的东西等，如明星、网络红人，通过输出该类内容，然后吸引粉丝关注，再实现转化和变现。

三、茶叶微博内容设计

要实现常态化的微博营销运营，营销人员除了通过活动营销、借势营销、话题营销、粉丝营销等策划营销活动，还需要定期更新微博内容。在微博平台上，文字、图片、视频等都是主要的内容表现形式。

1. 图文结合

微博营销内容以短微博为主。短微博对内容和形式的要求不高，但要使微博信息得到更多关注和传播，需要有针对性地设计。微博的内容信息要尽量多样化，尽量每篇文字都带有图片、视频等多媒体信息，以具有较好的浏览体验。微博平台允许上传图片，一般来说，营销时搭配单张图片，或 3 张、6 张、9 张图片为佳，这样可以使图片排列整齐，使文字与图片的搭配更美观。多数情况下，图片才是微博的主体，图片的表现力更强，如有的图片只包含关键文案，语言精练，能够快速将该条微博的中心思想传递给用户，带给用户良好的视觉体验。一条微博只能上传一个视频，视频可以立体化地展示信息，带给用户更多视听享受，但为了提升用户观看体验，内容时长最好控制在 1 分钟以内。微博内容要尽量包含合适的话题或标签，以利于微博搜索，发布的内容要有实用价值。茶企微博文案见图 3–13。

2. 发布时机

企业官方微博每天发布的数量为 5～10 条。发布时间可根据发布者和用户的空闲时间而定，如上班之前、午休时间、下班之后及晚上休息之前这几个时段。

---

[1]　微博降权是指因为触犯微博相关规则，而导致账号曝光度下降，后续发表的评论以及微博内容没有办法在实时的页面上进行展示。

3. 内容策划

在微博营销中,内容是非常重要的。从原则上来说,有价值的、创意的、发人深省的、趣味性的、娱乐性的内容更受用户的欢迎,也更容易获得评论和转发。微博内容要吸引人,在找准用户的基础上,“有用的内容 / 有趣的内容” 更容易让用户参与其中。“有用的内容” 可以从与用户关联或用户专业性需求的角度策划;“有趣的内容” 可以从趣味、幽默和易懂等角度策划。图 3–14 为某茶企发布了旗下产品与《唐宫夜宴》独家品类联名的动态,宣传了品牌与产品,具有价值性,属于“有用的内容”;图 3–15 为某茶企在春节之际,通过用不同方言说新年祝福的方式,既有创意,又颇有趣味,容易引起用户的情感共鸣,不失为“有趣的内容”。

图 3–13　茶企微博文案

图 3–14　某茶企与《唐宫夜宴》联名动态

微博是一个分享与传播信息的平台,如果长时间不发表内容,或一直转发、复制他人的内容,缺少原创性,不仅无法吸引新的粉丝,而且会造成粉丝流失。因此,营销人员既要保证微博的更新频率,又要保证转发内容和原创内容比例恰当。一般来说,营销人员每天发布微博的数量控制在 5～10 条,且微博发布的间隔时间不能太短,否则容易造成“刷屏” 现象。同时,营销人员应以原创内容为主,以转发内容为辅,如原创内容占 80%,转发内容占 20%。

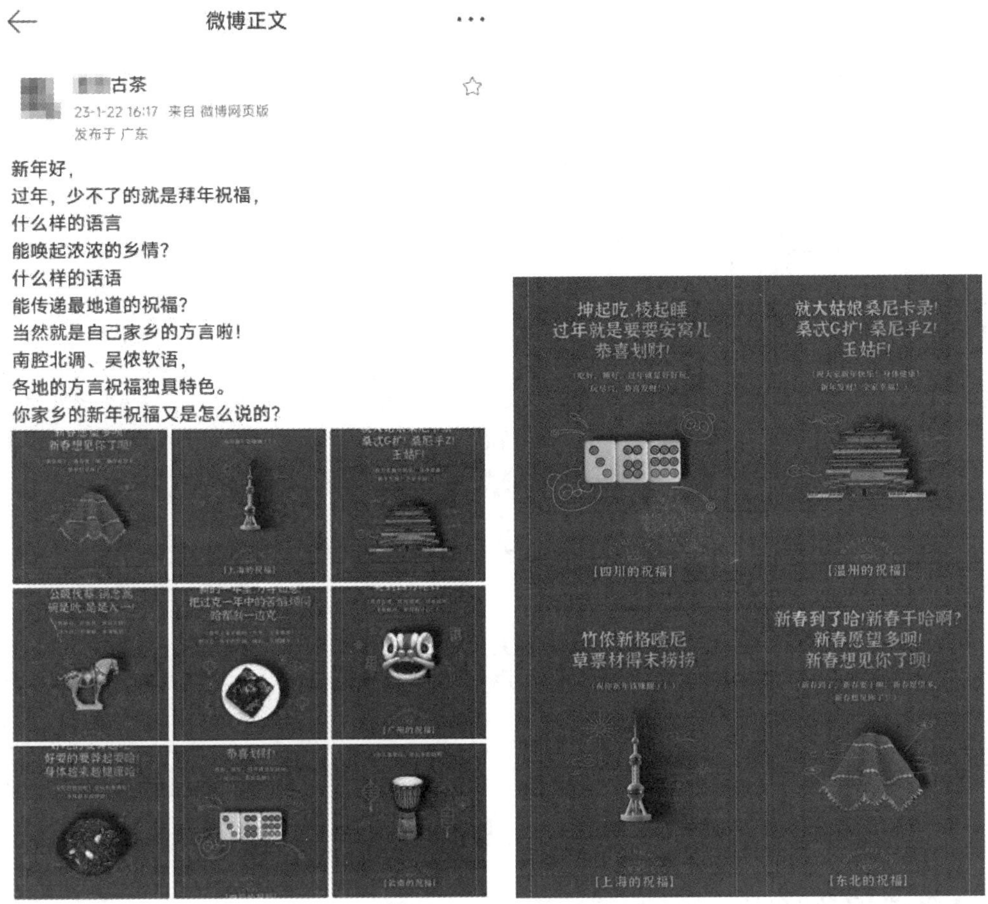

图 3-15　新春祝福微博文案

四、茶叶微博的互动与传播

（一）茶叶微博的互动

1. 互动交流创造营销机会

很多茶叶企业微博上有大量的“僵尸粉”，也有大量的“僵尸博”。“僵尸粉”是指微博上的虚假粉丝，这种粉丝只求数量而不注重质量。“僵尸博”就是没有发布或者只有少量发布的，也基本不对他人的微博做任何转发和回复的粉丝微博，这样的微博没有任何活力和影响力。“僵尸博”一般存在于名人和企业微博中，它们几乎不关注任何人，形成一种完全单向的交流通道，没有发挥微博的推广作用，使微博成为通告器。这样的微博无人理睬，也激发不了用户的热情。茶叶微博营销的价值在于粉丝圈子的存在，以及与活跃粉丝的互动。为了形成良好的互动交流，茶叶企业微博应关注更多优质用户，并积极参与回复讨论，将弱关系转化为强关系，在回复和转发中创造营销机会。

2. 通过微博的搜索功能实现精准互动营销

通过微博的搜索功能，每天及时在微博的搜索框中检索与企业相关的关键词，与微博用户互动，实现精准互动营销。

（二）茶叶微博传播

1. 优质内容置顶

如果发布的优质微博没有及时出现在订阅者和粉丝面前，微博内容可以通过其他的微博账号每隔一小时转发或者评论一次，让微博内容重新出现在前列，获得更多的曝光机会。

2. 巧用 @ 和私信

（1）@。

@ 可以让粉丝在打开微博的第一时间被提示有微博 @ 了他，无论这条微博发布时间多久。@ 的使用技巧如下。选择 @ 互粉的粉丝可以提高回复率。如果用户没有关注企业微博，尽可能不要 @ 他。选择 @ 平时经常转发微博的朋友，可以进一步提高转发率。@ 粉丝中被关注人数最多的几位，因为这些粉丝的转发能够产生更大范围的辐射。对于多次 @ 而没有任何转发的粉丝，应从 @ 名单中删除。

（2）私信。

私信只能由用户与特定的人进行交流，并且只能让发件人和收件人看到，不受其他用户干扰。私信是微博中常用功能之一，实现用户与用户之间一对一的沟通方式，通过私信可以进行点对点精准营销。通过私信收集用户信息，寄送一些免费产品或私下交流，可以实现精准营销。

五、微博增粉技巧

粉丝即用户。用户的积累特别是优质用户的积累，是一个耗时较长的过程。茶叶营销人员除了通过稳定输出优质内容增加用户数量，依靠转发、点赞、评论、关注等活动增加用户数量外，还可以通过以下方式实现增粉。

1. 勤更新

茶叶微博需要勤更新，如果更新速度太慢，被关注度就会降低。

2. 设标签

微博有个标签功能，用户可以设置 10 个最符合自己特征的标签，如站长、编辑等设置合适的标签，将会极大地增加曝光率，那些对相关标签感兴趣的人，就有可能主动成为你的粉丝。

3. 主动关注

主动出击去关注他人。找到粉丝多、活跃度高的用户，主动关注他们实现互关。

4. 参与热门 / 超级话题

在发布内容时添加热门话题，可以极大地增加曝光率和被关注的概率。

5. 引发争议

发布有争议的内容，引发别人的关注与转发，可以达到增加曝光和增加粉丝的目的。

6. 开展活动

开展活动是一个非常传统、实用性高的方法。如“抢楼”活动，活动发起方发布一条活动博文，要求用户按一定格式回复和转发，通常都是要求至少回复3个人，并进行评论。当用户回复的楼层正好是规则中规定的获奖楼层时（如100楼、200楼），即可获得相应奖品。

再如转发抽奖，活动发起方发布一条活动博文，要求用户接一定格式特发，通常都是要求至少转发3个人并进行评论。最后在参与活动的用户中，随机抽出部分幸运者发放奖品。还有特发资源，活动发起方发出一条活动博文，要求用户按一定格式特发，通常都是要求至少转发3个人，并留下邮箱。凡是转发者，邮箱中都会收到一份奖品，如媒体名录、各种工具、优惠券等。

7.QQ 群或微信群

现在网络上有很多微博交流群，通过QQ群或者微信群来增加粉丝。

8. 评论别人

可以到广播大厅找粉丝多的博主发布的博文进行评论，尽量挑最新发布且有他人评论的博文。评论越有特色，越能引发他人的共鸣，这样当博主对企业的评论进行回应时，自然变相地为企业做了推广。

9. 插件

现在微博的第三方插件越来越多，其中有一些插件可以帮助用户增加粉丝，如好友管理工具等。

10. 辅助软件

除了微博插件外，网络上还出现了许多第三方的软件，如互粉工具、互听工具等插件都可以帮用户快速增加粉丝。

11. 其他

除了以上这些比较常见的方法外，在我们的日常工作和经营中，可以见缝插针地进行宣传。当然营销人员也可以在知乎、淘宝、拼多多、快手和抖音等诸多社交媒体平台展开相应的微博推广。

复习思考题

1. 微博有什么特点和原则？
2. 什么是茶叶微博营销？茶叶微博营销有哪些分类？
3. 茶叶微博营销有哪些基本运营思路？
4. 茶叶微博营销有哪些常见的实施方式？
5. 茶叶微博营销有哪些运营技巧？

工作任务清单——微博营销工作任务

任务情景描述

通过学习茶叶微博营销相关知识，在春茶即将上市之际，小王决定开通个人微博账号“隔壁制茶的小王”来辅助自家的茶叶销售。请与小王一起完成以下微博营销工作任务。

建议学时

2 学时

任务流程与活动

任务活动 1：任务确立；

任务活动 2：茶叶微博账号初诊断；

任务活动 3：进行账号信息设置；

任务活动 4：添加话题“品春茶”，发布微博，并插入一篇与春茶相关的头条文章；

任务活动 5：设置“关注 + 转发”有奖转发，奖品为特级春茶 50 g，中奖人数为 10 人；

任务任务 6：评价与总结。

任务活动 1：任务确立

(1) 活动思考。

本项目工作任务的具体内容是什么？涉及哪些知识点？

____

____

____

(2) 思想提升。

茶叶企业开展微博营销时，除了运用运营技巧外，你认为还有哪些需要特别注意的问题？

____

____

____

任务活动 2：茶叶微博账号初诊断

活动步骤	活动要求	活动记录
步骤 1	关注两个茶叶微博账号，记录账号名称及企业概况	
步骤 2	对照微博运营的整体思路，账号一的优势体现在哪些方面？有哪些需要改进的地方	
步骤 3	对照微博运营的整体思路，账号二的优势体现在哪些方面？有哪些需要改进的地方	

任务活动 3：进行账号信息设置

活动步骤	活动要求	活动记录
步骤 1	搜索与茶叶相关的素材，如图片、文案、头条文章等	
步骤 2	在 PC 端登录微博，进入个人主页，在打开的列表中选择“账号设置”选项；在打开页面的“设置”导航栏中单击“编辑资料”选项卡	
步骤 3	在“账号信息设置”页面，设置头像（自选）、昵称（隔壁制茶的小王）、简介（自行编辑）	
步骤 4	登录微博 App 后，点击“我”图标，在打开的界面点击上方的头像图标，点击头像进入“个人中心”，在打开的界面中点击“编辑个人资料”	
步骤 5	打开“编辑资料”界面，点击相应选项可设置相应的信息（同步骤 3）	

任务活动 4：添加话题“品春茶”，发布微博，并插入一篇与春茶相关的头条文章

活动步骤	活动要求	活动记录
步骤 1	进入新浪微博 App，点击主页右上方的“+”，选择“写微博”进入编辑页面	
步骤 2	点击编辑页面下方的“#”，在搜索栏中输入话题“春茶”，选择其中一个话题	
步骤 3	发布一条旨在介绍小王家出产的茶叶文案，字数在 100 字左右	
步骤 4	点击编辑页面下方的“+”，选择“头条文章”，在对应编辑栏输入事先收集的头条文章的标题及正文	
步骤 5	设置封面和导语，点击“下一步”，发布微博	

任务活动 5：设置“关注 + 转发”有奖转发，奖品为特级春茶 50 g，中奖人数为 10 人

活动步骤	活动要求	活动记录
步骤 1	打开新浪微博 App，点击“我”图标，在打开的界面中点击“创作中心”图标，进入该界面后，在“服务工具”中点击“查看更多”	
步骤 2	在“互动工具”栏中选择“抽奖平台”，点击“创建转发抽奖”	
步骤 3	打开“抽奖设置”界面，点击“+ 选择微博”，在所选微博下方点击“选择微博”按钮	

续表

活动步骤	活动要求	活动记录
步骤 4	返回“抽奖设置”界面，点击“+ 添加奖品”按钮。在“奖品类型”栏中做相应选择，然后依次设置玩法、单个奖品金额和中奖人数，完成设置后点击“完成”按钮	
步骤 5	返回“抽奖设置”界面，在“基本参与条件”中点击“参与方式”栏中的“转发微博”按钮，在“关注我”中点击“开启”按钮，除设置定时抽奖时间处其他保持默认设置，点击“发起抽奖”按钮	
步骤 6	PC 端：登录微博，进入个人主页，在左侧导航栏中单击“创作者中心”选项卡，打开“微博管理中心”页面，在左侧导航栏中选择“运营助手 – 抽奖中心”选项，在打开的页面上方单击“开始抽奖”选项卡，在需要发起活动的微博右侧单击“抽奖”按钮。将打开“抽奖设置”页面，可对奖品和参与条件进行设置，设置方法与手机端相同	

任务活动 6:评价与总结

(1)评价。

一级指标	二级指标	评价内容	分值	自评	互评	师评
工作能力	学习能力	可以完成学习活动的各种能力组合	10			
	操作能力	能够根据所学的技能独自完成工作任务	10			
	创新能力	具备新思想、新理论、新方法和新发明的能力	10			
工作态度	学习方法	根据工作任务能对知识进行归纳总结	10			
	学习态度	对学习保有较为持久的行为状态	10			
作品成果	成果展现	作品完整度	50			

(2)所思所获。

____

____

____

项目四 茶叶微信营销

学习目标

★知识目标

了解微信的功能与特点

了解微信营销的特点

掌握微信热点营销工具的特点

掌握企业微信公众号的运营程序和推广方法

掌握微信公众号内容营销策略

★技能目标

能够熟练使用微信各种工具与功能

掌握开通微信公众账号的方法

★素质目标

引导学生在实施网络营销时做到爱国、敬业、诚信、友善

使学生具备良好的职业道德，养成良好的沟通协作能力

案例导入

茶企茶农走上"微营销"之路

在微信盛行的当下,"微商"悄然应运而生。自今年春茶开采以来,众多茶企、茶农纷纷利用微信这个平台,通过微信传递图片和信息实现茶叶营销,既节约了成本又拓宽了茶叶销售渠道。

在雷成女茶叶专业合作社内,老板雷顺平正拿着手机给新茶拍照,然后通过微信这个平台,将新产茶叶的样品发给全国各地的经销商。他说,自己微信的朋友圈内,全国各地的茶叶经销商就有30多家,如今在茶行业内,微信不仅是常用的社交工具,也是茶叶营销的新平台。自己借助微信平台,及时发布茶叶市场和产品信息,与经销商进行互动,建立一个精准营销渠道,不仅增加了茶产品销售量,也进一步提升了茶叶企业市场的竞争力。

"以前我们的样品是用快递来寄送的,茶叶经销商收到货一般要两三天,慢则一个星期。等茶叶经销商反馈、下单又要好几天。现在不一样了,通过微信,茶叶经销商看过样品,就会直接下订单。甚

至当天我们就可以发货,茶叶经销商隔天就能收到茶叶了。”雷顺平告诉记者,“微信,让我们的销售变得更加便捷。”

“微时代”滚滚而来的当下,不少茶农也搭上了“微信”这部直通车。在敕木山畲族村的一处茶叶基地里,茶农雷荣正对着新采的茶青进行拍照,发给茶叶企业询问价格。雷荣告诉记者,自己种植茶叶已经有20多年,每年的春茶品质各有不同,都是一天一个价。今年是首次用上了微信这个平台,通过传递茶青图片,询问价钱,留给了自己一个更好的选择余地。雷荣说:“通过微信,我不仅可以向收购商了解当日茶叶价格,还可以询问他们的需求。绿茶和红茶的采摘要求是不同的,工人可以按照收购商的要求进行采摘,茶叶的价格也能卖得更好。”

——根据景宁融媒修改

微信是一个可以及时与用户互动的交流平台,注重即时性,可以实现一对一的互动交流。微信的渗透率高、覆盖面广,目前已渗透到人们生活和工作的方方面面。微信营销建立在微信大量活跃用户的基础上,其营销形式灵活多样,具有非常强的互动性。

· 任务引入 ·

小王前一段时间的微博营销,取得了一些营销效果,他还希望通过微信来销售自家的茶叶。小王要想实现自己的目标,到底该选择个人微信还是微信公众号?怎么开展茶叶的微信营销呢?

任务一　认识微信及微信营销

一、认识微信

(一)微信

微信是腾讯公司于2011年1月21日推出的一个为智能终端提供即时通信服务的免费应用程序,由张小龙带领的腾讯广州研发中心产品团队打造。为了便于沟通,腾讯公司在手机微信的基础上开发了微信网页版和微信PC版。微信手机版和PC端打通之后,就可以直接在网页浏览器中收发信息,甚至可以在PC端和手机端之间传输文件、图片。

(二)微信公众平台

微信公众平台曾命名为官号平台、媒体平台、微信公众号,最终定位为公众平台。当前的微信公众平台主要分为服务号、订阅号、企业微信(原企业号)。

服务号主要偏重于服务交互(类似银行、114),提供服务查询,认证前后都是每个月可群发4条消息。

订阅号主要偏重于为用户传达资讯(类似报纸杂志),认证前后都是每天可以群发1条消息。

企业微信是一款用于基础办公沟通的即时通信产品，适用于各种类型的企业和机构用户，拥有贴近办公场景的特色功能和办公自动化工具，如请假、报销、考勤等，让员工可以在手机上处理办公事宜，后台管理员可以添加自定义应用。企业微信主要用于公司内部通信，需要先通过验证才可以成功关注。

图 4-1 为在手机端展示订阅号、服务号和企业微信的效果。

图 4-1　在手机端展示订阅号、服务号和企业微信

二、认识微信营销

（一）微信营销

截至 2023 年 3 月 31 日，微信及 WeChat（微信英文版）合并月活跃用户数 13.19 亿，汇聚公众号 3.6 亿个，企业账号已超过 3000 万，微信支付累计绑卡用户超 8 亿，微信支付接入超 20 万家线下实体店，作为时下最热门的社交信息平台，其对营销行业已经带来了颠覆性变化。

微信一对一的互动交流方式具有良好的互动性，精准推送信息的同时更能形成一种朋友关系。基于微信的种种优势，借助微信平台开展客户服务营销也成为继微博之后的又一新兴营销渠道。微信营销是指企业利用微信平台，通过向用户传递有价值的信息而最终强化企业品牌建设或产品、服务销量增长的一种营销策略。

（二）微信营销的特点

1. 受众广泛，成本低廉

微信从面世至今已经成为手机应用软件市场的佼佼者，拥有庞大的用户群体，产生了大量数据。这些数据可以成为企业竞争取胜的砝码，成为改变行业结构的钥匙。相较于传统营销方式，微信营销的成本低廉，各项功能都可供用户免费使用，使用过程中仅仅产生少量的流量费。

2. 营销精准，形式灵活

基于微信的庞大用户数据，通过移动终端，结合地理位置、社交网络等功能，可以实时推送信息，帮助商家进行点对点的精确营销。比起微博的140个字限制的文案和九宫格的图片，微信营销可以图文并茂，还可以插入视频和音乐，这样的形式在营销推广的过程中更能吸引用户的关注。

3. 平台开放，互动及时

目前有很多网站和第三方应用平台中的分享功能，都添加了微信这一项，如果企业想通过网络进行宣传，可以直接将网页内容分享到微信朋友圈，这无疑是一个很好的选择。微信营销和普通营销推广手段的不同就在于互动。手机是微信的载体，只要用户有手机和网络，就能随时收到企业的推送信息，也能及时反馈自己的需求，突破了时间和空间的限制。这种及时有效的互动更容易提升用户对企业的信任度。

（三）茶叶微信营销的价值

1. 茶叶微信个人号的营销价值

⑴ 建立个人品牌。

美国管理学者彼得斯有一句被广为引用的观点——21世纪的工作生存法则就是建立个人品牌。他认为，不只是企业、产品需要建立品牌，个人也需要建立个人品牌。随着移动互联网时代的到来，自媒体的兴起，昭示着个人品牌时代的到来。以微信、微博、今日头条、抖音等为代表的新媒体软件的出现，让个人成为传播载体，人们可以通过社交软件展示个性特征，在符合大众的消费心理和审美需求下，成为可转化为商业价值的一种资源。

⑵ 刺激产品销售。

基于个人微信号的微店和微商，在个人微信朋友圈发布产品信息，使用微信聊天为客户提供咨询服务，借助微信支付功能实现付款，刺激了产品的销售。

⑶ 维护客户关系。

微信个人号（图4–2）可以与客户聊天或朋友圈互动，实现与客户之间的沟通、互动和交流，加深了与客户之间的感情连接，也给客户营造了一个进一步了解茶叶企业的机会。

2. 茶叶微信公众号的营销价值

微信推出的公众平台是对微信产品的一次巨大革新。微信公众平台是微信对于企业营销最强大的武器，它将微信从一款私密社交产品变成了兼具媒体发布功能的公众产品，这是一次质的飞跃，其包含所有的多媒体形式，交互方式多样化，后台管理和数据监控一应俱全，也让微信对企业营销的价值无限放大。微信公众平台有效地提升了微信的盈利空间，并且将媒体运营思路加入微信。建立茶叶微信公众号，可实现以下营销价值。

⑴ 建立企业信息入口。

茶叶微信公众号（图4–3）是茶叶企业平台新的入口，用户可以查找并关注企业微信公众号，获取企业、品牌、产品等信息，也可以通过微信公众号跳转到官方网站。

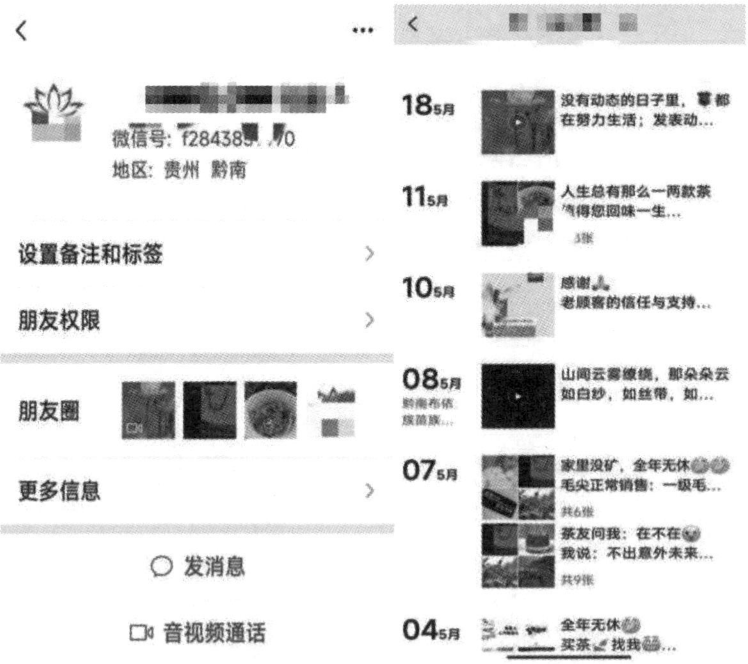

图 4-2　某茶叶微信个人号页面

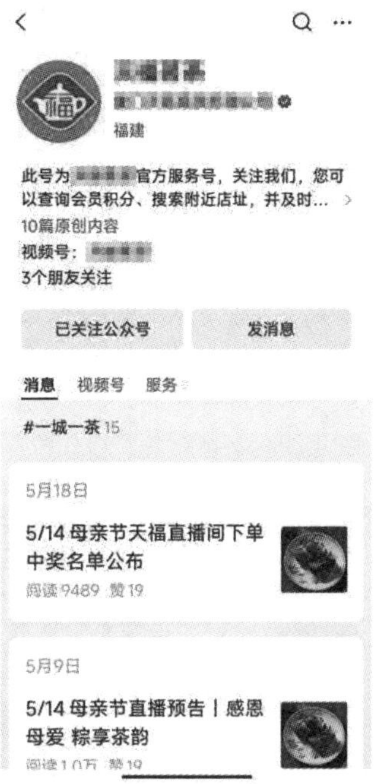

图 4-3　某茶叶企业公众号

(2) 开展客户服务。

微信公众号后台的用户分类管理、关键词自动回复等功能，可以帮助茶叶企业提供针对性服务。茶叶企业也可以在微信公众号后台嵌入客户关系管理(CRM)系统，对关注微信公众号的用户进行动态管理及会员服务，从而提高客户的满意度。

(3) 实施电子商务。

茶叶企业可以通过微信公众号实现销售引导，及时把产品或服务信息推送给客户，促成交易。客户通过产品的图文信息可以直接在微信下单购买、支付货款、查询物流信息和实现客户服务。

(4) 开展用户调研。

茶叶企业可以借助微信公众号开展调研活动，锁定企业的精准客户群体，节省大量的经费支出。

(5) 宣传企业品牌。

微信公众号承载了文字、图片、音频、视频等多元化形式，可以将茶叶企业的品牌理念和核心价值传递给客户，增强与客户的互动，以数字化提升客户体验，从而打造自身更好的品牌形象，来达到挖掘潜在目标客户群体的目的。

(6) 打通线上线下双渠道。

微信的二维码及扫一扫功能，打通线上和线下双渠道，线上线下互动创新，增强用户黏性，建立忠诚于公众号的线下和线上社群，实现茶叶企业的盈利。

任务二　茶叶微信个人号营销

微信营销平台主要包括微信个人账号、微信公众平台两大部分，同时微信还支持第三方接入平台，其中，微信公众平台又包含了订阅号、服务号和企业号（图 4–4）。下文将对企业如何利用微信营销平台开展营销活动进行具体的介绍。

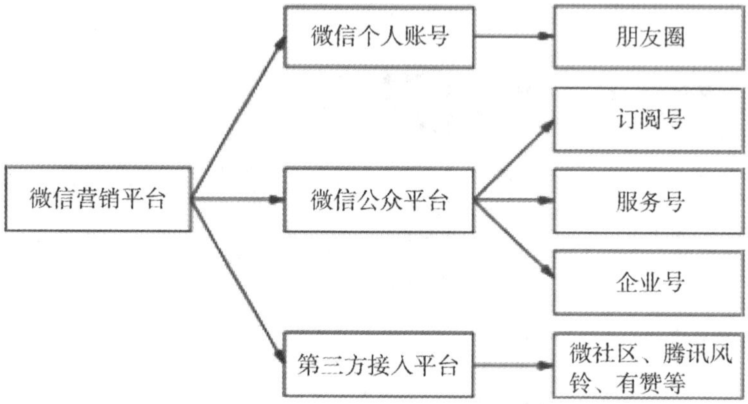

图 4–4　微信营销平台分类

茶叶微信个人号营销可以实现点对点营销，为目标用户提供更精准的服务，对建立个人品牌、促进产品销售、维护用户关系都大有帮助。一些茶叶企业也常以“公众号 + 个人号”的形式开展微信营销。要通过微信个人号为个人或企业带来良好的营销效果，茶叶营销人员就必须做好微信个人号的管理和运营。

茶叶微信个人号的账号就是一张非常直观的名片。茶叶微信个人号的账号信息，可以建立起一个人的基本形象，并决定着其他人与之产生联系的可能性。

一、茶叶微信个人账号营销流程

茶叶微信个人账号的营销流程主要包括以下五个方面。

（一）注册微信账号

只要有手机号或者 QQ 号，就可以免费注册微信账号。首先需要下载安装微信软件，点击注册按钮就可以选择用手机号注册微信，还可以选择用 QQ 号直接登录。

（二）装饰微信个人号

微信个人号就像自己的一张名片，微信头像、名字（又称昵称）、微信号、个性签名、地区等都代表了你的形象。通过微信与客户沟通交流，客户最先看到的就是个人账号信息，从营销角度来讲，优秀的个人信息能够减少沟通成本，提高客户的信任度。

1. 头像

头像代表品位、信任度，是客户对你的第一印象。个人微信是对外沟通的品牌形象，不传递浓厚的商业信息，而是要表达个人魅力，因此建议使用积极阳光、有亲和力的个人形象照片。

微信头像设置需要注意以下几个方面：①辨识度高、清晰自然；②真实可靠、信任安全；③贴近职业、匹配风格；④个性鲜明、有话题性。

2. 名字

名字是互联网里的个人商标，是与客户微信互动时客户第一时间接触到的内容。一个恰到好处的名字会降低沟通成本。

优秀的个人头像和名字具有以下特点：品牌一致，重复刺激；字数简短，搜索便捷；拼写简单，便于输入；提供标签，对号入座；长期不变，保持记忆；忘掉技巧，拿出真诚。

3. 微信号

微信号是微信生态中的身份 ID，是微信中的唯一识别号，客户可以通过微信号搜索用户。为了便于记忆及传播，微信号要好记、好识、好输入，尽量使用名称全拼，最好与手机号码关联，便于搜索。

4. 个性签名

个性签名是好友相互了解的一个重要方式，尤其是在新加好友的时候。在设计个性签名时忌空、忌硬，即避免空白和纯广告，尤其是在添加好友时，若个性签名全是广告，则通过率会特别低。个性签名最多可以设置 30 个字，风格可以严肃也可以幽默，关键要展示个性及特点，同时还需要考虑手机屏幕的尺寸。例如，个性签名为“爱生活，爱茶，欢迎交流”。

5. 地区

添加好友时，个人信息中的地区也是一个影响通过率的因素。尤其是在营销活动中，地区设置得很远会让用户觉得不踏实。

（三）增加微信好友数量

微信好友的数量及质量是直接影响微信营销效果的关键因素。商家增加微信好友的方法：可以通过通讯录导入、扫描二维码加好友、搜索添加好友、摇一摇、雷达加朋友等方式，也可以通过微博、知乎、社群等媒介宣传自己的微信账号，吸引目标客户主动添加。同时，还可以建立专门的微信群，在群里面进行商品信息推送，通过群内好友相互介绍、找到目标客户。

（四）朋友圈广告宣传

朋友圈中发布的状态是关于一个人的各种信息碎片，很多用户通过查看朋友圈发布的内容来判断一个人。朋友圈“装修”包括朋友圈封面和朋友圈行为两个部分。朋友圈封面的图片可以通过软营销的方式展示业务或需求信息。如果个人微信号定义为营销号，可以把一张（软）广告图作为封面，把营销的产品放在图片上。朋友圈行为有发布、转发、评论和点赞等。

用户在朋友圈发布图片、文字、视频、链接等内容，通过用户在朋友圈发布的内容、数量和时间，可以了解这个用户的相关信息。转发的内容可以看出这个人的价值观和世界观倾向。评论和点赞是微信朋友圈的礼仪，评论和点赞多的人在人际交往中有更多的发言权，而且善于与他人交流。在微信个人账号营销中，朋友圈是一个非常重要的商品推送窗口。然而，在网上流传这样一个笑话：有个商家在朋友圈卖东西，开始时完全没有人理会他，但他坚持每天拍照、修图、上货、发朋友圈，坚持整整一个月后，所有人都把他拉黑了。微商那么多，如何在朋友圈做好产品广告，不被朋友拉黑还需要商家多学习、多总结、多积累经验。

（五）客户沟通，达成交易

如果微信好友喜欢某个产品，一般会进行微信联系，进一步询问产品价格等信息，商家可以通过微信窗口进行回复，从而指导客户下单购买，利用微信支付功能完成支付，最终达成交易。

二、茶叶微信个人号运营

“建信任，软营销”是开展茶叶微信个人号运营的核心。

（一）整体运营思路

(1) 前期为添加微信好友、建立良好的信任并对好友进行管理的阶段，此时不建议直接发广告。

(2) 根据前期沟通和互动的情况，选择目标产品或服务，或者根据目标产品寻找需要这种产品的好友。

(3) 通过个性签名、位置、朋友圈内容等展示产品，并找到产品所针对的消费群体。

(4) 多与好友互动并融入其圈子，建立专业形象。

(5) 将产品植入故事、植入情感、植入差异化，开展有针对性的营销活动。

(6) 系统规划朋友圈营销活动，每周发 1～2 条活动或口碑传播文案。

拓展阅读

软营销

软营销理论是针对工业经济时代以大规模生产为主要特征的“强势营销”而提出的，它强调企业在进行营销活动时必须尊重消费者的感受与体验，让消费者主动接受企业的营销活动。在网络经济环境下，消费者个性消费回归。消费者购买商品不仅要满足生理需求，还要满足心理需求和精神需求。软营销理论认为，在网络经济环境下消费者会主动、有选择地与企业沟通，对于不遵守“网络礼仪”的信息会产生反感。

（二）茶叶微信个人号运营技巧

添加微信好友是营销的开始，要实现交易转化，不是依靠好友数量、多发硬广告(也称“硬广”)，而是做一个让好友喜欢、信任的人。建立信任需要 1～3 个月的时间，主要通过互动建立信任感。

1. 通过好友申请

为了提高好友通过率，一般需要注意微信个人号设计，还要认真填写好友申请，让对方了解你是谁、找对方做什么等，让对方放心通过好友申请。好友申请语有以下三个思路：①找到桥梁，即通过一个中间人介绍，拉近距离；②表明身份，用自己企业或品牌为自己增加印象分；③说清目的，开门见山，直接说明添加好友的目的。

2. 好友备注及分组管理

微信好友备注及分组管理可以更好地积累人脉，开展高效沟通，进行客户管理。

(1)好友备注。

好友备注可以添加或修改备注、标签、电话号码、描述和图片，防止用户更换头像、昵称等带来的不便。

(2)好友分组管理。

微信提供的好友分组管理包括备注分组法、标签分组法、重点星标法及 VIP 置顶法。备注分组法可以为同一个组别的好友添加同一个备注前缀，具有相同备注前缀的微信好友自成一组。标签分组法可以将好友放在同一个标签下，打开通讯录的标签即可看到不同的分类。重点星标法是将一些需要高频率联系的用户设为星标用户，点开通讯录就可以快速找到。VIP 置顶法就是"置顶聊天"，一般是对超级重要的好友及用户进行设置。

操作指导：

步骤一：打开微信软件，进入软件的主界面后，找到"通讯录"选项，并点击进入。(图 4–5)

步骤二：在通讯录界面中，找到"标签"选项，并点击进入。(图 4–6)

图 4–5　找到"通讯录"

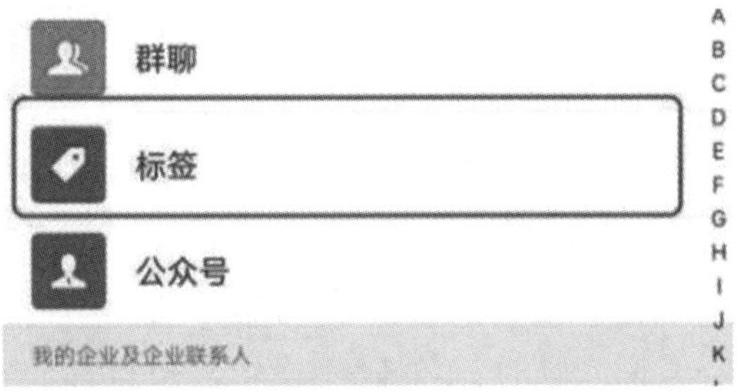

图 4–6　查找并点击"标签"

步骤三：进入微信的标签界面后，点击界面右上角的"新建"选项。(图 4–7)

步骤四：在弹出的选择联系人界面中，选择需要进行分组的好友，然后点击"完成"按钮。(图 4–8)

步骤五：在弹出的界面中，于"标签名字"一栏，输入需要设置分组的名称，比如家人、朋友等，然后点击界面右上角的"保存"按钮。(图 4–9)

步骤六：如果想要查看微信好友分组，同样是在通讯录的标签中进行查看。(图 4–10)

图 4-7 查找点击“新建”

图 4-8 选择好友，完成分组

图 4-9 命名组别

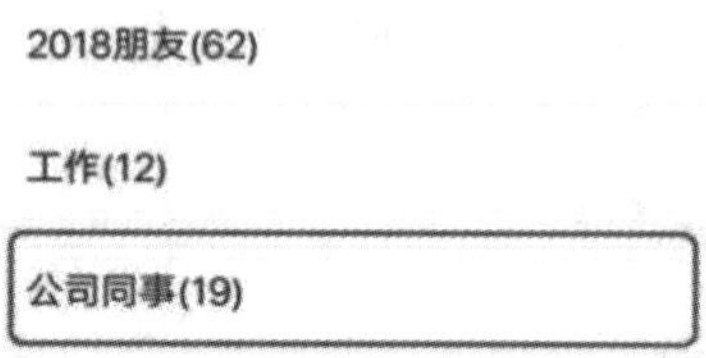

图 4-10 查询组别

3. 私聊

(1)自我介绍。

私聊的第一个环节就是自我介绍。把握添加好友通过后的几分钟，这几分钟是互相认识的最佳时间。

(2)得体互动。

与微信好友互动时要得体。有些人在添加了微信好友后没有互动和交流，只是发广告的时候才想起微信好友，这样迟早会被微信好友拉黑或者删除。

(3)避免群发。

一般情况下，尽量少用或者干脆不用群发。因为每次群发都是对自己信誉和好感度的透支。如果需要群发，可以先写好一个小文案，局部修改后带着对方的称谓单独发送。

(4)杜绝骚扰。

群发虚假广告、纯粹的硬广告等行为，会让微信好友反感，导致被删除或举报。

(5)红包先行。

红包社交中，小金额的红包就可以给对方制造惊喜。因此，在表达谢意、节日问候、生日祝福和咨询问题时，不妨随手发个红包，可以给对方留下深刻的印象。

拓展阅读

自我介绍

1. 简明扼要，阐明重点，最基本的自我简介结构：我是谁 + 我能提供什么价值 + 一些礼节性的寒暄，字数控制在 100 字左右。

2. 快速翻阅对方的朋友圈，查看其兴趣、爱好和特征，以共同的交集为出发点，结合自己的特长作为开场。

3. 储存几条常用的话术。可以在手机备忘录中储存几条自我简介的备忘录，需要的时候直接复制,局部修改即可。

4. 朋友圈

微信朋友圈是微信个人号营销的重要阵地,因此,茶叶营销人员要掌握在微信朋友圈发布营销信息的要点。

(1)朋友圈内容策划。

茶叶营销人员在朋友圈发布营销信息是一项常态化的运营操作。除了不定时发布活动信息、与微信好友互动外,营销人员还要发布推广品牌和产品的营销信息,而营销信息内容的质量将直接影响微信个人号的运营效果。

正确的朋友圈内容布局方法是:围绕生活 + 产品,两者互相结合。生活内容应该怎么写?总体来说可以拆解为以下几个方面的内容。

①生活内容拆解:记录自己在特定时间所经历的事情,比如旅行、聚餐等,都可以写成一个个小片段记录下来。

②兴趣爱好拆解:记录自己的兴趣爱好,穿插心理活动和感受,引发共鸣。

③工作内容拆解:记录自己的工作内容、工作时的状态、工作体会,或是工作的收获、失误,甚至是吐槽。

不管是从哪个角度记录自己的生活内容,一定要是发自内心的声音,能让其他人感到共鸣才能起到作用。

产品信息并不是简单的发个茶叶产品介绍,或者对自己的茶叶产品一顿夸奖,告诉别人自己茶叶产品好。完整的朋友圈产品内容一定是包含茶叶产品的售前、售中、售后三部分,只有具备这三部分内容,才能形成完整的产品信息链。

售前:主要是对自己茶叶产品的介绍,可以分成产品名称、核心卖点、价格、服务四个方面。

售中:即成交过程,可以是客户的咨询过程,或者是客户付款和发货的整个过程。发布成交过程的文案 + 图片,可以在一定程度上吸引潜在客户和处于犹豫期的客户进行转化。

售后:主要是一些成功案例,以及自己对成交客户的跟进等内容。比如,客户对茶叶的评价等。

朋友圈的内容格式多种多样,根据效果排序:“1 句话 +1 张图片” >“1 段话 +1 张图片” >“1 段话 + 多张图片” >“1 张图片” =“一句话” >“大段话 + 多张图片” >“1 句话 + 转发” >“转发”。

朋友圈的内容要精简,发布动态的字数不宜过长。如果内容少,尽量保证在 1～2 行字;如果内容较多,也尽量在 4 行字以内,6 行字以上就会被折叠,部分内容也可以放到评论中。在实际工作中,营销人员在朋友圈发布营销信息时,可尽量用 “简短的文字 + 配图” 表达出产品特点,也可以用产品故事、人物生活等对营销信息进行包装(图 4-11)。另外,朋友圈不只是发布营销信息,也是好友之间互动交流的场所。因此,营销人员可在朋友圈中分享一些生活小技巧、趣闻轶事、热点事件等,一方面可以吸引好友关注,增加微信个人号的曝光度,另一方面可与好友有效互动。

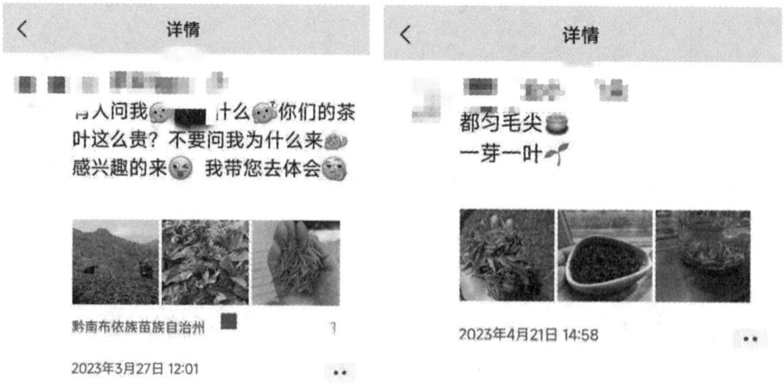

图 4–11　某茶叶微信个人号文案

配图可以自己拍摄，也可以到允许商用的图片网站寻找一些高清、优美的图片广告配图，主题一定要清晰明确，必须保证用户在不点开图片的情况下第一时间就能获取图片的主题。

(2)朋友圈发布时机。

为了保证推广效果，茶叶营销人员要分析目标用户在朋友圈的活跃时间，在其浏览朋友圈的高峰期进行推广。适合朋友圈营销信息发布的时间段有 8:00—9:30、11:30—13:00、17:00—18:30、20:00—24:00，大多数人会在这些时间段浏览微信朋友圈。当然，每个行业的作息时间会有所差别，针对不同的用户群体，应有不同的发布时间。例如，对于学生而言，其周末休息时使用手机更为频繁，对于上班族而言，7:00—9:00、21:00—23:00 是其使用手机较频繁的时间段，适合发布营销信息。

(3)朋友圈营销信息精准发布。

为了更精准地发布营销信息，营销人员可以分组发布营销信息，提高信息发布的有效性。具体步骤如下所述。

步骤一：进入朋友圈发表页面，编辑朋友圈内容后，点击“谁可以看”，如图 4–12 所示。

步骤二：点击“部分可见”，选择可见该条朋友圈的好友，如图 4–13 所示。

图 4–12　设置“谁可以看”

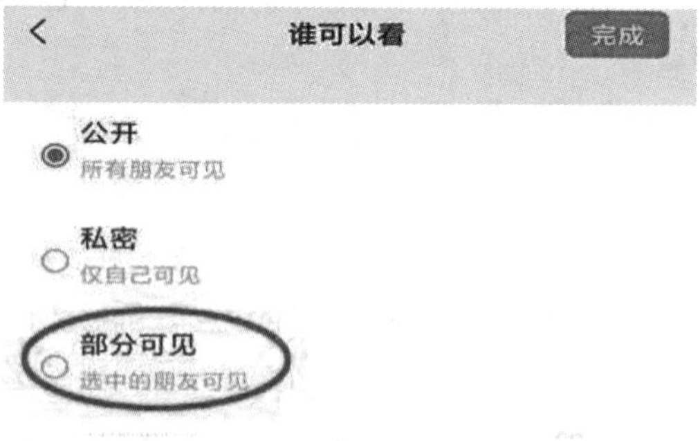

图 4–13　选择可见范围

步骤三：勾选想让特定好友看见的分组，再点击“完成”，如图 4–14 所示。

步骤四：点击“发表”即可完成，如图 4–15 所示。

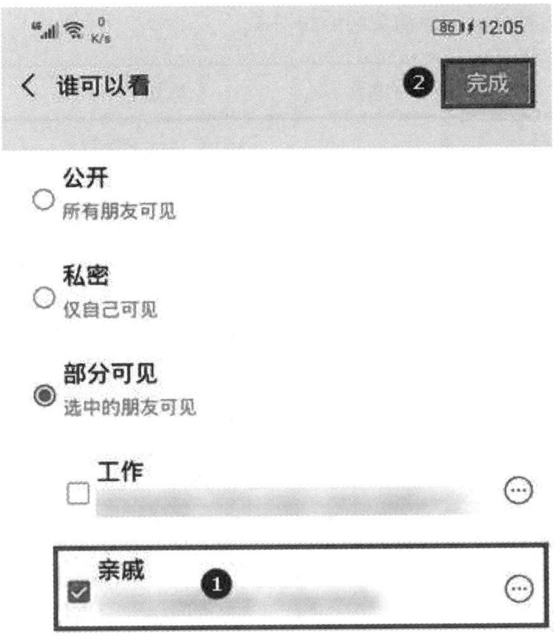

图 4-14　选择分组

图 4-15　完成精准发布

（4）朋友圈营销信息发布需要注意的事项。

发布朋友圈时，一定要严谨，注意以下几点：第一，截图发朋友圈时，一定要对图片进行脱敏处理，保护客户隐私，对联系方式、名字、头像等会暴露用户身份特征的信息要打马赛克；第二，不管是图片，还是图文排版，一定要美观，图片可以用修图软件进行处理后使用，文字要注意不要有错别字；第三，如果想发客户付款的火爆场景，最好是群聊里面的咨询 + 客户转账付款截图，这样会更有氛围感。

任务三　茶叶微信公众号营销

微信公众号是在微信 App 基础上开发的平台，可用于推送消息和提供交互式服务。通过微信公众平台，个人或企业都可以打造专属于自己的特色公众号，并在公众号上通过文字、图片、音频、视频等形式宣传品牌或产品。

一、茶叶微信公众号的类型

企业或个人都可免费注册使用微信公众号。微信公众号主要分为订阅号、服务号、小程序和企业微信。每一种类型的特点、功能、适用对象都有所不同，茶叶营销人员应选择适合自身的公众号类型。各类型微信公众号的特点、主要功能和适用对象如表 4-1 所示。

表 4-1 各类型微信公众号的特点、主要功能和适用对象

账号类型	特点	主要功能	适用对象
订阅号	具有发布和传播信息的功能（类似报纸与杂志，提供新闻信息、娱乐资讯、知识等），每天可群发 1 条消息	向用户传递资讯	只想简单发送消息、宣传推广的个人、媒体、企业、政府或其他组织
服务号	具有用户管理和提供业务服务的功能，每月可群发 4 条消息	服务交互	具有开通微信支付、销售产品等需求，服务需求高的媒体、企业、政府或其他组织
小程序	一种开放功能，不用下载，可以在微信内被便捷地获取，相关信息可被快捷地传播	建立用户与企业之间的联系	有服务内容的个人、媒体、企业、政府或其他组织
企业微信	可以充当企业办公管理工具和用户管理工具，并与微信朋友圈、小程序、微信支付等互通	企业管理和沟通、用户管理	有内部通信和用户管理需求的企业

企业在选择订阅号和服务号时需要考虑企业的商业模式及客户数量。如果企业公众号的专业性强或者需要实现在线销售，需要处理很多咨询服务，可以选择服务号；如果需要通过信息资讯传播企业的特色、文化和理念，引导客户阅读则可以选择订阅号。

课堂思考

请判断下面的企业 / 机构应该选择哪种类型的公众号？

学校的公众号；麦当劳 / 肯德基；学校的社团。

二、注册并设置微信公众号

注册并设置微信公众号的具体步骤如下。

步骤一：在浏览器中输入网址：https：//mp.weixin.qq.com，网址打开后，会出现图 4-16 所示页面，点击右上角红框的“立即注册”按钮。

图 4-16 微信公众号注册页面

步骤二：选择注册的账号类型，如图 4–17 所示。一般个人账号就选“订阅号”。

步骤三：点击“订阅号”后，进入基本信息页面，在“邮箱”中输入邮箱地址，单击“激活邮箱”。登录邮箱，查看激活邮件，并填写邮箱验证码，设置公众号登录密码并确认，勾选“我同意并遵守《微信公众平台服务协议》”，点击“注册”按钮。（图 4–18、图 4–19）

图 4–17　选择账号类型页面

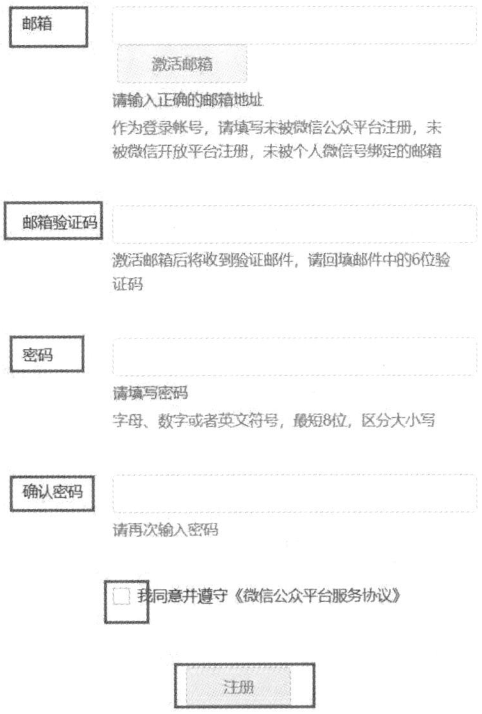

图 4–18　基本信息页面

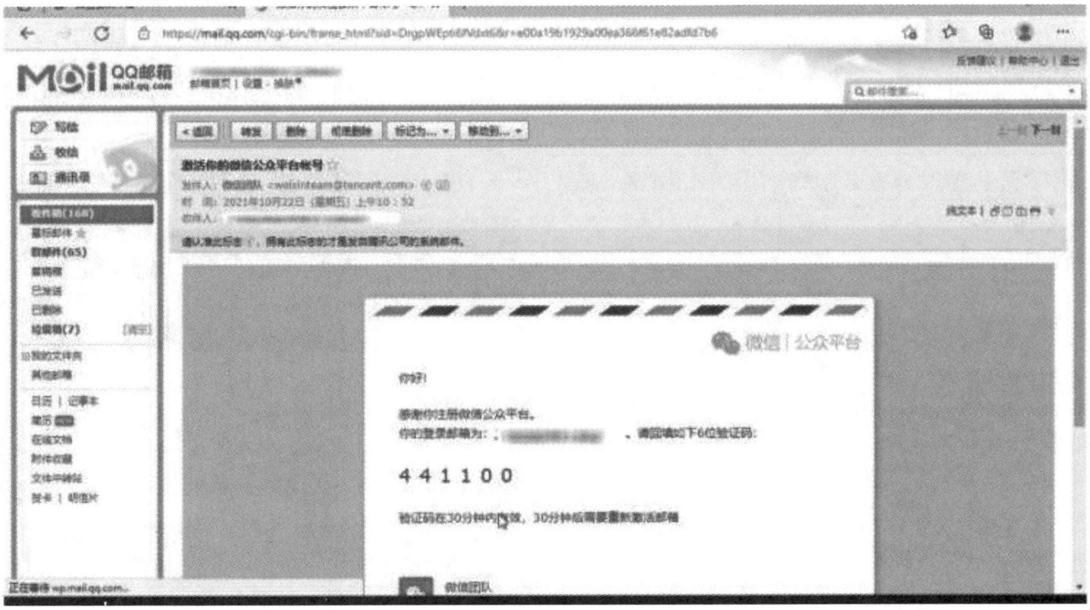

图 4–19　邮箱验证页面

步骤四：打开选择类型页面，在下拉列表中根据实际情况选择注册地，单击“确定”按钮，如图 4–20 所示。

图 4–20 注册地选择页面

步骤五：在打开的页面“订阅号”中单击“选择并继续”超链接，如图 4–21 所示；在打开的“温馨提示”对话框中，单击“确定”按钮，如图 4–22 所示。

步骤六：在打开的界面中根据需要选择相应的主体类型，这里选择“个人”选项，如图 4–23 所示。

步骤七：打开身份确认页面，输入真实的姓名和身份证号。如果以企业为主体注册微信公众号，还需要提交企业名称、营业执照等资料。打开微信 App，使用“扫一扫”功能扫描“管理员身份验证”栏提供的二维码，进行人脸验证。注意，需要使用绑定了管理员本人银行卡的微信个人账号进行扫描，完成扫描后，手机上弹出“微信公众号注册身份信息确认”界面，确认信息无误后点击“确定”按钮，如图 4–24 所示。

图 4–21 类型再次选择页面

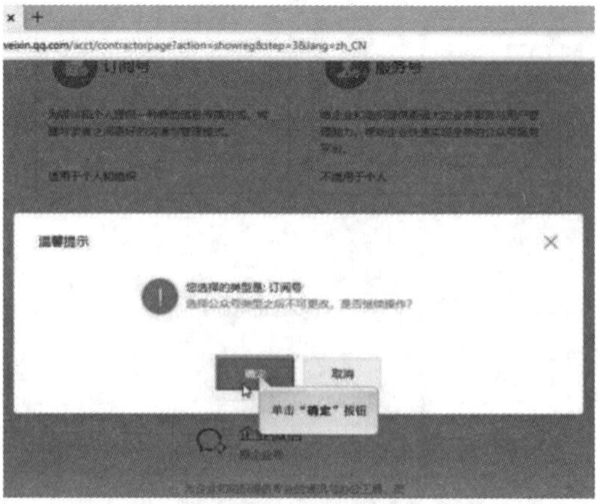

图 4–22 确定页面

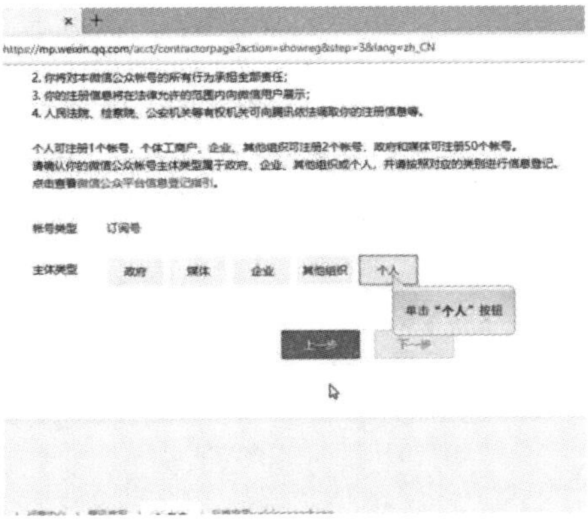

图 4–23　选择主体类型页面

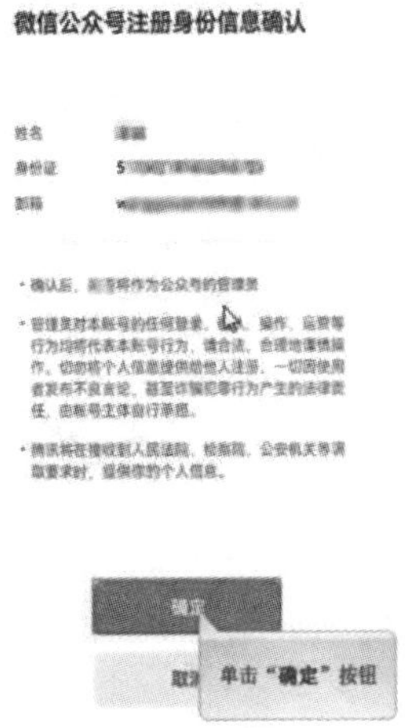

图 4–24　身份确认页面

步骤八：在打开的界面中选中“您知悉……”单选项，点击“下一步”按钮，如图 4–25 所示，在人脸识别界面，根据提示完成人脸识别，如图 4–26 所示，待提示验证通过后，点击“确定”按钮结束验证。

图 4–25　身份验证提示页面

图 4–26　人脸识别

步骤九：此时，微信公众号注册页面将显示已确认管理员身份。输入管理员手机号，单击“发送验证码”按钮，在“短信验证码”中输入验证码，如图 4–27 所示。

步骤十：在打开的提示对话框中，会提示“主体信息提交后不可修改”的相关信息，检查确认后单击“确定”按钮，如图 4–28 所示。

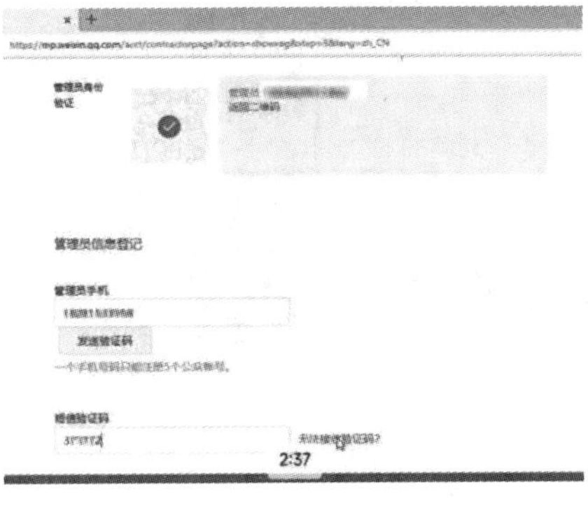

图 4–27　管理员身份确认页面

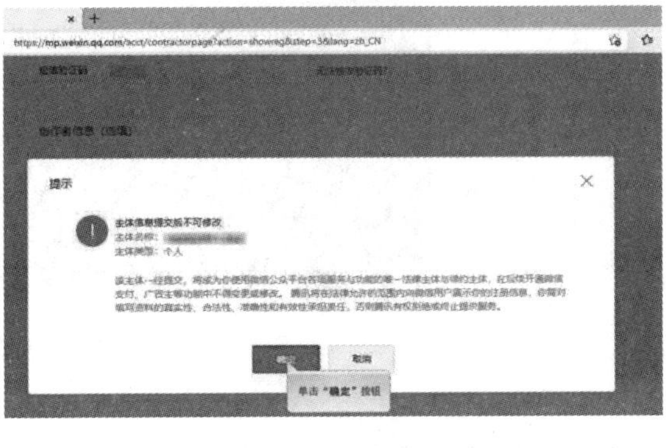

图 4–28　确认主体信息提交页面

步骤十一：填写公众号信息，设置账号名称、功能介绍、运营地区等，单击“完成”按钮，如图 4–29 所示。到此，公众号的注册就完成了。

步骤十二：注册完成后，系统提示信息提交成功，在打开的提示对话框中单击“前往微信公众平台”按钮，即可前往微信公众平台，如图 4–30 所示。

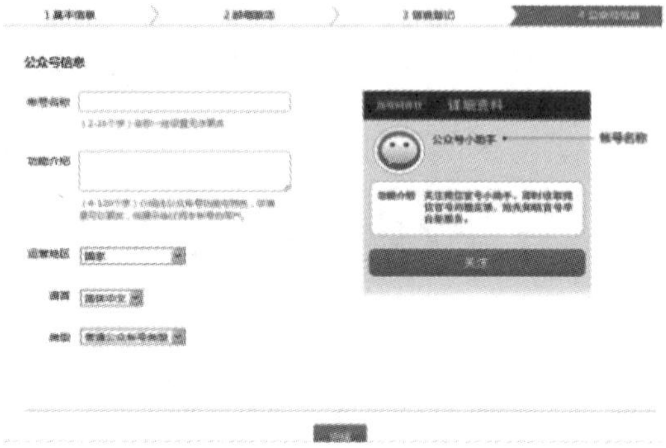

图 4–29　注册完成页面

图 4–30　跳转界面

三、茶叶微信公众平台后台功能

茶叶微信公众平台可实现和特定群体的文字、图片、语言的全方位沟通、互动。一个刚注册完成的订阅号后台功能包括群发功能、自动回复、自定义菜单、投票管理、页面模板、赞赏功能和原创管理七个基础功能。

（一）群发功能

茶叶微信公众号群发消息的对象是关注了该公众号的微信用户，群发功能目前主要支持图文、纯文字、纯图片、语音和视频五种形式；同时支持从素材库中选择已设计好的素材，也可以新建图文、转载其他公众号的原创文章。群发功能操作步骤如下所述。

步骤一：登录微信公众平台后台（https：//mp.weixin.qq.com），由绑定微信公众平台的管理员扫描二维码登录，登录界面如图 4–31 所示。

图 4–31　微信公众平台后台登录界面

步骤二：登录微信公众平台后，进入主界面（图 4–32）。主界面左边是菜单栏、右边是内容栏，上面显示目前公众号的新消息、新增人数和总用户数。若显示有新消息，必须优先处理。

步骤三：点击“群发功能”，进入群发功能页面（图 4–33）。这个页面分为两个部分，一个是新建群发消息，另一个是已发送。信息发送之前可选择按群发对象、性别、地区等发送给不同人群。完成选择后就要选择群发信息的内容，可以是图文、纯文字、纯图片、语音、视频，纯文字和纯图片建议少发，发多了容易被认定为质量不佳或者广告。语音和视频也尽量不要发送太多，最好配合图文进行发布，如图 4–33 所示。

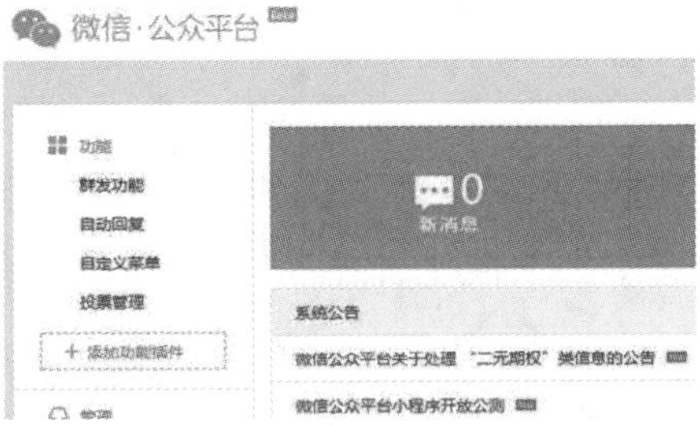

图 4–32　微信公众平台主界面

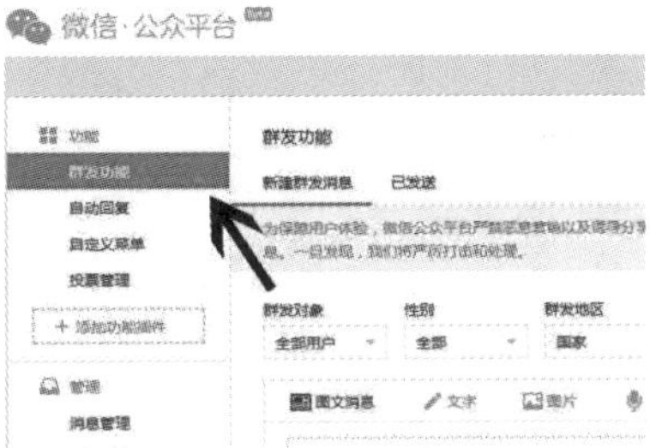

图 4–33　群发功能页面

步骤四：图文是最常见的群发内容，选择“新建群发消息”，进入“图文消息”，这里有两个选项：从素材库中选择、新建图文消息。建议群发前先确定图文素材，点击“从素材库中选择”，如图 4–34 所示。

图 4–34 新建群发消息

步骤五：在弹出的对话框中点选事先编辑好要发送的图文，点选后的图文呈阴影状态，再点击“确定”，如图 4–35 所示。

步骤六：选择好的图文素材进入群发的选择框，认真检查图文是否有误，如若无误则点击“群发”，然后在手机上扫码确认完成群发，如图 4–36 所示。

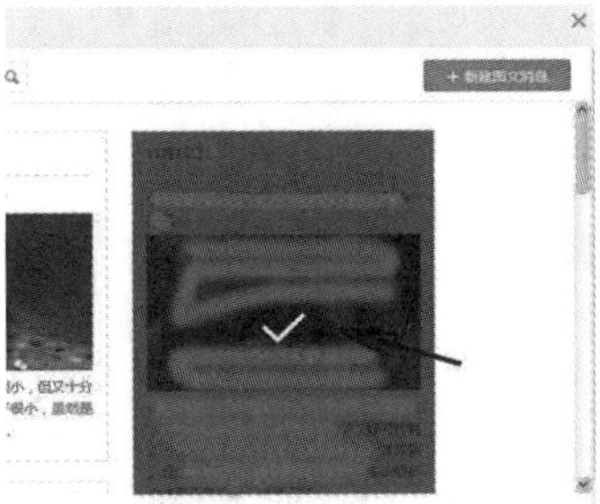

图 4–35　选择图文

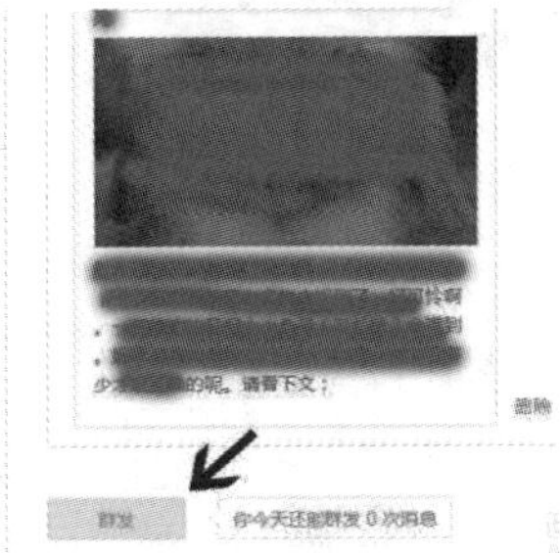

图 4–36　完成群发

（二）自动回复

茶叶微信公众号自动回复分为被关注回复、收到消息回复和关键词回复三种形式。“被关注回复”和“收到消息回复”可以回复文字、图片、语音和视频；“关键词回复”可以回复文字、图片、图文、语音和视频。企业通过以上三种方式自动回复信息，可以告知用户企业的内容、服务、产品及相关使用方法说明，引导用户回复关键词、查看历史消息、单击菜单，为网站引流推广 App 及推广相关账号等。

1. 被关注回复

被关注回复是用户关注一个公众号后的自动回复，这是公众号与用户的第一次互动，所以自动回复的内容要尽可能体现企业的宗旨和理念，又不失个性化，让用户能一目了然地了解相关内容，如图 4–37 所示。

2. 收到消息回复

收到消息回复是用户给公众号发送消息后，公众号的自动回复，让用户可以借此深入地了解微信公众号并自主操作，如图 4–38 所示。

3. 关键词回复

关键词回复是用户发送公众号设定的关键词后，公众号有针对性地回复。相比前两种自动回复，关键词回复的设置规则更加复杂，需要设置规则名称、关键词、回复内容和回复方式，如图 4–39 所示。

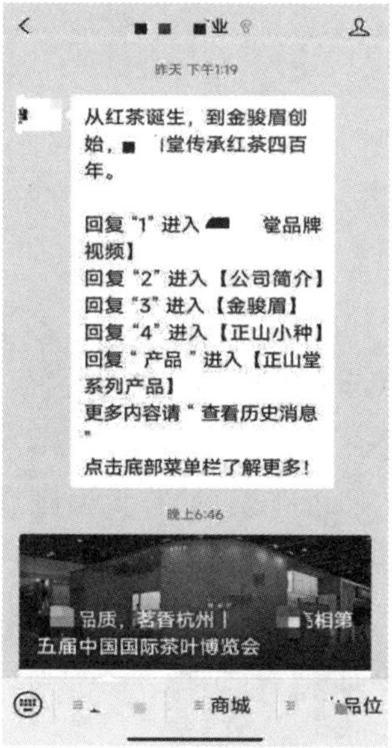

图 4–37 被关注回复

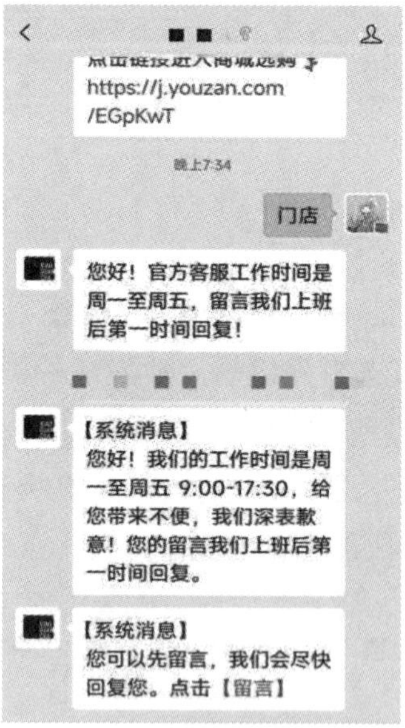

图 4–38 收到消息回复

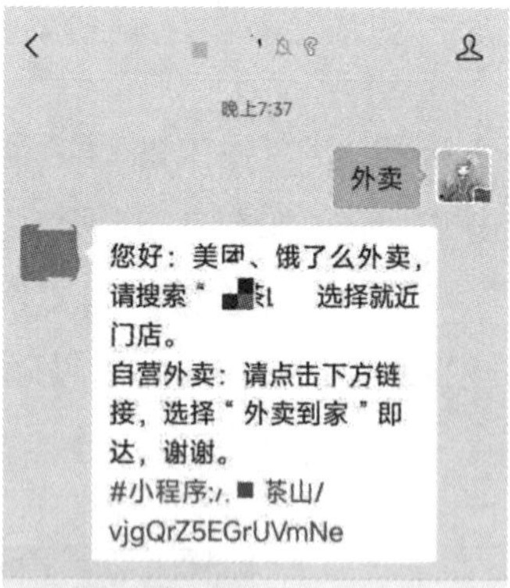

图 4–39 关键词回复

自动回复设置有以下三种方法。

（1）通过在微信公众平台→功能→自动回复→被关注回复，可设置文字、图片、音频、视频、卡券为被关注自动回复内容。在微信公众平台设置被关注自动回复后，订阅用户在关注公众号时，会自动发送设置的文字、图片、音频、视频，设置后可根据需要“修改”或“删除”回复，如

图 4–40 所示。

图 4–40　被关注回复设置页面

(2) 通过在微信公众平台→功能→自动回复→消息自动回复，可设置文字、图片、音频、视频为用户消息回复。在微信公众平台设置消息自动回复后，订阅用户给平台发送微信消息时，平台会自动回复设置的文字、图片、音频、视频。需注意，消息自动回复暂不支持设置图文、网页地址的消息回复；消息自动回复只能设置 1～2 条信息回复，如图 4–41 所示。

图 4–41　消息自动回复设置页面

(3)通过在微信公众平台→功能→自动回复→关键词自动回复→添加规则，即可添加相应的关键词自动回复信息，订阅用户发送的消息如果包含了设置的关键字，即可把设置在此规则中回复的内容自动发送给订阅用户，如图 4–42 所示。

图 4–42 关键词自动回复设置页面

关键词自动回复的规则如下所述。微信公众平台认证与非认证用户的关键词自动回复设置规则上限为 200 条（每条规则名最多可设置 60 个汉字），每条规则内最多设置 10 条关键词（每条关键词最多可设置 30 个汉字）、5 条回复（每条回复最多可设置 300 个汉字，如设置了“回复全部”，订阅用户发送信息中含有设置的关键词，会将设置的多条回复全部发送，若未设置“回复全部”，则会随机回复）、关键词在设置时使用回车键进行分隔，输入回车键可添加多个关键字。

（三）自定义菜单

公众号底部可以自定义菜单。从实现的功能来说，自定义菜单与关键词回复的作用是一样的。自定义菜单最多可以创建三个一级菜单，每个一级菜单下最多可以创建五个子菜单，如图 4–43 所示。

子菜单可以发送消息、跳转网页、跳转小程序，其中跳转网页只有通过认证的微信公众号才可实现。自定义菜单设置操作如下所述。

(1)在微信公众平台中点击功能选项，进入自定义菜单，如图 4–44 所示。

(2)创建菜单名称以及菜单内容，如图 4–45 所示。

图 4–43　自定义菜单

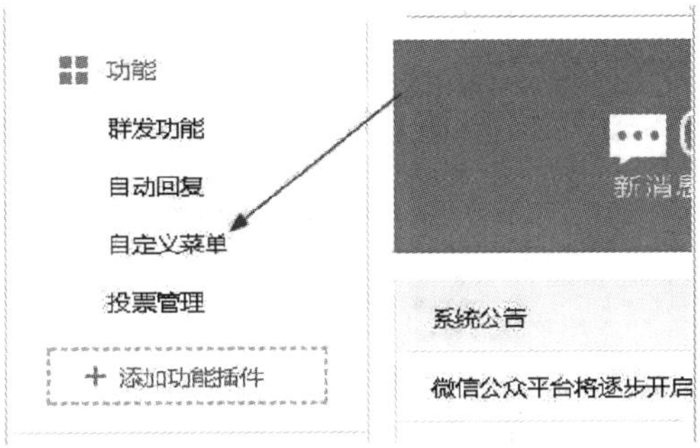

图 4–44　自定义菜单页面

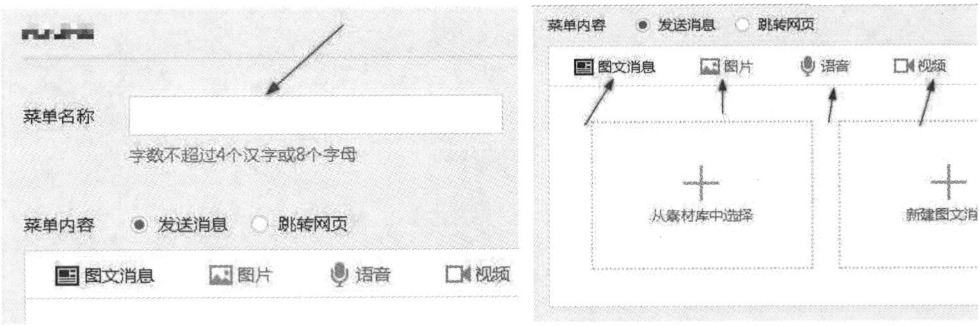

图 4–45　创建菜单页面

(3) 上传成功之后点击保存并发布，如图 4–46 所示。

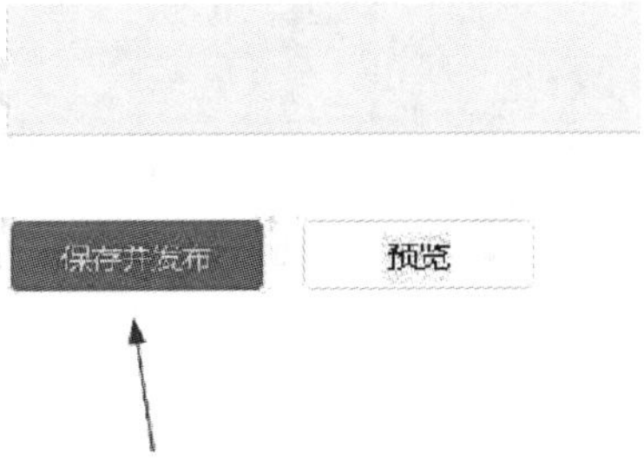

图 4–46　完成创建菜单

(四) 投票管理

投票管理功能可用于意见的收集。投票设置后，必须插入图文消息才会生效。投票将统计在各个渠道的综合结果，包括群发消息、自动回复、自定义菜单等。操作方法为登录公众平台→功能→投票管理→新建投票，如图 4–47 和图 4–48 所示。

图 4–47　新建投票页面

图 4–48　投票内容设置页面

（五）页面模板

大部分公众号的菜单栏会镶嵌页面模板，这样的好处是方便运营者将公众号文章进行分类整理，并且方便用户挑选感兴趣的模块进行阅读。设置微信公众号的页面模板操作方法如下。

(1) 打开微信公众平台，在左侧导航栏的“功能”模块下找到“话题标签(原专辑功能)”，如图 4–49 所示。

(2) 进入页面之后，选择右上角的添加模板按钮进行新建模板，如图 4–50 所示。

(3) 有四种页面模板样式可供选择(如列表模板、综合模板、视频模板等)，企业可根据实际需求进行选择，如图 4–51 所示。

图 4–49　页面模板设置页面

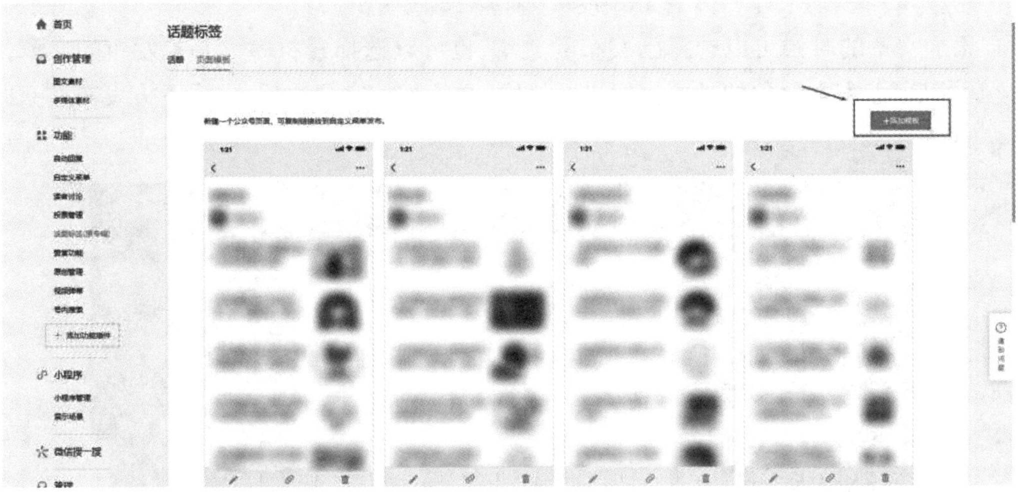

图 4–50　添加模板页面

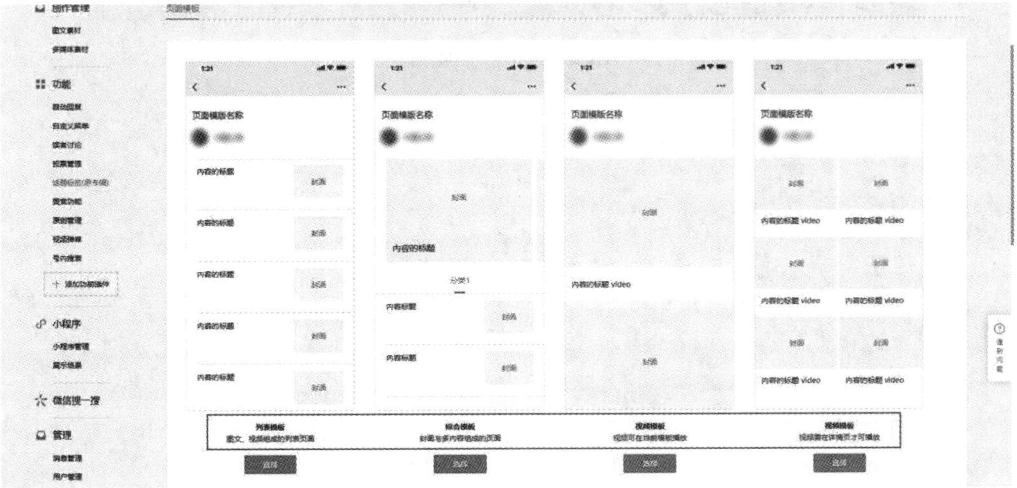

图 4–51　选择模板页面

以列表模板为例填写页面名称，以及进行内容添加。需要注意的是，页面名称最多可设置16个字，内容列表最多可添加30篇文章，如图4–52所示。

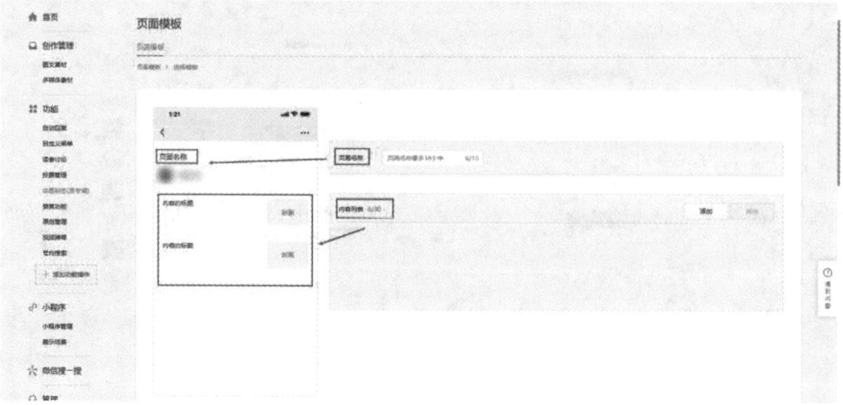

图4–52　添加模板内容

(4)添加文章的时候可以选择已发布的文章，也可以选择素材库里并未发布的文章，添加文章之后，可以点击右上角的排序按钮进行排序，文章添加完成之后，点击下方发布按钮即可，如图4–53～图4–55所示。

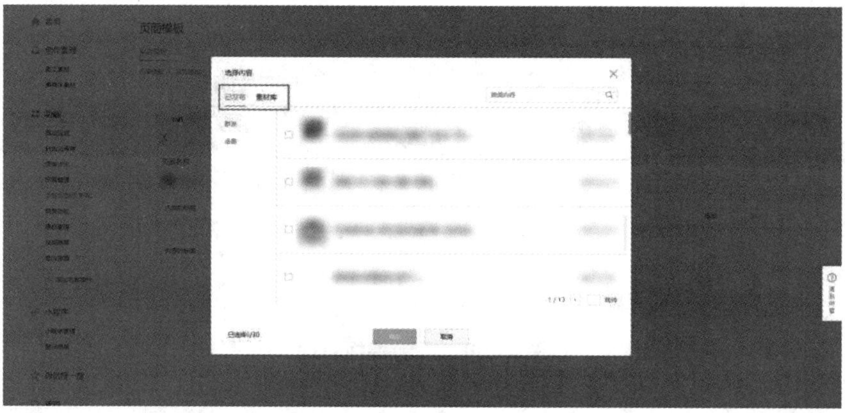

图4–53　添加文章

图4–54　文章排序

图 4–55　完成添加，发布

(5) 在页面模板的模块下可以看见编辑好的页面模板，也可以对页面模板进行编辑、复制链接以及删除等操作，如图 4–56 所示。

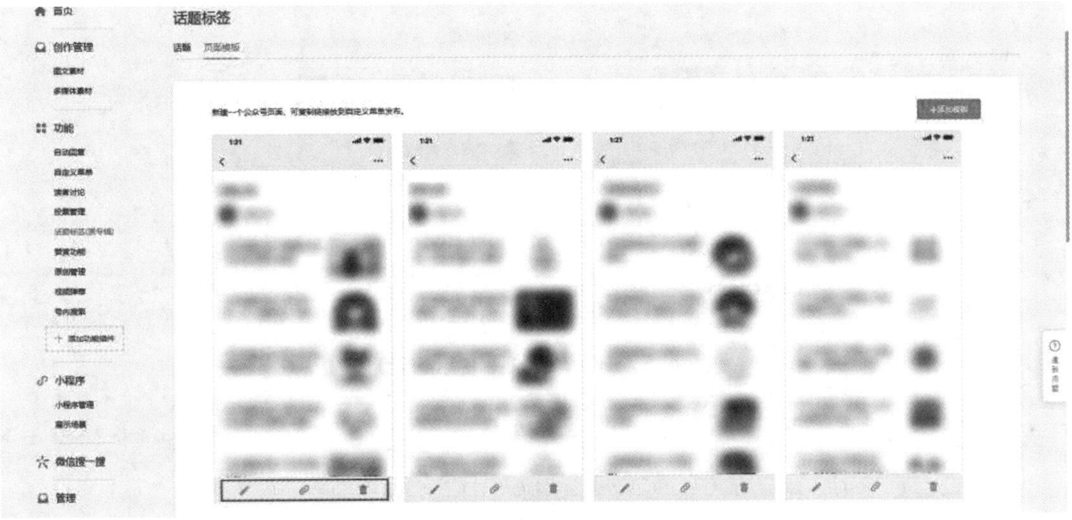

图 4–56　页面模板其他操作

（六）赞赏功能

所有类型的公众号使用同一作者名发表三篇以上的原创文章，可以创建一个赞赏账户，此账户用于原创文章的赞赏收款。

（七）原创管理

原创管理分为原创文章管理和长期转载账号管理。原创文章管理是腾讯作为网络服务提供者允许微信公众号用户自愿就发布的作品进行原创声明管理。系统会将作品与平台内已经进行了原创声明的作品进行智能比对，如无相似作品，系统会自动为作品添加“原创”标识。

原创管理与赞赏功能、页面模板有直接关系，目前只有开通了原创声明的微信公众号才可开通页面模板和赞赏功能。

四、茶叶微信公众平台后台管理

一个刚注册成功的微信公众号的后台管理有三大功能，即素材管理、用户管理和消息管理。

（一）素材管理

素材管理是用来管理微信公众号的图片、声音、视频和图文消息。素材管理中使用频率最高、操作最复杂的是图文管理。单击“新建图文消息”即可打开图文消息编辑页面，输入标题、作者、正文、原文链接、留言、原创申明、样式编辑等，单击“保存”按钮即可新建一个图文消息素材。微信公众号后台的素材编辑页面可以进行简易排版，但要实现比较复杂的效果则需要借助一些第三方编辑器，如图 4–57～图 4–59 所示。

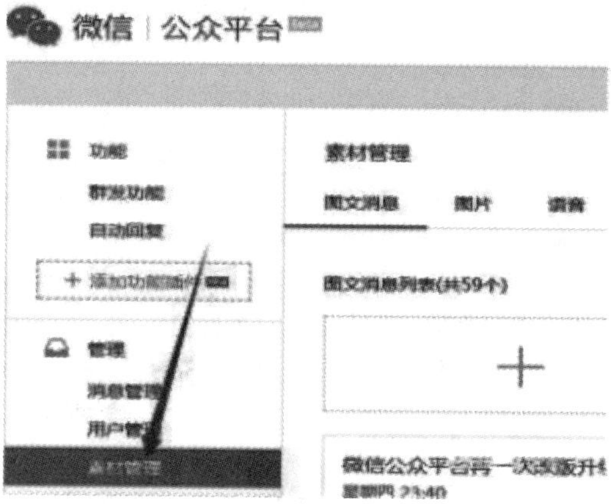

图 4–57　微信公众平台素材管理

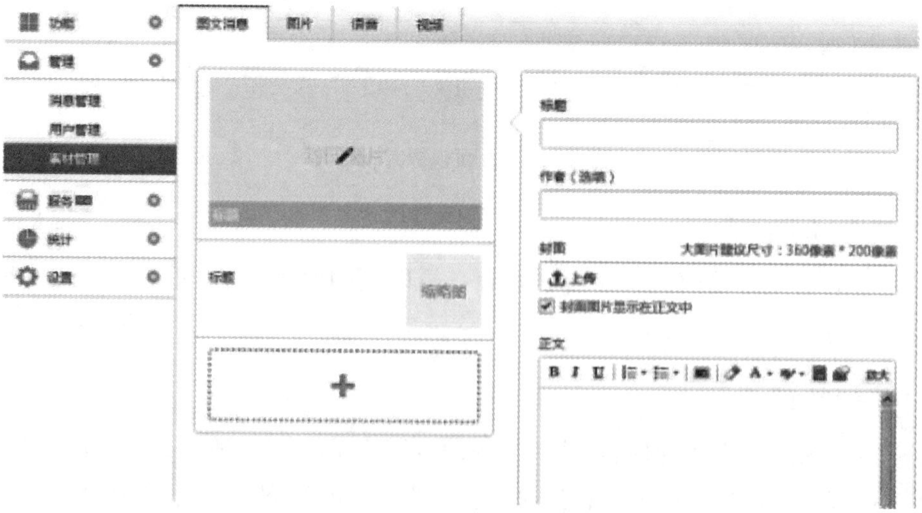

图 4–58　微信公众平台编辑图文内容

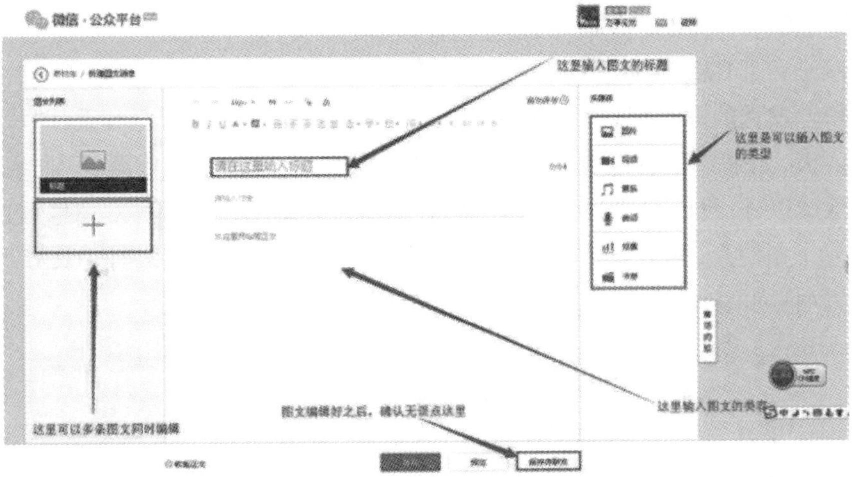

图 4-59　微信公众平台内容发布

(二)用户管理

用户管理可以对微信公众号的粉丝进行搜索、备注、打标签、加入黑名单等管理。搜索只能搜索用户昵称,且关注 24 小时后才可快速搜索。为了方便记忆,可对微信公众号里的一些特别重要的用户修改备注。如果微信公众号粉丝较多,最好的管理办法就是对用户打标签,操作方法为:单击新建标签,输入标签名称,并确定保存;或者单击选中需要添加的用户到该标签。一个公众号最多可以创建 100 个标签,目前支持公众号最多为用户添加 3 个标签。通过添加不同的标签,对用户进行细分和肖像描写,有利于对目标用户有针对性展示。如果遇到恶意用户,可以把恶意用户加入黑名单,其将不会收到公众号发送的消息,更不能评论和点赞等。

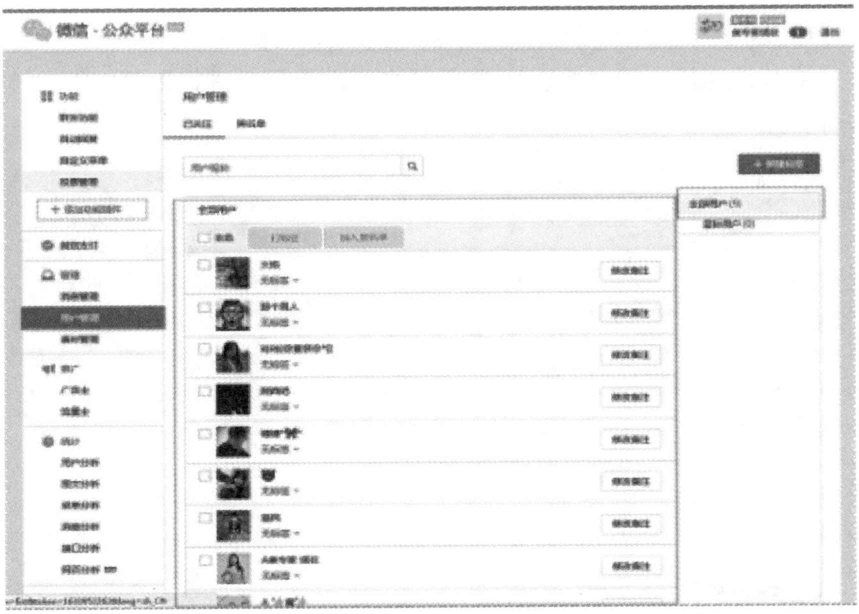

图 4-60　微信公众平台用户管理

（三）消息管理

微信公众平台“消息管理”页面内展示的是用户发送到企业的即时消息。运营者可以在此页面查看粉丝发送的即时消息，可直接回复。文字消息最多可以保存5天，图片和语音消息只可以保存3天，如果企业想将消息长时间保存以便查阅，可以点击收藏，已收藏的消息会被永久保存。除此以外，可以对关注公众号的所有用户或指定用户进行群发消息（注意：订阅号一天只能群发1条消息，服务号每月最多4条群发消息，每天0点或每月1日0点更新，未使用次数不会累加），如图4-61所示。

图4-61　微信公众平台消息管理

除了这三大功能，微信后台的安全中心可显示公众号管理员部分信息，可对管理员进行修改绑定等。若要修改密码或最高级别管理员，需要当前管理员进行微信扫码，才能完成修改，如图4-62所示。

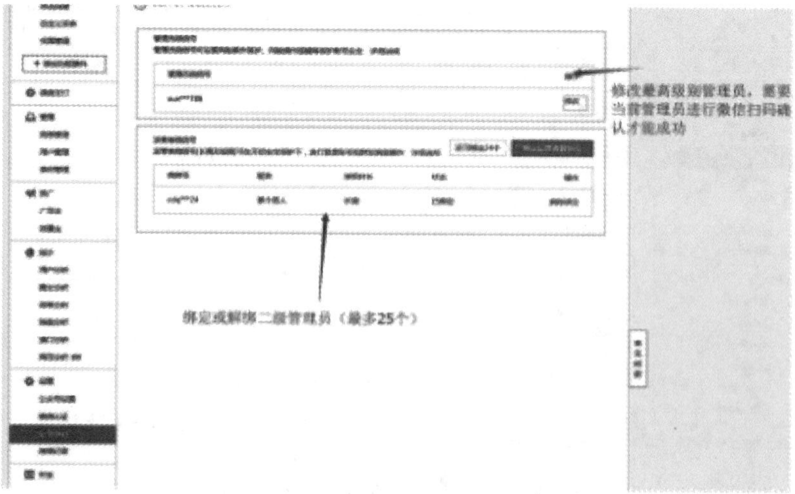

图4-62　微信公众平台安全中心

五、茶叶微信公众号规划策略

要想扩大企业的微信公众号的影响力，就要找准茶叶微信公众号的定位。茶叶微信公众号必须制定适合自身发展、符合自身形象的定位，才能确定辐射受众面，有利于形成品牌效应，实现运营目标。

那么茶叶微信公众号该如何规划呢？

（一）用户画像——你的公众号想吸引哪些人

茶叶微信公众号定位是为了更好地服务于目标群体，因此定位的思路是针对目标群体，选择公众号类型，设计公众号功能特色、服务模式、推送风格等，实现运营目标。要做好定位，必须要熟悉用户群体，即做好用户画像，这样运营者才知道用户在哪里、用户喜欢什么、什么内容可以打动用户。用户画像可以从显性画像和隐性画像两个维度入手。显性画像即用户群体的可视化特征描述，包括目标用户的年龄、性别、职业、地域、兴趣爱好等特征；隐性画像即用户内在的深层次特征描述，包括目标用户茶叶产品的使用目的、用户偏好、用户需求、使用场景、使用频次等。

（二）留存策略——如何吸引并留住用户

能让一个用户从被吸引到留下，有五个要点：内容、服务、活动、渠道和社群。

1. 内容——给用户推送什么内容

很多公众号都是靠内容来巩固定位并吸引高精准的用户。例如，某茶企微信公众号，持续输出企业新闻、企业动态、产品推介、茶叶知识等内容（图 4–63），吸引了一批具备一定经济实力的用户。

2. 服务——用户需要哪些功能

很多微信公众号是因为其提供的功能满足了用户需求而被长期关注。例如，校园公众号提供成绩查询、课表查询等服务；中国电信公众号提供话费、套餐使用情况、积分等查询，以及充话费、充流量等服务；某茶企提供了在线购买、全国专柜查询、订单查询等服务功能（图 4–64）。

服务设置的关键就是场景应用，是公众号的运营者通过对自身业务场景进行分析，将原本需要通过线下或线上的其他渠道才能实现的部分业务转移到微信公众号，通过对微信公众号功能的二次开发和特殊设置，更加便捷地满足用户需求，从而保证微信公众号的用户黏性和忠诚度。目前，微信开发的大部分第三方平台都有各种应用插件，只要在后台进行相关设置，就可使用相关功能。

3. 活动——给用户设计什么活动

活动是茶叶企业微信公众号运营者为了增加新用户或刺激用户的活跃性在微信公众号基础上策划、开发和运营的各类激励、互动手段，通过这些活动，增强老用户黏性，吸引更多新用户。

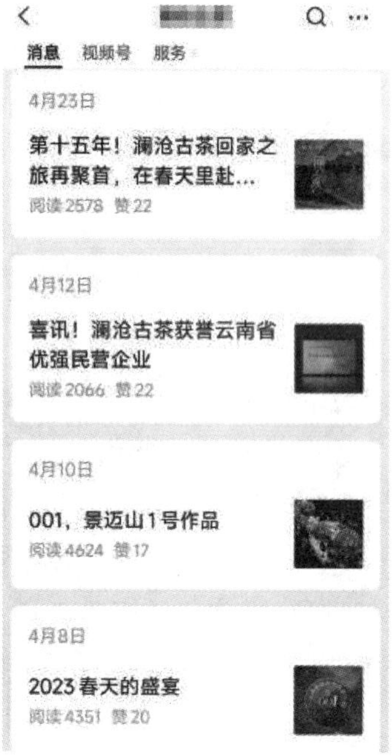

图 4–63　某茶企微信公众号

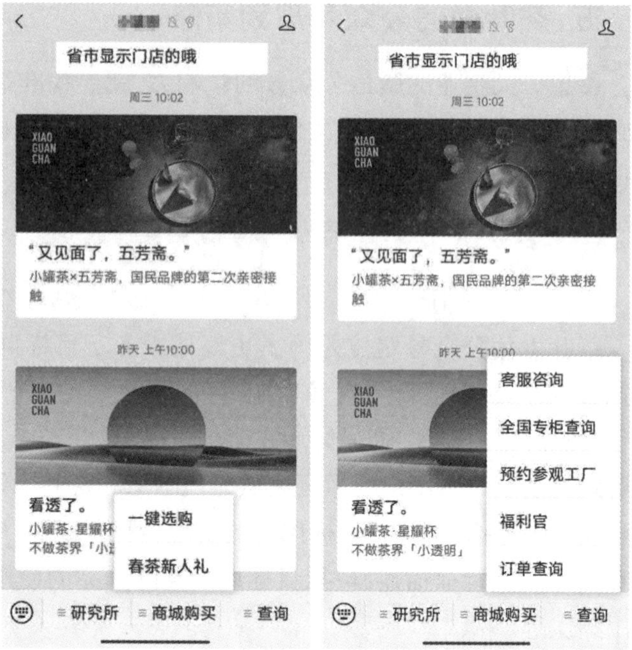

图 4–64　某茶企微信公众号

4. 渠道——用户聚焦区域在哪里

目前网络营销渠道越来越多，用户已经被大量的 App 分散到不同的渠道，多渠道覆盖是营销的必经之路。茶叶企业除了开展微信公众号营销，还可以分别在微博、抖音、知乎、快手、小红书等渠道布局，不断吸引新用户。

5. 社群——承载用户的终极容器

茶叶企业微信公众号可以通过社群的方式将目标用户聚集在一起，形成质量极高的种子用户，便于了解用户的需求。目标用户可以在社群里反馈产品和运营的不足之处，也可以提供一些活动或运营的创意，还可以帮助企业推广信息。

（三）周期规划——用户的转化周期

一般茶叶微信公众号的真实粉丝数量是最近 3 个月新增的粉丝数量。因为经过一定周期后，原有的部分粉丝由于审美疲劳或者内容趋同等原因已经不再关注这个微信公众号了，所以茶叶微信公众号运营者需要统计和观察用户的周期，设计一个在每个周期结束前就能完成的商业变现方式，以利于公众号的长期运营。

六、茶叶微信公众号内容规划策略

无论何种微信账号，想要存活下去，都应以内容为主。当发布的内容有实用性、贴近性、趣味性，并满足用户分享的满足感、炫耀感时，可以说成功了一大半，因为具有上述特征的内容，用户会主动分享，辐射到用户关系链，触发更多基于真实关系地传播。因此，茶叶企业的微信公众号，一定要做好内容规划。

（一）美观的封面

微信公众号发布的每一期文章想获得更高的阅读量，就要有美观的封面，这能给读者留下第一印象，对阅读量有着直接影响。

（二）吸引人的文章标题

每一篇文章都要有醒目的标题，一个标题是对整篇文章的总结，是文章重要信息所在。其中，文章的标题对文章起着推广作用。所以每一篇文章的标题都应该进行合理、谨慎的设计。

（三）突出重点的内容

正文是微信公众号文章的主体，同时也是获得文章分享量和互动量的一个重要依据。但是需要注意的是，微信公众号的文章内容与其他网页相似，即每一篇文章相当于一个独立的"网页"。

（四）巧妙的推广方式

此处的推广有两方面的内涵：第一，可以在文章开头或者结尾添加一些二维码或者相关文字的提示，提醒用户关注他们需要的内容；第二，可以在文章内容上添加原文链接，对用户进行引导。微信公众号上的内容相对于其他平台来说编辑规范要求可能较高，这样可以让用户关注核心内容，不受其他无用信息的干扰。

（五）尽可能避免容易造成"取关"的内容

茶叶企业在微信公众号内容运营过程中，要尽量避免出现以下内容：第一，有垃圾信息或者广告；第二，提供的信息不实用；第三，内容没有新意；第四，提供的信息缺乏理论支撑或者没有分量；第五，消息提醒不够人性化；第六，信息不准确；第七，内容篇幅过长；第八，信息时效性不强。

复习思考题

1. 微信营销有什么特点？
2. 开展茶叶微信营销的价值是什么？
3. 简述茶叶微信个人账号营销流程。
4. 茶叶微信公众号有哪些后台功能？
5. 如何进行茶叶微信公众号的内容运营？

工作任务清单——微信营销工作任务

任务情景描述

小王家出产的都匀毛尖茶，外形匀整、条索紧结，表面白色茶毫显著，色泽自然青翠，茶香馥郁，茶汤清澈见底、清而不浊，叶底鲜活柔嫩，具有极高的观赏价值，入口香醇鲜爽。为进一步打开销路，小王继开通了“隔壁制茶的小王”微博账号后，他决定把微信也作为主要销售平台开展网络营销活动。请与小王一起完成以下微信营销工作任务。

建议学时

2 学时

任务流程与活动

任务活动 1：任务确立；

任务活动 2：个人微信号初诊断；

任务活动 3：进行个人微信号设置、撰写自我介绍；

任务活动 4：好友分组；

任务活动 5：注册微信公众订阅号；

任务活动 6：朋友圈营销互动；

任务活动 7：评价与总结。

任务活动 1：任务确立

(1) 活动思考。

本项目工作任务的具体内容有哪些？涉及哪些知识点？

(2) 思想提升。

你认为茶叶企业开展微信营销有什么意义？在开展微信营销过程中，有哪些需要注意的问题？

任务活动 2：个人微信号初诊断

活动步骤	活动要求	活动记录
步骤 1	打开你的个人微信，查找 3 个开展产品销售业务的微信好友	
步骤 2	从头像、昵称、微信号、个性签名、地区等方面来评估这 3 个微信好友的相关设置，提出改进建议	
步骤 3	具有可借鉴的经验	

任务活动 3：进行个人微信号设置（“隔壁制茶的小王”个人信息设置、撰写自我介绍）

活动步骤	活动要求	活动记录
步骤 1	打开微信 App，点击“我”，进入个人信息编辑区	
步骤 2	设置适当的头像，名字为“隔壁制茶的小王”，用联系电话设置微信号，在“更多信息”中撰写个性签名	

续表

活动步骤	活动要求	活动记录
步骤 3	自我介绍简明扼要，100 字左右（我是谁 + 我能提供的价值 + 礼节性的寒暄）	

任务活动 4:好友分组

活动步骤	活动要求	活动记录
步骤 1	打开微信 App,进入到主界面后,找到“通讯录”选项,并点击进入	
步骤 2	在通讯录界面中，找到“标签”选项并进入，点击界面右上角的“新建”选项，在弹出的选择联系人界面中，选择分组的好友，然后点击“完成”按钮	
步骤 3	在弹出的界面中，“标签名字”一栏输入需要设置分组的名称，然后点击界面右上角的“保存”按钮	

任务活动 5:注册微信公众订阅号

活动步骤	活动要求	活动记录
步骤 1	在浏览器中输入网址：https://mp.weixin.qq.com，网址打开后，点击右上角红框的“立即注册”按钮，在“账号类型”中选“订阅号”	
步骤 2	进入“基本信息”页面，在“邮箱”中输入电子邮箱地址，单击“激活邮箱”。登录电子邮箱，查看激活邮件，并填写邮箱验证码，设置公众号登录密码，勾选“我同意并遵守《微信公众平台服务协议》”后点击“注册”按钮	
步骤 3	打开“选择类型”页面，在下拉列表中根据实际情况选择注册地，单击“确定”按钮	
步骤 4	在打开的页面“订阅号”中单击“选择并继续”超链接，在“温馨提示”对话框中，单击“确定”按钮。在打开的界面中选择“个人”选项；打开确认身份页面，输入真实的姓名和对应的身份证号码	
步骤 5	打开微信 App，用“扫一扫”功能扫描“管理员身份验证”栏提供的二维码，进行人脸验证。在打开的界面中选中“您知悉……”选项，点击“下一步”按钮，在人脸识别界面，根据提示完成人脸识别，待提示验证通过后，点击“确定”按钮结束验证	
步骤 6	输入管理员手机号，单击“发送验证码”按钮，在“短信验证码”中输入验证码。输入验证码后，在打开的对话框中会提示“主体信息提交后不可更改”，确认后单击“确定”按钮	
步骤 7	填写公众号信息，设置账号名称、功能介绍、运营地区等，单击“完成”按钮，注册完成	

任务活动 6:朋友圈营销互动

小王可以采用哪些方式与好友开展朋友圈营销互动？请将思考结果写在下方的横线上,并说明理由。

(1)方式一：

____

____

(2)方式二：

____

____

任务活动 7:评价与总结

(1)评价。

一级指标	二级指标	评价内容	分值	自评	互评	师评
工作能力	学习能力	可以完成学习活动的各种能力组合	10			
	操作能力	能够根据所学的技能独自完成工作任务	10			
	创新能力	具备新思想、新理论、新方法和新发明的能力	10			
工作态度	学习方法	根据工作任务能对知识进行归纳总结	10			
	学习态度	对学习保有较为持久的行为状态	10			
作品成果	成果展现	作品完整度	50			

(2)所思所获。

____

____

项目五 茶叶短视频营销

学习目标

★知识目标

了解茶叶短视频营销

认识茶叶短视频营销的特点

掌握茶叶短视频营销的常用平台

★技能目标

熟悉茶叶短视频营销的账号定位、内容分类与展现形式

掌握茶叶短视频营销的方式和获取流量的技巧

★素质目标

遵守法律法规、平台规范

创作和传播积极、正能量的内容，引导创作者和用户树立正确的价值观

提升自身的专业能力

案例导入

香遇一杯好茶——八马茶业

2022年8月15日，八马茶业携手中国国家地理杂志发布全新品牌形象片《香遇一杯好茶》。

该片在全面展现茶叶原产地自然风光、制茶技艺的同时，传递出八马茶业在高端中国茶全国销量领先的市场地位。

全新品牌片亮相之际，铁观音第十三代传人、八马茶业董事长王文礼表示："八马的使命不仅在于传承百年技艺做好一杯茶，更在于守护和传承好茶这个滋养中华民族千年的精神食粮，让中国茶在现代焕发新的生机。"

据了解，八马茶业源自百年制茶世家，八马先祖王士让发现铁观音并得乾隆赐名，王氏家族自此与茶结缘，传承至今近300年。

从种子到叶子，枝头嫩芽积聚了天地的阳光雨露，迎来生命的第一次绽放；从叶子到干茶，茶叶在茶人手中翻腾跳跃，又经历烈火的试炼，于磨砺中积淀香气；从干茶到冲泡，干茶在沸水中翻腾

舒展，最终与人“香遇”——八马茶业的短视频形象片不仅生动刻画出“茶的三次生命”，也展现出八马茶业对茶的坚守与传承。

八马茶业相关负责人介绍，2022年初，八马茶业与中国国家地理签署战略合作协议，双方将以更具地理视角、人文美学的高品质内容展现中国茶之美。本次发布的品牌形象片便是双方内容共创的最新成果之一，八马茶业希望通过本片向外界传递其全新品牌形象。

值得注意的是，八马茶业的高端品牌形象已得到权威机构和业界认可。2022年5月，国际权威机构弗若斯特沙利文出具的报告显示，基于高端中国茶行业比较研究，八马茶业被认证为“高端中国茶全国销量领先”；7月，八马茶业受中国茶叶流通协会认证为“高端茶市场领先品牌”。八马坚持标准化、品牌化、数字化的发展理念，为行业发展提供了一系列成功案例参考。而凭借着过硬的产品品质和强大的品牌号召力，八马多次作为中国茶代表登上世界舞台，以茶为载弘扬国粹，包括2017年金砖国家领导人厦门会晤、2018年东湖茶叙、阿联酋2020年迪拜世博会等。

未来，八马茶业将继续推动高端中国茶品牌形象的建设，携手中国国家地理杂志等合作伙伴，以高品质的内容推动茶文化的传播与传承。

移动互联网时代下，短视频因具有创作门槛低、制作简单、互动和社交属性强、易于传播分享等优点而迅速成为一种新兴的网络营销载体，茶叶短视频营销也因此呈现爆发式的增长。

任务一　茶叶短视频与短视频营销

一、茶叶短视频

（一）茶叶短视频含义

在移动互联网碎片化阅读的环境下，快速、简洁、轻量的短视频成了热门的内容载体，有效地降低用户获取信息的时间成本。短视频是一种视频时长以秒计数，主要依托于移动智能终端实现快速拍摄和编辑，可在社交平台上实时分享的新型视频形式。茶叶短视频是指在新媒体平台上播放的、适合在移动状态和短时休闲状态下观看的、高频推送的茶叶视频内容，其播放时间从几秒到几分钟不等。短视频不同于文字、音频单一的内容输出模式，其融合了文字、音频和视频，茶叶短视频具有技能分享、幽默搞怪、时尚潮流、社会特点、街头采访、公益教育、广告创意、商业定制等类型，能让用户接收的内容更加立体化和多元化。由于短视频时长较短，可以单独成片，也可以成为系列栏目。

短视频是一个相对的称谓，与之对应的是长视频。长视频的时长一般不低于30分钟，主要由专业的公司制作完成，其特点是投入大、成本高且拍摄时间较长。长视频涉及的领域广泛，典型的表现形式是网络影视剧。例如，《茶，一片树叶的故事》《茶叶之路》《茶界中国》等都是与茶叶相关的长视频。茶叶长视频的传播速度相对较慢并且社交属性较弱，短视频则与之有很大的不同。首先，为了充分利用用户的碎片化时间，茶叶短视频的时长一般都较短。其次，茶叶短视频的创作门槛低，非专业人士也能制作，非常便于网络用户的积极参与。最后，茶叶短视频的内容聚焦于技能分享、幽默搞笑、时尚潮流、街头采访、公益教育等大家都感兴趣或关心的话题，因此很容易被用户观看和分享，传播速度快，社交属性强。

（二）茶叶短视频的特征

1. 视频时长短

2013 年短视频刚兴起的时候，大部分的短视频时长是以秒为单位，大多时长在 1 分钟以内，比如 8 秒微视、10 秒秒拍、10 秒美拍。美拍在 2014 年 11 月发布的“60 秒”功能，界定了短视频“10～60 秒”的黄金拍摄时长。后来，随着短视频被越来越多受众接受和使用，视频时长也随之增加，目前国内的短视频时长基本在 20 分钟以内。短视频的兴起，标志着视频进入“读秒”时代。

2. 社交属性强

茶叶短视频主要以社交媒体为传播渠道。例如，秒拍短视频在制作完成后可直接上传至个人微博，美拍、抖音等可以分享到微信、微博、QQ空间等社交平台。微信、微博内嵌的短视频，因为平台本身就具有社交属性，所以更方便视频制作者发布、分享和传播视频。茶叶短视频一经发布，如果其内容具有创意性和趣味性，很容易在社交平台形成裂变式传播，使其社交属性进一步增强。

3. 传播速度快

随着移动互联网和智能通信技术的发展，移动客户端已成为视频传播的重要渠道。茶叶短视频以其时长短、消耗流量少、即时观看等优点，用户接受度非常高。茶叶短视频拍摄录制时间短，消耗流量低，是短视频快速传播的主要原因。此外，茶叶短视频的播放无须依赖专业的视频网站，在任何社交平台、资讯平台都能够随时浏览，这使得茶叶短视频播放越发简单，也为其快速传播创造了条件。

4. 裂变式传播

相较于传统媒体的线性传播，茶叶短视顿的传播方式是多级裂变式的。报刊、广播、电视这类传统媒体基本上是单向传播机制，也就是把信息附着于特定的载体进行强制性的传递。而茶叶短视频，因为它能够做到即时发布、即时分享，所以能够形成裂变式传播。例如，某茶叶商家在短视频应用平台发布了 30 秒的视频广告，该商家的粉丝甲、乙、丙观看了广告之后，乙和丙认为此条广告有趣又有价值，随后分享到个人社交平台，关注了乙和丙的人会收到这条视频，这样就会有更多的人收看到这条视频，由此裂变下去。每个转发者既是上一个传播过程中的受众，又是下一个传播过程中的传播者，如此便形成了良性循环的商业信息扩散，如图 5-1 所示。

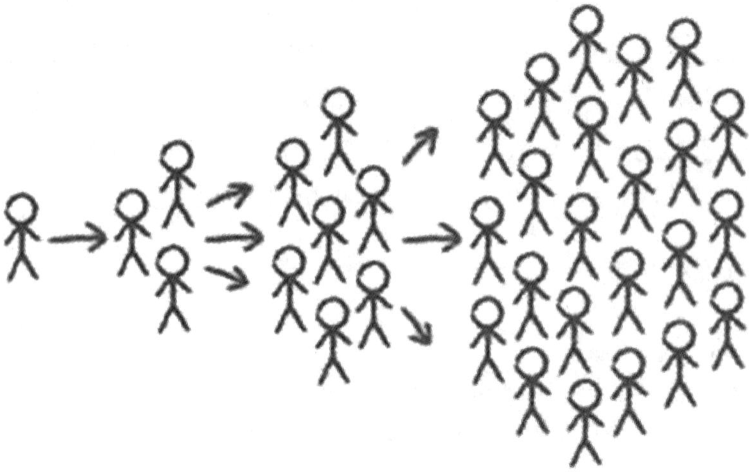

图 5-1　裂变式传播图

(三)茶叶短视频的特点

1. 风趣幽默，时新性强

茶叶短视频市场的相关研究报告表明，搞笑类视频的播放量最大，更受观众喜爱。茶叶短视频将声音、文字、图像、音乐、创意等各类元素有效融合起来，在几十秒到几分钟的时间内进行集中展示，通过趣味化处理，将需要传达的内容以幽默的形式传递给大众，迎合了年轻消费群体打发碎片化时间的需求。很多的短视频网站开通了关联微信、微博、QQ 等社交软件账号的功能，使得年轻人不仅能够看到一些网络红人、网络大咖，还能看到自己身边朋友的微视频，对趣味性强的视频，用户可以点赞、评论，也可以直接转发给微信、微博、QQ 上的朋友。这种基于社交属性的分享使得茶叶短视频能够在很短的时间内进行快速的传播，吸引大量人群的关注。

短视频平台功能的逐步完善，一方面使创作者采集信息、处理信息、发布信息所耗费的时间大大缩短，另一方面使用户浏览消息、交流反馈的效率大幅提升。茶叶短视频的出现打破了传统意义上“采、编、播”的视频创作发布流程，时新性更强，价值更高，能够有效避免“新闻失真”。

2. 碎片消费，高效接受

海量化的网络信息使信息的丰富性得以增强，但也给信息检索带来了困难。传统的文字检索枯燥乏味，视频检索耗时较长，茶叶短视频的出现有效弥补了上述不足。茶叶短视频时长短、节奏鲜明、趣味性强，可在用户碎片化的时间内寻找生存空间，用户可充分利用自身碎片化的时间随时随地浏览茶叶短视频。

茶叶短视频可以将抽象词语转换为具体视频，使受众更直观、更形象地理解新闻内容。例如，“茶毛毛”并不是生产时卫生未控制好留存下的杂质，也不是茶叶放置的时间太长而导致变质的产物，而是茶毫(茶叶芽尖上面细小的绒毛，又称茶毛)，其中含有丰富的茶氨酸、茶多酚等营养物质，在大多数情况下茶毫作为茶叶嫩度的一个重要指标。短视频中的“茶毛毛”可以直观自然地让消费者了解一些茶叶品质好坏的判断标准。直观形象的视频内容更容易吸引人们的注意，提升人们的浏览兴趣，提高人们的思维活跃程度，使人高效接受视频内容。

3. 生产简单，互动性强

与专业化的传统长视频生产相比，茶叶短视频简化了视频内容生产过程中烦琐的工序，弱化了技术、硬件等方面的要求，降低了视频制作的门槛，节约了制作成本，缩短了制作周期。普通用户只要利用移动智能终端设备下载并安装相关的应用软件就能实现拍摄、制作与编辑，同时还可以一键分享到各大短视频平台。近几年网络传输速度和智能手机性能的提升，各种智能视频制作软件的推出，使制作茶叶视频成为一件非常简单的事情，技术和设备的要求也不高，只需具备网络、手机便能轻松完成视频内容的拍摄与发布，制作的成本大大降低。成本的降低使得普通人都可以通过简单的操作，将自己身边的趣事制作成短视频，分享到社交网络，极大地释放了年轻人心中的表演欲，也极大地激发了广大用户的参与度。

传统茶叶视频拍摄方式对机位安排、角度选取都有十分严格的要求，便捷性、灵活性较差，茶叶短视频"随走随拍"方式的兴起有效地打破了对拍摄要求的限制。对创作者而言，内容主题的确定、字幕和音乐的选取都凝聚着自己的思想与个性，他们渴望获得"外部尊重"，被受众所认可；对观看者而言，茶叶短视频的精与简方便了其在社交平台上分享，减少了对流量费用的顾虑。短视频平台的兴起使新闻流通渠道得以扩充，使信息活跃程度得以提升，使传播者与受众间的互动得以加强。

此外，抖音、美拍等短视频应用软件，还为用户配备了各种操作简单、艺术效果多样的特效技能，如插入音乐、表情、转场、特技、变声等视频编辑功能，使用户上手快、发现乐趣，并且能够拍出"大片"般的效果。

（四）茶叶短视频行业的发展

2009 年，世界上第一个短视频分享应用 Vine 在美国发布，2013 年新浪发布了内置"秒拍"功能的微博 4.0，随后又开发了独立的秒拍应用 App，2014 年，美图秀秀公司推出美拍 App，推出后短时间内便登上 App Store 软件下载量榜首，7 个月后便坐拥 1 亿用户。2016 年，抖音上线；2017 年，推出抖音海外版 TikTok；2018 年 7 月抖音与 TikTok 的活跃用户已经超过 5 亿，短视频行业迎来了蓬勃发展的时期。茶叶短视频内容丰富，形式多样，以浙江农林大学、龙团胜雪等为代表的茶叶短视频博主分享各类茶叶的相关短视频，在短时间内吸引了大批年轻人的关注，甚至引发了一股潮流。

据统计，截至 2022 年，茶知识短视频内容累计观看人次已达到 34 亿！电商茶行业较 2021 年增加 891%！越来越多的茶商已经通过短视频来销售茶叶增加收入，也有越来越多的茶友通过短视频来分享自己的茶生活。

二、茶叶短视频营销

（一）茶叶短视频营销的含义

2018 年，短视频迎来爆发式增长，众多茶叶短视频媒体进入茶叶短视频行业。互联网技术的发展和短视频平台的兴起，使观看短视频成为众多消费者日常网络活动中的重要组成部分，这种普遍的网络行为促成了茶叶短视频营销的诞生，并使其逐步成为茶叶网络营销中常用且有效的营销利器。茶叶短视频的出现是对茶叶社交媒体现有内容形式的一种有益补充。茶叶短视频一般都是在传授技能、知识分享、搞笑、新奇，或极具生活化、幽默化的内容的基础上，通过品牌露出、剧情策划、口播等形式展开茶叶营销。

茶叶短视频营销是指企业或个人借助短视频平台，通过发布茶叶短视频以吸引受众、推广品牌、宣传产品等，进而促进茶叶产品的营销活动。作为随移动互联网发展并借助短视频兴起而诞生的一种新型的网络营销方式，茶叶短视频营销具有成本低、目标精准、互动性强、传播速度快、冲击力强以及便于线上评测等优势，因而在当前的茶叶网络营销实践中被越来越广泛地采用。茶叶短视频营销将成为碎片化信息时代的主流营销形式之一。

同时，优质的茶叶短视频内容可借助社交媒体的渠道优势实现病毒式传播。茶叶短视频营销是借助短视频这种媒介形式进行营销的一种方式。茶叶短视频营销人员主要借助短视频确定目标用户，并通过目标用户传播有价值的内容，吸引目标用户了解产品或服务，最终促成交易。

（二）茶叶短视频营销的条件

茶叶短视频营销的兴起，离不开网络环境的改善、视频制作技术和大数据技术的支持。在网络环境方面，不断迭代优化的数据传输速度和网络环境降低了用户的使用成本，提高了短视频播放的流畅度，为用户带来了更加优质稳定的使用体验，同时也为基于移动数据端的茶叶短视频营销提供了最基础的保障。在视频制作技术方面，人脸识别和增强现实等技术的应用，为茶叶短视频的制作提供了更多的创意发挥空间。在大数据技术支持方面，通过大数据算法实现的智能推荐技术，能够更好地实现茶叶短视频营销内容与用户的精准匹配。

（三）茶叶短视频营销的特点

茶叶短视频营销具有以下两个显著特点。

(1)目标精准。

不同用户偏好的内容均有所差别，有人喜欢励志情感，有人喜欢科技产品，还有人喜欢美食等。茶叶短视频内容多种多样，茶叶营销人员通过视频标签化、垂直运营等手段，可以确定目标用户，实现精准营销。

(2)传播速度快。

简洁的茶叶短视频符合人们在移动互联网环境下碎片化的阅读习惯，深受用户青睐。富有创意、内容实用、能引起用户情感共鸣的优质茶叶短视频能够被广大网友转发，从而迅速传播。

（四）茶叶短视频营销的模式

茶叶短视频营销的模式主要有广告植入式、场景式以及情感共鸣式等。广告植入式营销比较容易理解，即在茶叶短视频中植入广告，通过茶叶短视频传播给目标受众，以宣传品牌和促进销售。场景式营销是指实施茶叶短视频营销的企业,通过在茶叶短视频中营造特定的购物场景,给用户以身临其境的感受,并在线与用户实时互动,从而达到营销目的的一种新型的网络营销方式。情感共鸣式营销是指企业从用户的情感需求出发,借助茶叶短视频引发用户的情感共鸣与反思,从而实现寓情感于营销的一种营销方式。例如,早期的八马茶业抖音账号并没有直接介绍茶叶,而是以店铺为故事背景,从店员的视角观察用户,发现感人故事,走的是情感路线,和茶本身无关,也为茶品牌带来了曝光。

课堂思考

某位茶"达人"通过手机将自己生产、加工茶叶的环节录制成短视频,然后发布在某短视频平台,这属于营销吗?

任务二　茶叶短视频平台与渠道建设

一、茶叶短视频平台

(一)抖音

抖音是北京字节跳动科技有限公司旗下的一个专注年轻人音乐短视频分享的平台,用户可以在该平台上选择歌曲,拍摄音乐短视频,形成自己的作品。自 2016 年 9 月正式上线以来,抖音发展迅猛。2017 年 8 月,抖音海外版上线。2017 年 11 月,今日头条以 10 亿美元收购美国知名短视频网站 Musical.ly,收购后今日头条将其与抖音海外版合并。2019 年 12 月,抖音入选 2019 中国品牌强国盛典榜样 100 品牌。2020 年 1 月 8 日,火山小视频和抖音正式宣布品牌整合升级,火山小视频更名为抖音火山版,并启用全新图标。

2020 年 4 月 21 日, Quest Mobile 发布的《2020 中国移动互联网春季大报告》显示,截至 2020 年 3 月,抖音月活跃用户数达到 5.18 亿人,同比增长 14.7%,月人均使用时长为 1709 分钟,同比增长 72.5%。如今,抖音已经成为短视频的头部平台。

在发展初期,抖音的重心是打磨产品,不断优化产品的性能和体验,如增加各种特效、滤镜、贴纸和拍摄手法,提升音质和画质,使视频加载和播放更加流畅,视频拍摄更简单和更有趣。抖音还增加了查找通讯录好友、邀请 QQ 好友和微博好友的功能,以推动用户自发传播。在打磨产品的同时,抖音邀请了一批中国音乐短视频制作者入驻,吸收了大量关键意见领袖所带来的流量。

抖音进入爆发式增长阶段后,其工作重心是运营推广,同时进一步提高产品性能,打造更帅更酷的视频玩法,给用户提供更流畅的体验。例如,抖音大手笔投资了多个综艺节目,在北京举办抖音 iDOU 夜年度狂欢嘉年华，以及联合摩拜发布首款嘻哈主题车等；新增各种 3D 抖动水印效果、3D 贴纸和酷炫道具，不断提升美颜、滤镜效果，让用户制作出更优美的作品；开发抖音故事、音乐画笔、染发效果和 360 度全景视频功能，加入 AR 相机等更多有趣玩法，让用户创作出更有趣的作品。

抖音的运营定位为年轻人的音乐短视频社区，35 岁以下用户占比接近 80%。用户性别分布上看，抖音男性用户与女性用户的比例基本持平，男性用户偏好游戏、汽车、电子产品等内容，女性用户偏好时尚、美妆、母婴、穿搭、美食等内容。从用户年龄分布上看，抖音用户的年龄主要在 18～35 岁，其中，18～24 岁的用户喜欢新鲜事物及追赶潮流，25～35 岁的用户偏好生活技巧和情感内容。从用户地域分布上看，抖音用户主要来自一、二线城市及沿海城市，这部分用户文化水平较高、消费能力较强。抖音的用户大致可以分为内容生产者、内容模仿者和内容消费者。内容生产者在音乐和短视频创作中可以展示其热情和非常强的专业水平，短视频质量较高且多为原创。内容生产者是抖音上的网红，粉丝众多，且背后多有团队支持，他们致力于打造个人品牌，会花精力运营粉丝社群。内容模仿者是指通过模仿比较火爆的原创短视频来推出自己的作品的用户。这类用户的表达意愿强烈，希望展现自我以增加知名度。还有一类用户被称为内容消费者，绝大多数抖音用户都属于这一类，他们没有表达的意愿，从不或很少发布自制视频，刷抖音就是为了看趣味性强的视频、追剧或打发时间。针对这三类不同的用户，抖音设计了多个功能，以满足用户的不同需求。例如，针对内容消费者，抖音会根据用户的喜好自动推荐用户感兴趣的作品，从而做到"你看到的都是你想看到的"，大大提高了用户的黏性。

抖音已成为用户日常生活中使用较频繁的软件之一。

（二）快手

快手是北京快手科技有限公司旗下的产品。快手的前身叫"GIF 快手"，诞生于 2011 年 3 月，最初是一款用来制作、分享 GIF 图片的手机应用。2012 年 11 月，快手从纯粹的工具应用转型为短视频社区，成为用户记录和分享生产 / 生活的平台。随着智能手机的普及和移动流量成本的下降，快手在 2015 年迎来了高速增长。

2015 年 6 月，快手用户数量突破 1 亿人，并完成 C 轮投资，估值 20 亿美元。2016 年 10 月，快手的注册用户数达到了 3 亿人。2016 年初，快手上线直播功能，并将直播低调地放在"关注"栏里，直播在快手仅具有附属功能。2017 年 3 月，快手获得 3.5 亿美元融资，由腾讯领投。2018 年 4 月，快手完成新一轮融资，腾讯再次追加 4 亿美金，估值接近 200 亿美金。2018 年 9 月 14 日，快手宣布以 5 亿元流量计划，在未来 3 年投入价值 5 亿元的流量资源，助力 500 多个国家级贫困县的优质特产推广和销售，帮助当地农户脱贫。2018 年 9 月 21 日，快手举办首期幸福乡村说，借助农村短视频网红的特产销售经历，宣传"土味营销学"。

2019 年 10 月 1 日，央视新闻联合快手进行"1+6"国庆阅兵多链路直播。快手官方数据显示，自 10 月 1 日早 7 点正式启用多链路直播间技术，至 12 点 50 分阅兵仪式直播结束，央视新闻联合快手"1+6"国庆阅兵多链路直播间总观看人次突破 5.13 亿人，最高同时在线人数突破 600 万人。2019 年 12 月 25 日，中央广播电视总台与快手在北京举办联合发布会，正式宣布快手成为 2020 年春节联欢晚会独家互动合作伙伴。2020 年 5 月，快手与京东商城就电商直播业务达成战略合作，通过快手直播购买京东自营商品将不需要跳转。2020 年 7 月 22 日，快手大数据研究院发布《2020 快手内容生态半年报》。报告显示，2019 年 7 月至 2020 年 6 月，有 3 亿用户在快手发布作品，30 岁以下用户占比超 70%；2020 年 1—6 月快手短视频类型中记录生活的作品数占比达 29.8%。2019 年 12 月，快手公布直播日活跃人数超 1 亿人，在这次报告中，该项数据已更新至 1.7 亿人。

在用户爆发式增长期间，快手在产品推广上没有刻意地策划时间和活动，一直依靠短视频社区自身的用户和内容进行运营，走的是平民化的运营路线。在快手平台上，用户可以用照片和短视频记录自己的生活，也可以通过直播与粉丝实时互动。从整体上看，快手用户呈现年轻化趋势。从用户性别分布上看，快手男性用户与女性用户的比例基本持平，用户整体上偏好生活、娱乐类内容，偏好大众品牌、看重性价比。从用户年龄分布上看，快手用户的年龄主要在 18～35 岁，这个年龄段的用户数量远多于其他年龄段的用户数量。从用户地域分布上看，快手用户主要来自二线及以下城市，对商业信息接收度较高。快手的视频内容覆盖生活的方方面面，用户遍布全国各地。在这里，人们能找到自己喜欢的内容，找到自己感兴趣的人，看到更真实有趣的世界，也可以让世界发现真实有趣的自己。快手满足了被主流媒体和主流创作者忽视的普通人的需求，是一个为普通人提供记录和分享生活的平台。快手不与“网红”主播签订合作条约，不对短视频内容进行栏目分类，也不对创作者进行分类，强调人人平等，不打扰用户，是用短视频的形态记录和分享普通人生活的平台。

因为均属于头部的短视频平台，人们常会把快手和抖音进行对比，不少人认为两者大同小异。与“时尚化”的抖音相比，快手更加“生活化”。

（三）西瓜视频

西瓜视频与抖音一样，也是北京字节跳动科技有限公司旗下的独立短视频平台。西瓜视频通过人工智能想帮助每个人发现自己喜欢的视频，并帮助视频创作者轻松地向全世界分享自己的视频作品。

西瓜视频的前身是今日头条旗下独立短视频 App“头条视频”，于 2016 年 5 月正式上线，2017 年 6 月头条视频正式升级为西瓜视频。2017 年 1 月，西瓜视频用户数量突破 2 亿人。2017 年 1 月 25 日，西瓜视频推出“3+X”变现计划，成立 20 亿元联合出品基金。2018 年 2 月，西瓜视频累计用户数量超过 3 亿人，全日均使用时长超过 70 分钟，日均播放量超过 40 亿次。2018 年 8 月，西瓜视频正式召开发布会，宣布全面进军自制综艺领域，未来一年将投入 40 亿元，打造移动原生综艺 IP。根据 2019 年 9 月 27 日字节跳动旗下的巨量引擎商业中心发布的《西瓜视频用户画像》，截至 2019 年 7 月，西瓜视频日活跃人数达到 5000 万人，月活跃人数达到 1.31 亿人。此外，西瓜视频单日使用 20 次以上用户约占 25%，位居短视频行业第三。而快手、抖音分列前两名，单日使用 20 次以上的用户约占 30%。

西瓜视频的内容以 PGC 短视频为主，定位是个性化推荐的聚合类短视频平台，致力于成为“最懂你”的短视频平台。其分发模式是通过算法分析用户的浏览量、观看记录停留时间等进行视频推荐。作为字节跳动花费 10 亿元重金打造的短视频平台，西瓜视频可谓视频版的今日头条。西瓜视频拥有众多垂直分类，专业程度较高，能有效利用今日头条多年积累的算法模型和数据，不断提升用户画像精准度，完善分发模型，力求为用户推荐更为精准的视频内容。

西瓜视频是通过聚合发布短视频，累积用户流量，吸引广告主投放广告，最终通过广告收入、直播打赏和电商销售分成等方式实现流量变现的。用户、创作者(播主)、广告主、平台构成了西瓜视频产业链的 4 个参与方。

虽然西瓜视频和抖音都出自字节跳动，但二者在运营定位上的差异还是比较大的。在用户定位方面，西瓜视频是“点亮对生活的好奇心”，而抖音是“记录美好生活”。在视频展示方面，西瓜视频是横屏形式，抖音是竖屏形式。在视频生态方面，西瓜视频以 15 分钟以内的短视频为主，涵盖超短视频和长视频在内的全部视频生态，而抖音主要是 5～15 秒的短视频。在与电商合作方面，西瓜视频推出的是西瓜小店，而抖音推出的则是电商小程序。西瓜视频和抖音这两个短视频平台的定位差异，是字节跳动全面布局短视频领域的两种不同策略，这样做既可以避免不必要的内部竞争，又可以更好地满足不同用户群体的需求，从而提高字节跳动的整体竞争实力。

二、茶叶短视频营销渠道建设

(一)基于场景识别目标用户

按照传统的营销理论，定位目标消费者必须通过年龄、性别、职业、受教育程度等指标来做茶叶市场的细分，进而确定目标人群，并根据目标人群的消费习惯及媒体使用习惯，输出有针对性的广告，以实现精准营销。这样的方式环节复杂，成本高昂。在移动互联网时代，GPS 技术和智能设备的互动功能逐渐增强，越来越多的场景细分，为辨认目标消费者创造了快捷有效的方式(只需要确认某个消费产品的场景，在这个场景下的人群就是目标消费者)。其实，任何一个场景都可以成为寻找目标消费者的地点，因为任何场景都包含了对于不同产品的需求，都具有明显或潜在的消费需求。

茶叶短视频营销的“场景”二字，决定了 GPS 技术在其中担当着重要角色。不同定位技术的精度和应用范围有所不同：如果营销针对的区域较大，那么使用 GPS 技术即可；如果营销范围在一个 Shopping Mall，那么需要使用 Wi-Fi 技术。如果茶叶营销活动想附着在消费者的行为过程中，就需应用 iBeacon 技术。iBeacon 技术通过在 Shopping Mall 等室内场所铺设的 iBeacon 蓝牙硬件基站设备，使人们像“水滴”一样形成许多小型网络。每当使用者携带支持 iBeacon 的移动设备靠近某个基站，该移动设备就会接收到 iBeacon 信号，当即能够获取和携带者所处区域的相关推送消息。

例如，北京的朝阳大悦城就设置了 Wi-Fi 及 iBeacan 技术。消费者在北京朝阳大悦城消费时，在连接该商场的 Wi-Fi 之后，登录页面会显示“登录成功”和附近的商家信息以及促销信息，这些信息多为图片和文字，能够让消费者一目了然地知道哪些茶叶品牌有新品上市、哪些茶叶品牌在做折扣。这个时候商家可以根据定位技术和 Wi-Fi 技术，有针对性地为消费者推送有关茶叶产品的短视频，这些视频可以是品牌广告，可以是宣传片，也可以是体验消费和茶叶营销活动。

（二）洞察需求推送品牌信息

了解消费者的需求，目的是挖掘消费者行为的根本原因，这些原因又多与消费心理有关。例如，2017 年 11 月曾在微信朋友圈“霸屏”疯转的短视频《喝茶两个动作：拿起和放下》（图 5-2）。该视频讲述了茶的两种姿态（浮、沉）和茶人的两种姿势（拿起、放下）。浮沉时才能氤氲出茶叶清香，举放间方能凸显茶人风姿。喝茶就是这么简单——拿起，然后放下。而人生，看起来繁杂的一切，其实又何尝不是这么简单？有些事何必纠结于心？有些人何必纠缠不清？安静一点，淡然一点，沉稳一点，随意一点。茶喝完，人生就有了禅意。在一杯茶面前，世界安静了下来，喧嚣、浮华如潮水般地褪去，茶——人在草木间，只剩下最纯净的自己，在这一刻，茶与禅是如此默契。简单的视频，完美讲述了品茶与品人生百态的价值主张。

图 5-2　短视频《喝茶两个动作：拿起和放下》截图

在深刻了解消费者需求的基础上，企业应该有针对性地向消费者推送品牌信息。与以往的营销方式不同，茶叶短视频场景营销既要把握对媒介形式的利用，又要关注不同场景下的消费行为。这种“就地取材”的随意性，反而对品牌创意提出更高的要求。在进行品牌信息推送时既要精准适度，又要创新沟通方法，重视和消费者展开心灵对话，向消费者传达一个信息：我们了解你遇到的问题，我们和你感同身受。

（三）合理引导促成消费闭环

随着移动互联和终端技术发展越来越快，手机等移动客户端成为构建各种关联的连接点。建立关联比售卖产品更加重要。茶叶短视频营销的实质是通过场景形成各种关联，然后用短小精悍的表达方式，将这种关联涉及的信息传递出去。比如，建立商家和消费者的关联，消费者和售后服务的关联，消费者之间的关联。怎样发现一种既适用于品牌本身，又能创造财富效益的链接消费者的方法，是所有茶叶企业必须思索的问题。

（四）创意策划制作短视频

茶叶短视频的核心，或者是一段引人入胜的故事，或者是一个人所共知的明星，通过巧妙的创意设计，制造一个足够吸引人眼球的视觉场景，以引起粉丝共鸣，促成消费转化。以明星为代表的意见领袖，在茶叶短视频的整体发展过程中，始终起着至关重要的作用：其一，意见领袖创作的视频内容往往是大众模仿、改编和谈论的素材；其二，意见领袖对短视频社交软件的使用，会带动更多用户进行使用，所产生的晕轮效应会驱动越来越多的用户通过视频软件创作自己的内容。

（五）整合渠道创新视频传播

茶叶企业利用短视频进行营销，除了从内容入手，还可以从传播渠道入手，以拓展短视频的传播渠道，扩大视频影响力。

1. 社交媒体传播

茶叶短视频营销推广渠道主要为社交媒体平台，其中，微博、微信是茶叶短视频场景化营销的重点。不难发现，微博、微信这两大社交平台，每天都充斥着各种类型的短视频，短视频已经成为人与人之间传送信息的重要载体，其功能近似于图片，更具有映像感，真实性强。如今，短视频成为信息传递的一种方式，用户无须特别教导，就会自觉地使用短视频记录、关注、分享周围正在发生的事情。例如，“双十一”互动视频：秀出你的买茶攻略。该视频向网络用户征集买茶叶的攻略，让每一个用户都可以参与评论、分享、转发如何以更低的价格买到更好的茶叶，许多网络用户参与了短视频的互动。

2. 信息平台传播

随着各大新闻、信息类平台对短视频重视程度的提高，利用茶叶短视频进行营销的渠道除了微博和微信，还可以向流量型平台拓展。例如，小茶婆婆在淘宝走红之后，接着在微博、微信、抖音、小红书等平台开设自己的专栏，以此来达到内容的多渠道分发，形成有力的传播生态链。

3. 打造 IP 传播

多年前，信息发布渠道单一，可以选择的媒介较少，用户可读的内容主要依靠行业精英的筛选和推荐。在“人人都是自媒体”的时代，内容制作者本身即握有一定的“流量分配权”，创作者可以挑选不同的平台对作品进行发布，以吸引不同的受众群体，最大规模地实现传播效果。在多平台同时发布的过程中，形成了统一的品牌效应，可以将自身“IP”化，增加曝光量和辨识度。

4. 节目植入传播

茶叶短视频营销除了可以在社交平台和流量平台进行宣传之外，还可以通过植入到热门综艺节目进行宣传。例如，贵茶集团携手山东广播电视台，带来出口欧盟的好茶，倾情赞助山东综艺频道《我是大明星》与《美好食光》、山东生活频道《生活帮》、山东卫视《天气预报》等高收视率的节目。一句“出口欧盟的品牌——贵茶”，深深地印在观众的脑海中。借助节目的娱乐效应以及影响力，将贵茶“让天下人喝干净茶”的理念向更多的消费者传递。品牌通过短视频和综艺合作，既有场景化的效果，又有宣传热度；对于品牌商来说，不仅可以达到推广产品和传播品牌的作用，又能带动消费者与品牌互动，商家可以轻松地收集消费者的各种反馈信息，为之后的产品拓展、忠诚客户的培养创造了有利条件。

任务三　茶叶短视频营销账号定位与内容

茶叶短视频营销账号需要有清晰的定位。如果账号没有明确的定位，短视频内容就会杂乱无章，只能在短时间内吸引一些流量，无法长期为账号吸引流量，且无法精准吸引垂直领域的用户。

一、茶叶短视频营销的分类

茶叶短视频的创作门槛较低，人人都可以成为短视频内容的生产者。这使得茶叶短视频相比于传统的视频类型，形式更丰富，内容更多样，并且可以通过不同的形式展现。茶叶短视频的内容非常多，总的来说，比较热门、用户量大、能够较快吸引消费者的主要视频类型有以下几种。

1. 生活情感类

生活情感类茶叶短视频主要用于传递正能量，内容包括分享见义勇为、乐于助人、甘于奉献的人物或事件，或者分享情感话题（如友情、亲情、爱情），传递正能量的内容很容易引起用户情感上的共鸣，促进短视频传播。比如记录找茶、茶园体验、老茶馆喝茶等生活趣事的系列视频贴合生活，定义范围广，创意频出。“万丈红尘三杯酒，千秋大业一壶茶……”“茶因不饮而凉，人因不惜而散……”这种“爆款”情感类茶视频，均是情感语录配上一些平常的泡茶场景，但效果奇佳，获赞无数。其实，有时候画面的美感并没有那么重要，用户更关注的是价值观的共鸣。

2. 知识分享类

知识分享类茶叶短视频主要分享茶叶知识、制茶攻略、茶山景点介绍等内容。在短视频平台上一些分享专业讲解茶叶知识的短视频，一经发布就能快速吸引用户，“如何分辨茶叶种类”“关于喝茶的江湖黑话”“最适合上班族的五种茶”等都能获得众多用户的关注。这类茶叶短视频站在消费者的角度，普及茶叶基础知识，有助于提升消费者对茶叶的认知，拉近与消费者之间的距离。

3. 礼仪健康类

待客茶道中蕴含着许多中国文化，无论商务人士还是饮茶爱好者都应该知道一些茶礼仪，这不仅是对别人的尊重，也显得自己有涵养，因此茶礼仪短视频在短视频平台上非常受用户的欢迎。而疫情之后，消费者的健康意识普遍提高，茶叶健康属性也备受消费者的关注，所以此类短视频的点赞量较高。例如，“茶桌上的这些礼仪你都知道吗？”的短视频，从古至今娓娓道来，好评如潮，获赞无数。“适合男士喝的是哪四种茶呢？快推荐给身边喝酒抽烟的男士吧！”直指目标消费人群，更好地获得关注。

4. 趣闻类

趣闻类茶叶短视频主要分享有趣事件、幽默风趣的话语、搞笑情景剧等内容，此类短视频覆盖范围广，用户群体广泛，常被用于消遣时间。例如，青岛小菠萝发布的“喝茶要有仪式感，花茶高碎有了解的嘛”获得了大量关注，此短视频是一位外国人在来中国前觉得在中国喝茶是非常有仪式感的，制造严肃的氛围，紧接着是来中国后才发现，原来喝茶是用大搪瓷杯，再配上夸张的表情，让人意想不到，忍不住被结局逗笑。

5. 才艺类

才艺类茶叶短视频等进行茶艺表演。茶艺表演是一门高雅的艺术，对表演者有较高的要求，不仅要求表演者发挥专业水平，且掌握技能越是稀缺越易受欢迎。例如，玲爷发布的“工夫茶 2，大家来评茶吧”短视频展示的是工夫茶，但是掌握这项技能的人并不常见，而玲爷的工夫茶技能高超，令人佩服。

二、茶叶短视频营销的展现形式

茶叶短视频营销的多元化发展也使得其展现形式变得多元化。总体上，短视频营销内容主要有以下四种展现形式。

1. 图文拼接

图文拼接是茶叶短视频所有展现形式中较简单和易操作的一种类型，营销人员只需要将一些图片或视频截图拼接起来，并添加背景音乐、说明文字，就可以制作出一则茶叶短视频。

2. 视频记录

视频记录即通过拍摄视频记录日常生活，是一种“随拍”展现形式。例如，茶农以视频记录的形式展现其在采茶过程中优美的自然环境、采茶、制茶的全过程；茶艺师以视频记录的形式展现其泡茶与饮茶的技艺；茶“达人”以视频记录形式展现喝茶、品茶的日常生活片段等。

3. 脱口秀

脱口秀是目前茶叶短视频营销内容比较常见的一种展现形式。实用知识类茶叶短视频就常采用这种展现形式，向用户分享一些实用的茶叶知识技能。采用脱口秀这一展现形式，茶叶短视频须向用户传递有价值的信息，这样才能让用户有所收获，才能得到用户的持续关注。

4. 情景短剧

情景短剧的创作难度较大，需要有一定的资金和人力支持，在剧情写作、场景设计、视频拍摄、视频剪辑等方面要求严格。情景短剧能够更清晰地表达茶叶短视频的主题与情感，更容易引起用户的共鸣。

任务四　茶叶短视频营销的实施

一、茶叶短视频营销常见方式

作为茶叶网络营销中常用且有效的营销渠道，茶叶短视频营销主要借助短视频确定目标消费者，并向他们传递有价值的内容，吸引目标消费者了解企业的产品或服务，最终形成交易。茶叶短视频营销具有感染力强、形式内容多样、富有创意等特点，可以在短时间内大范围、低成本传播，为企业带来巨大的营销价值。茶叶短视频营销模式众多，常见的有以下几种。

（一）茶叶“短视频 + 电商”茶叶营销

如今，电商的发展方向越来越多元（如跨境电商、社交电商、分销电商、拼购电商、精选电商等），细分领域也越来越多，茶叶短视频电商便是其中一个细分领域。茶叶短视频电商是指在茶叶短视频中植入电商营销元素，在给电商平台带货、缓解获客压力的同时，实现茶叶短视频的流量变现，实现双赢。通过短视频与电商平台结合，提高营销效率。消费者可以通过观看短视频，直观地了解产品的特征和功能，进而缩短购买决策的时间，实现边看短视频边购买产品，提升购买转化。

例如，用户在抖音或快手观看茶叶短视频时，有的茶叶短视频下方会显示对应产品的链接。图 5-3 和图 5-4 分别为抖音、快手产品链接，产品来源于抖音小店、快手小店或其他电商平台，用户点击产品链接即可进行购买。

图 5-3　抖音茶叶产品链接

图 5-4　快手茶叶产品链接

短视频电商注重结合各类场景（如使用场景、体验场景、情绪场景等）来展示产品的卖点、细节，茶叶营销人员实施茶叶短视频电商带货时，需要精心设计视频内容，将产品与各类场景相融合，让用户直观地感受产品特点，为后续交易提供支持。实际运营中，营销人员通常将茶叶短视频电商与直播相结合，使茶叶短视频起到为直播引流的作用。

（二）茶叶品牌植入

茶叶品牌植入是将品牌标志、名称等植入茶叶短视频的场景中。此类方式适合已经具有一定品牌影响力的茶叶企业，且拍摄内容要与品牌内涵相符，一定要有趣、新奇或紧跟热点。例如，2023 年新春到来之际，小罐茶进一步深化福文化，以“托你的福”为传播概念，打造了“福器满堂”新春礼盒。还与新华网共同首发数字人福气舞短视频；同时联合在微博发起“UGC 话题 # 托你的福 2022 不遗憾 #”，向广大网友征集“托福”故事；并精选话题下的暖心故事，以“发福报”的形式为大家送“福”气，在这不平凡的一年中呼吁大家发现身边的小确幸，感恩并珍惜身边的托福之人，从而进一步传播正能量。图 5–5 所示为小罐茶发布的品牌植入短视频。该短视频由新华网虚拟数字人、中华文化推荐官筱竹联合推出，腊八节当天小罐茶与筱竹共同发布了一支元宇宙“福气舞”TVC 为国人送福。在短视频末尾清楚地标出品牌名称“小罐茶”。温暖治愈的颜色、清晰的画面与充满创意的内容让该短视频备受好评。

图 5–5 福气年 小罐茶

（三）茶叶“短视频 + 线下活动”营销

“短视频 + 线下活动”营销是一种简单高效的营销方式，即通过邀请名人、艺人出席企业的线下活动，并拍摄视频，将精彩部分剪辑成短视频，上传到网上进行二次传播。例如，为了创作出更多精美的摄影作品，用镜头讲述保靖黄金茶的故事，“15 秒爱上保靖黄金茶”抖音短视频大赛自 2023 年 4 月 15 日启动以来，1 个月时间“15 秒爱上保靖黄金茶”话题收到投稿百余个，在抖音上话题播放量已突破 1500 万，如图 5–6 所示。

（四）茶叶短视频互动营销

短视频互动营销通常是由企业发起活动，借助短视频平台和短视频“达人”的影响力，带动用户参与活动，并实现短视频快速传播的营销方式。图 5–7 展示了“快手春茶节”中的茶叶短视频活动。“采茶女范范”分享了自己为保障茶叶的品质和风味，在大雨来临之前，抢收了今年的第一批西湖龙井，采摘、炒茶忙了个通宵；“水亦香・茶文化”讲解了西湖龙井经典的五大香型，让更多的人了解“春天的第一口茶”；“茶之趣－耕记真品质”则为大家科普了“春茶集万千宠爱于一身”的原因，介绍春茶在品质、营养成分、香气与其他季节茶叶的不同，分享“选茶技巧……”该活动的话题标签页俨然成了“茶友”们的茶文化交流场。这是快手电商推出的“快手春茶节”活动，相关数据显示，参与本次活动累计浏览量超 8000 万次，话题互动为本次活动带来了较高的人气及关注度。

图 5-6　15 秒爱上保靖黄金茶

图 5-7　“快手春茶节”展示活动

（五）茶叶短视频创意定制营销

短视频创意定制营销是指短视频内容采用 PGC（专业生产内容）和 UGC（用户生成内容）等形式，按企业的要求生产定制内容的营销方式。创意定制的短视频可以最大限度地体现内容的价值，让营销信息植入得更加自然。这类短视频更具真实性，所以很容易引起其他消费者关注。

二、茶叶短视频营销的实施步骤

茶叶短视频营销的实施主要包括以下几个步骤。

步骤一是确定营销目标。并在基于对产品和市场竞争环境、市场定位、市场细分和目标市场选择分析的基础上制订茶叶短视频营销计划和营销策略。

步骤二是选择茶叶短视频发布的平台。在选择发布平台时应全面分析平台的定位、用户规模、用户黏性、人群特征和运营模式等,以便从中选出最适合本企业产品开展茶叶短视频营销的平台。

步骤三是制作茶叶短视频。此阶段的具体工作包括短视频策划、短视频脚本以及短视频的拍摄和后期剪辑等。

步骤四是传播茶叶短视频。除了在短视频平台上发布外,还要充分利用其他途径广泛传播,以提高短视频的曝光率,吸引更多的目标受众观看。

步骤五是做好粉丝的拓展与维护工作。可以采取组建粉丝交流社区、与粉丝在留言区互动、有奖转发等多种方式增加粉丝黏性。

步骤六是对茶叶短视频数据进行分析。包括分析茶叶短视频被平台推荐的情况,用户点击观看的次数、完播率,用户的点赞、评论和转发的情况等。

这些数据是茶叶企业今后改进和优化茶叶短视频营销的重要依据之一。

三、茶叶短视频营销的策略

茶叶短视频营销是一种全新的营销方式,有着鲜明的特点。在开展茶叶短视频营销活动时,有以下三种策略可供选择。

(一)与关键意见领袖深度合作,种草带货定向茶叶营销

网络经济以具有消费引导力的时尚达人为形象代表,以关键意见领袖的品位和眼光为主导,进行选款和视觉推广,在相关社交平台上吸聚流量,依托庞大的粉丝群体进行定向营销。现代年轻人热衷于“种草”和“拔草”,而关键意见领袖的意见就是他们主要的“种草来源”,关键意见领袖与品牌的深度合作往往能起到相当不错的带货效果。

关键意见领袖本身就是行走的“种草机”,其通过为茶叶品牌背书,或者在茶叶视频中进行深度植入,可以加大品牌的曝光,推动受众对产品的关注,加深受众对品牌的信任,增加受众对品牌的好感度,再基于好的运营,将产品打造成热销款也不是难事。例如,“爱喝茶的露露”通过短视频分享茶文化和茶知识,推荐高性价比茶叶,粉丝复购率达到90%。

(二)构建话题属性,推动茶叶短视频社交

短视频发展至今,功能逐渐强大,单向的传播已经满足不了受众的需求,只有具备话题属性的短视频才能引起受众的兴趣。如果茶叶品牌抓住了机遇,不仅能让受众充分参与到品牌的创意中,让品牌的影响力得以延续,还能推动短视频社交的发展,让受众以“合拍视频”会

友，找到志同道合的群体。

2022 年 8 月，由安徽国际茶产业博览会组委会主办的“# 清凉一夏喝皖茶”抖音短视频话题赛上线，茶博会期间累计交易对接金额 24.19 亿元，比上届增加了 13.35%。其中，线上线下销售额 4.85 亿元，意向采购订单金额 19.34 亿元，同时，合肥、六安、宣城、池州、安庆、黄山、亳州和淮南等单位共报送了 30 个茶产业签约项目，累计签约金额 15.26 亿元，涉及茶叶加工、冷链物流、茶旅文化、品牌推广等持续发展，进一步推动安徽省茶产业高质量发展。

（三）鼓励用户参与互动，茶叶品牌形象更易深入人心

随着短视频平台迅速崛起，用户的关注点已经逐渐从文字、图片过渡到视频。就连全民社交平台微信也推出了小视频功能，这说明视频时代已经到来。由于短视频这一载体的特殊性，茶叶短视频营销的角色不再拘泥于以往的“品牌”或者“代言人”。品牌也可以是话题的发起者、参与者，因此品牌的植入可以做到更加自然和隐性，也给品牌留下了广阔的营销空间。在形式和内容上，短视频相较于传统图文更具有旺盛的生命力。在如今的网络目标受众中，这种新兴的媒体形式更容易抓取茶叶用户日益分散的注意力，并吸引他们参与茶叶营销。

在如今的移动端时代，茶叶短视频营销已经一跃成为时代的宠儿。茶叶短视频营销在传播力方面有巨大的优势，在保持自身优势的同时，能充分吸收其他媒体的特点，成为集百家之长的新兴茶叶营销载体。

茶叶企业或品牌在实操过程中如果能打造足够有创意的作品，就完全可以实现“单点投放、全网裂变”的传播效果。持续化、深度化地投入茶叶短视频营销，相信会有更多的企业、品牌从中获利，曝光、流量和带货都是必然导向。无论是何种形式的营销，其前提都是依靠好的内容文案，“内容为王”仍然是准则，所以在茶叶短视频领域，内容精品化将成为一种趋势。另外，在市场趋势下，茶叶短视频如何与其他业态融合发展，如何通过各种营销模式实现营销的效果最大化，也是品牌方需要思考的方向。

任务五　茶叶短视频营销获取流量的技巧

茶叶短视频营销需要有清晰的账号定位，如果营销账号没有明确的定位，短视频内容就会杂乱无章，即使短时间内吸引了一些流量，也无法长期为品牌加分，且很难吸引垂直领域的消费者。

一、茶叶短视频营销账号定位的方式

茶叶短视频营销账号定位可以从以下三个方面入手。

（一）垂直茶叶类定位

垂直茶叶类定位指的是发布的所有视频及文案都与茶叶直接相关。营销者通过直接展示茶叶产品进行变现。

（二）半垂直茶叶类定位

半垂直茶叶类定位是通过发布与茶叶相关的短视频进行账号定位。发布的视频可以包含优美的茶山风景、茶艺、茶道等茶叶衍生的内容。营销者通过挖掘茶叶背后的价值吸引消费者，从而进行变现。

（三）嫁接类定位

这类账号所发内容与茶毫无关系，通过营销者个人魅力（例如唱歌、跳舞等）的短视频吸引粉丝，有一定粉丝基础和流量之后，进行销售从而达到变现的目的。

二、茶叶短视频营销账号定位的技巧

茶叶营销者可以通过比照法和差异化策略等技巧快速完成短视频营销账号的定位。

（一）比照法

比照法是帮助茶叶营销者找到茶叶短视频营销账号定位的一种便捷方法，即通过了解短视频的成功营销案例，模仿案例中的短视频展现形式和内容类型，以此确定自己的账号定位。

（二）差异化策略

在同一个创作领域，受到消费者认可和关注，影响力较大的账号屈指可数。因此，茶叶营销者首先可以利用比照法确定大致的定位方向，然后在模仿中寻求差异化，使自己的账号和内容具有明显辨识度。例如，同样是主打茶叶知识分享类账号，账号参照的出境人物是一个温柔的传统女性人物形象，自己品牌的出境人物则可以是一个“忠实本分的茶农汉子”的人物形象，或相似的内容采用不同的短视频展现形式。

茶叶短视频营销的目的主要是促进茶叶短视频有效传播，加强与用户之间的沟通，提升茶叶营销效果。短视频营销迎来快速发展，如何通过茶叶短视频获得更多流量成为茶叶营销人员关注的重点。

三、短视频营销账号运营的要点

（一）内容垂直运营

内容垂直是指短视频内容保持一致性。例如，知识分享类账号分享的内容应该与品茶、泡茶等知识有关，茶艺类账号分享的内容应该与茶艺表演相关。一方面，短视频平台倾向于推荐垂直类内容；另一方面，方便用户对账号进行分类，以便用户快速联想并准确地找到相关账号，使账号更容易获得精准粉丝。茶叶营销人员进行内容垂直运营时只需要更新与当前账号定位领域相关的内容。这种方式的操作门槛相对较低，账号运营相对轻松，有利于涨粉、引流和变现。

（二）找好选题

找好选题是打造优质茶叶短视频的关键。选题反映了茶叶短视频内容的主题思想，也为茶叶营销人员提供了茶叶短视频内容创作的方向。一个好的茶叶短视频选题应具备两个基本要素。

⑴选题覆盖面广。

一个好的选题要保证覆盖足够多的用户，茶叶营销人员可选择与用户生活联系紧密、与热点事件等相关的选题。

⑵选题能引起共鸣。

选题能引起用户共鸣，才能产生好的传播效果。共鸣可以是观念上共鸣、遭遇上共鸣、经历上共鸣、身份上共鸣等。例如，传统文化和正能量事件，就会引起不少人情感上的共鸣，可以将其纳入选题范畴。

（三）短视频创意

茶叶短视频创意可以有效地吸引消费者的关注，使消费者对茶叶产业产生兴趣，是茶叶营销内容获得病毒式传播的有效方法。短视频创意主要体现在内容和形式两个方面。

⑴内容。

在“内容为王”的营销时代，内容质量才是茶叶短视频的生存之本，大部分消费者更愿意主动分享和传播经典、有趣、轻松的短视频，同时这种形式也容易形成病毒式传播效果。茶叶营销的前提是茶叶营销者生产出有价值、有创意的短视频内容。此外，大多数广为传播的茶叶短视频通常有一个共同点，即具有故事性，因此一个优秀的短视频一定要会讲故事，设计值得品味的开头、过程和结尾，故事情节跌宕起伏，更有利于吸引消费者的注意。

⑵形式。

形式的创新也是茶叶短视频创意的重要一环，现在的茶叶短视频形式极具多元化，精彩的内容与新颖的短视频形式相搭配，能获得更好的传播效果，这就需要根据内容设计适合的短视频形式，可以定位幽默、点评的短视频，也可以采用脱口秀的展现形式等，以获得消费者共鸣。

很多茶叶企业、茶叶公司通过茶叶短视频来展开营销，既可以以自制短视频树立品牌形象，又可以与短视频达人合作开展联合营销，其关键在于茶叶短视频内容的吸引力。

四、茶叶短视频营销获取流量的技巧

（一）设计具有吸引力的标题

标题是推动茶叶短视频传播的引线，标题有吸引力、能抓住用户的眼球至关重要。标题起得越好，观看茶叶短视频的用户越多，获得的点击量越多，就越容易获得短视频平台的推荐，进而促进茶叶营销。

营销人员可采用以下技巧设计短视频的标题。

(1)突出稀缺程度。

在标题中突出对象的稀缺程度,能够促使用户立即采取行动。例如,某餐厅的短视频标题就突出了其烤鸡运用的是独家秘方,让用户对其口味产生好奇,吸引用户前往品尝。

(2)融入新鲜元素。

对新鲜的人和事物感兴趣是人存在的心理,在标题中融入新鲜元素往往能快速引起用户的注意。“被人误解了多少年的茉莉花茶,今天它站起来了!”“冬日里来一杯冰茶是什么体验”等标题具有一定的新鲜感。

(3)借助名人。

名人是大众所关注的对象,很多广告都会利用名人的影响力。在短视频的标题中也可以体现名人,以增加短视频的播放量,但短视频内容应与名人有所关联。如果标题中涉及名人的观点,那么可以将其姓名直接加入标题中。例如,“外交部长王毅点赞福建茶:大红袍天下第一!”再度让世界瞩目福建茶。

(4)使用数字。

数字化标题即将短视频的重要内容用数字进行体现。用户用于浏览内容的时间一般很短,数字化标题直观、明了,能够让用户瞬间抓住短视频内容的关键信息,并决定是否继续浏览。“中国十大名茶最新排行”“怎么区分绿红白黄青黑六大茶类?”“世界上最贵的五款茶”等标题简洁明了地说明了内容主题。

(5)设置疑问。

在标题中设置疑问,可以引起用户的好奇心,激发用户的浏览欲望,从而增加短视频的播放量。“茶是用脚做的吗?”“没有茉莉花,凭什么叫茉莉花茶?”等短视频标题便设置了疑问,容易吸引目标用户点击浏览。

(6)表明利益。

企业发布推广产品的短视频,可以“利”诱人,在标题中直接表明产品利益点。“肠胃不好的人多喝这 4 种茶”“茶叶这样喝,可以让你告别大肚腩,赶紧喝起来吧”这一类短视频标题便突出了产品的利益点——健康,容易吸引有购买需求的用户点击浏览。

(二)优化封面

用户在选择是否观看茶叶短视频时,首先会注意茶叶短视频的标题和封面。封面比标题更加直观,一张具有吸引力的封面会为茶叶短视频加分。封面一般是从茶叶短视频中截取出来的,除了保证封面清晰和完整外,在封面选取上,还应注意两点:一是封面要体现茶叶短视频内容,二是封面要展现实用且有价值的茶叶信息。

(三)“蹭”热点

“蹭”热点是茶叶短视频营销快速获取流量的一个便捷方法。只要热点和短视频账号运营内容相关,营销人员就可以通过“蹭”热点来获得关注,但需要注意以下几点。

(1)从热点本身出发。

热点往往会快速吸引大量茶叶营销人员的注意。这时,茶叶营销人员需要从热点本身出发,科学地去“蹭”这些热点。要“蹭”有效的热点,并避开负面的、不适用于营销的热点。

(2)把握时机。

热点往往在短时间内流行,一段时间之后就会有新的热点代替之前的热点,所以,茶叶营销人员要第一时间抓住热点,快速推出与之相关的茶叶短视频。

(3)学会借势。

“蹭”热点有一定的方法,可以加入与热点相关的字词、人物、事件等,以引起用户的关注。例如,图 5-8 所示为龙润茶借势北京 2008 年奥林匹克运动会的相关短视频;图 5-9 所示为利川红茶品牌借势 2022 国际茶日宣传片。

另外,还可在发布短视频时添加热门话题,为短视频营销引流。

图 5-8　2008 年奥林匹克运动会特许生产商龙润茶

图 5-9　利川红茶品牌借势 2022 国际茶日宣传片

(四)发布系列短视频

茶叶营销人员如果打算使用系列短视频内容来引流,应当连续发布系列茶叶短视频。第一段短视频达到浏览量目标后,立即上传第二段短视频,以维持热度。系列短视频发布的间隔时间不宜过长,否则茶叶短视频将失去热度,用户的热情也会降低。

（五）多渠道传播

茶叶短视频的传播渠道对茶叶短视频营销非常重要。大多数时候，单一的传播渠道往往无法取得良好的营销效果，因此，茶叶营销人员应采用多渠道传播方式，除了将茶叶短视频发布在短视频平台，还可以将茶叶短视频发布到微博、微信、视频网站等平台，以扩大短视频的影响范围。

五、茶叶短视频制作人员应具备职业素养

青少年是短视频的主要用户群体之一。因此，茶叶营销人员除了要严格遵守法律法规、平台规定外，还要积极创作和传播充满正能量的茶叶短视频内容，帮助青少年树立正确的价值观等。

复习思考题

1. 茶叶短视频平台有哪些？
2. 如何进行茶叶短视频营销渠道建设？
3. 简述茶叶短视频营销的类型。
4. 简述茶叶短视频营销的实施流程。
5. 简述短视频营销获取流量的技巧。

工作任务清单——拍摄并发布创意定制茶叶短视频

任务情景描述

在抖音，参与平台发布的营销活动是一种较为简单的流量变现方式。一些企业会在抖音发起短视频创意定制活动，邀请用户发布相关短视频。小艾作为一名茶学院的大学毕业生，有一定的制茶功底，平时喜欢使用抖音，也时常在抖音上发布自己茶加工片段和茶艺表演的短视频，积累了一批粉丝。小艾可以通过参与平台发布的营销活动的方式，迈出流量变现的第一步。

建议学时

2 学时

任务流程与活动

任务活动 1：任务确立；

任务活动 2：拍摄创意定制茶叶短视频；

任务活动 3：发布创意定制茶叶短视频；

任务活动 4：评价与总结。

任务活动 1：任务确立

(1) 活动思考。

本项目工作任务的具体内容是什么？涉及哪些知识点？

(2)思想提升。

茶叶企业开展短视频营销时,除了掌握短视频拍摄及发布技巧外,你认为还有哪些需要特别注意的问题?

任务活动2:拍摄创意定制茶叶短视频

活动步骤	活动要求	活动记录
步骤1	打开抖音App，点击“我”图标，打开的账号主页中，然后在打开的侧边栏中点击“创作者服务中心”选项	
步骤2	进入创作者服务中心后，点击“全民任务”按钮	
步骤3	打开“全民任务”界面，点击“拍摄任务”选项，点击想要拍摄的视频任务选项	
步骤4	打开“任务详情”界面，点击“任务玩法”选项卡，查看任务要求和规则说明	
步骤5	在“任务详情”界面中点击“精选视频”选项卡，查看其他创作者拍摄的短视频，借鉴视频拍摄方法和内容选取技巧等	
步骤6	在“任务详情”界面中点击“立即参与”按钮，打开拍摄界面，开始拍摄短视频	

任务活动3:发布创意定制茶叶短视频

活动步骤	活动要求	活动记录
步骤1	结束短视频拍摄后，打开“发布”界面，标题文本框中已默认添加指定话题和@账号，输入标题内容后进行发布	
步骤2	在抖音短视频“发布”界面，点击“你在哪里”选项可添加地点定位	
步骤3	点击“申请关联热点”选项，可申请关联抖音热搜榜上的话题，以增加短视频的曝光度	

任务活动4:评价与总结

(1)评价。

一级指标	二级指标	评价内容	分值	自评	互评	师评
工作能力	学习能力	可以完成学习活动的各种能力组合	10			
	操作能力	能够根据所学的技能独自完成工作任务	10			
	创新能力	具备新思想、新理论、新方法和新发明的能力	10			

续表

一级指标	二级指标	评价内容	分值	自评	互评	师评
工作态度	学习方法	根据工作任务能对知识进行归纳总结	10			
	学习态度	对学习保有较为持久的行为状态	10			
作品成果	成果展现	作品完整度	50			

(2) 所思所获。

项目六 茶叶直播营销

学习目标

★知识目标

了解茶叶直播营销

了解茶叶直播销售员的岗位职责和任职要求

熟悉茶叶直播营销的常用平台

掌握茶叶直播脚本的写作要点

★技能目标

能够结合自身条件和资源选择合适的茶叶直播电商平台

能够根据茶叶直播销售岗位的要求明确自我提升的方向

能够撰写一份完整的茶叶直播脚本

★素质目标

树立遵守法律法规、遵守电商茶叶直播平台规则的意识

保障茶叶直播商品质量、规范茶叶直播宣传行为，依法履行消费者权益保障义务

提高服务质量，努力维护和提升职业的良好社会形象

案例导入

茶叶直播助农扶贫活动组织思路浅析
——首个“国际茶日”县长茶叶直播带货案例启示

2020年以来，突发的新冠肺炎疫情致使农产品滞销。全国各地县(市)长纷纷走进直播间为当地农产品代言，以政府公信力背书，以网络传播力拓展销售渠道，为提高农民收入、打赢脱贫攻坚战提供了有力支撑。直播助农在推动产销对接、解决短期销售困难的同时，更是政府在线上经济时代公共服务手段的创新与探索，对帮助小农户搭上“数字快车”、加快贫困地区农特产品牌和供应链建设具有重要意义。

2020年5月21日是联合国确定的首个“国际茶日”，这是我国推动设立的首个农业领域国际

性节日。为烘托节日气氛、纾解因疫情导致的春茶滞销问题，我们重点打造了县长茶叶直播带货的茶扶贫板块，创建了由省、县管理部门、企业和电商平台组成的“部省县企电”五方协作机制，组织阿里巴巴集团和18个国家级贫困县(市)开展县(市)长茶叶直播带货助农活动。5月21日当天访问茶叶直播间人数逾1200万，销售总额突破6000万元，时任农业农村部部长韩长赋给予高度评价。本次活动的成功举办，是“部省县企电”围绕前述四要素合力共建的良好体现。

“国际茶日”茶叶直播带货的成功举办，充分体现了“政府搭台、企业唱戏、全民参与、茶农受益”的组织思路，是多方协作的成功探索。茶叶直播助农扶贫是一项系统工程，为使贫困地区搭上电商“数字快车”，分享线上经济红利，政府服务还有较大的提升空间。

任务一 认识茶叶直播营销

一、茶叶直播电商

(一)茶叶直播电商的含义

1. 了解茶叶直播电商

直播自出现至今，在不同的阶段呈现不同的特点。

2005年，我国第一个视频直播平台——“9158”网站成立，视频直播出现，标志着我国的直播行业进入快速发展阶段。

2015年，花椒直播、映客直播等移动直播App进入茶叶市场，推动茶叶向全民化发展，移动端直播迎来新趋势。

2016—2018年，淘宝、蘑菇街、京东、唯品会、抖音、快手等平台上线直播功能，布局直播电商，开启直播带货模式。

2019年开始，直播电商迎来爆发期，行业规模呈爆发式增长，直播带货全面进入大众视野，直播购物逐渐流行。

由直播行业的发展可见，直播电商实际上属于网络直播的一个分支。直播电商是在淘宝、京东、唯品会等平台相继推出直播业务后兴起的一种新型电商，主要是主播借助直播平台，将商品展示给用户，并为用户答疑解惑，提供实时的导购服务，激发用户购买欲。

2. 了解直播电商与传统电商的联系和区别

与传统电商相比，直播电商提供实时、多形式的商品展示，为用户带来了更丰富、更直接的购物体验。但是直播电商仍然离不开传统电商中“人”“货”“场”三要素(图6-1)。

图 6–1　电商三要素

（二）茶叶直播电商的模式

茶叶直播电商根据主播主体的不同，可以分为商家自播和达人直播两种模式，图 6–2 所示为茶叶直播电商的模式。

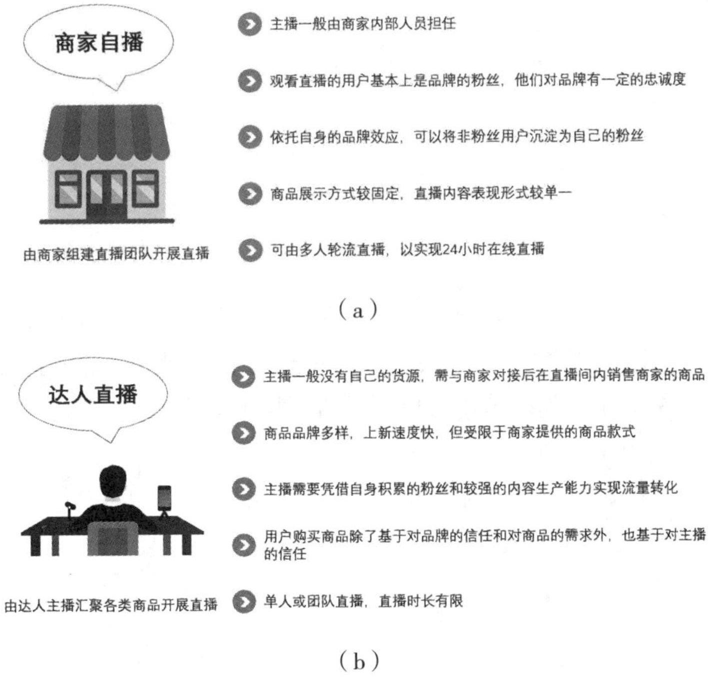

图 6–2　茶叶直播电商的模式

（三）茶叶直播电商的发展趋势

茶叶直播电商的发展趋势包含主体多元化、运营规范化、商品本土化，如图 6–3 所示。

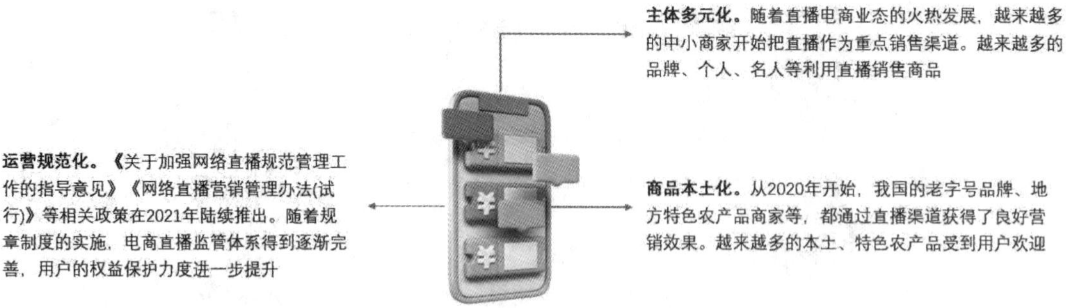

图 6–3　茶叶直播电商的发展趋势

二、了解茶叶直播电商平台

茶叶直播电商平台是茶叶直播营销中重要的组成部分，是茶叶直播内容的输入渠道和输出渠道。除了了解茶叶直播电商平台的特点、用户等信息，还需要着重了解平台相关规则，避免违法违规。

（一）抖音

抖音是由北京字节跳动网络技术有限公司推出的一款创意短视频软件，具有用户群体量大、功能丰富、推送精准等特点。

1. 了解抖音用户画像

抖音用户画像如图 6–4 所示。

2. 了解抖音用户偏好

抖音用户偏好如图 6–5 所示。

3. 了解抖音平台规则

(1) 电商规则。

打开并登录抖音 App，点击界面底部的 “我” 选项，在打开的账号主页中点击界面右上角的按钮，点击 “设置” 选项。打开 “设置” 界面，点击 “抖音规则中心” 选项，进入抖音规则中心，在 “平台规则”栏中点击“电商规则”按钮即可进入“抖音电商学习中心”界面查看抖音电商规则(图6–6)。

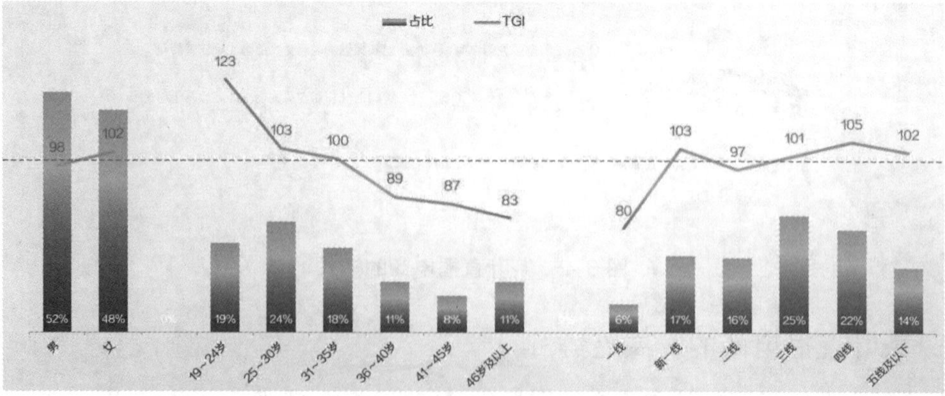

图 6–4　抖音用户画像

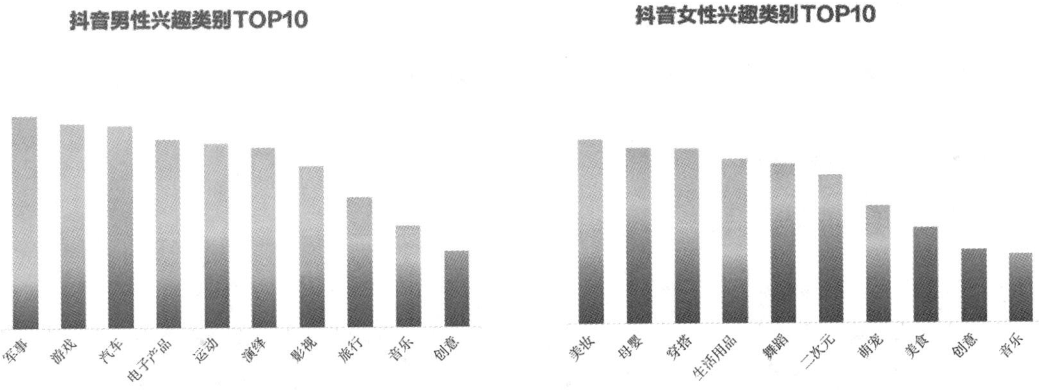

图 6–5　抖音用户偏好

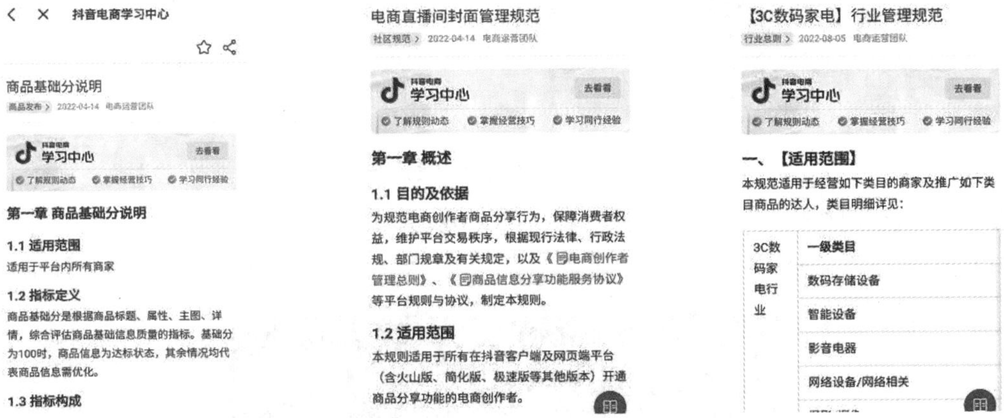

（a）商品基础分说明　（b）电商直播间封面管理规范　（c）［3C 数码家电］行业管理规范

图 6–6　抖音电商规则

(2) 茶叶直播规则。

进入抖音规则中心，在“平台规则”栏中点击“直播规则”按钮，即可进入“直播规则学堂”界面查看抖音直播规则（图 6–7）。直播规则学堂包括“规则速递”“社区公告”和“课程学习”三个板块。

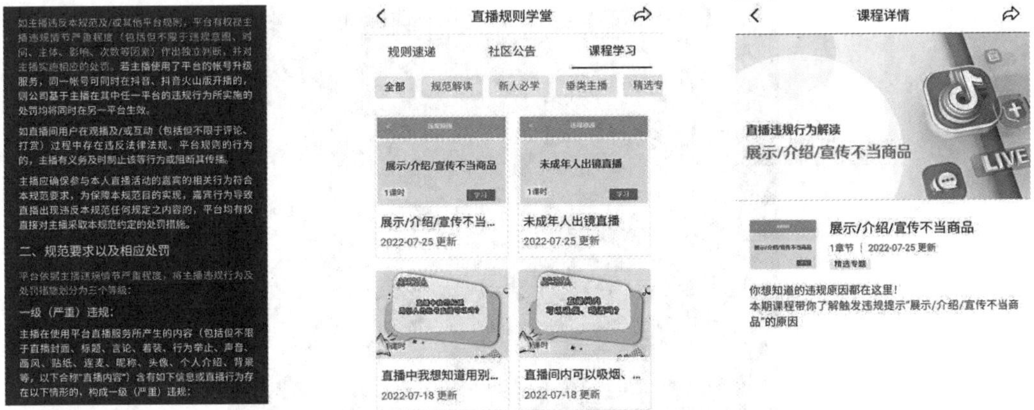

（a）直播行为规范　（b）“课程学习”板块　（c）展示 / 介绍 / 宣传不当商品

图 6–7　抖音直播规则

（二）快手

快手是北京快手科技有限公司旗下的平台，目前日活跃用户数量超过 3 亿，具有用户覆盖面广、数量多、消费潜力大等特点。

1. 了解快手用户画像

快手用户画像如图 6–8 所示。

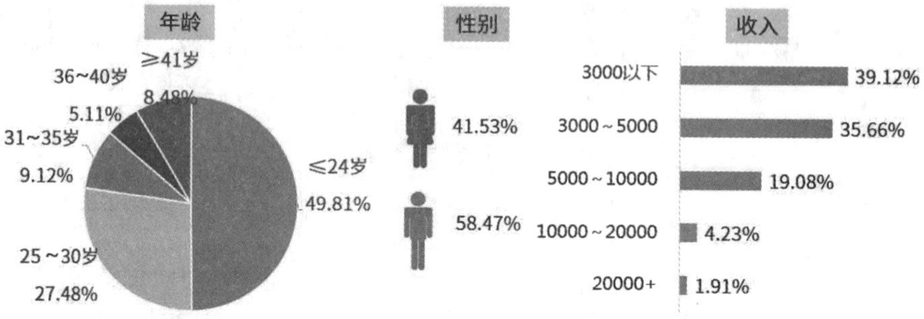

图 6–8　快手用户画像

2. 了解快手用户偏好

快手用户偏好如图 6–9 所示。

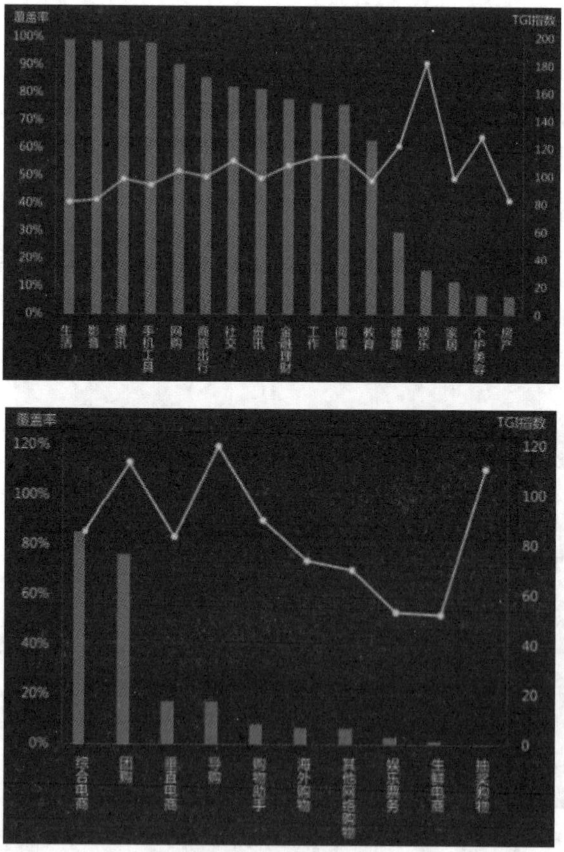

图 6–9　快手用户偏好

3. 了解快手平台规则

打开并登录快手 App，点击界面左上角的按钮，在打开的左侧导航栏中点击“设置”选项，进入“设置”界面，点击“关于我们”选项，在打开的界面中点击“法律条款”选项，即可查看相关规则(图 6–10)。

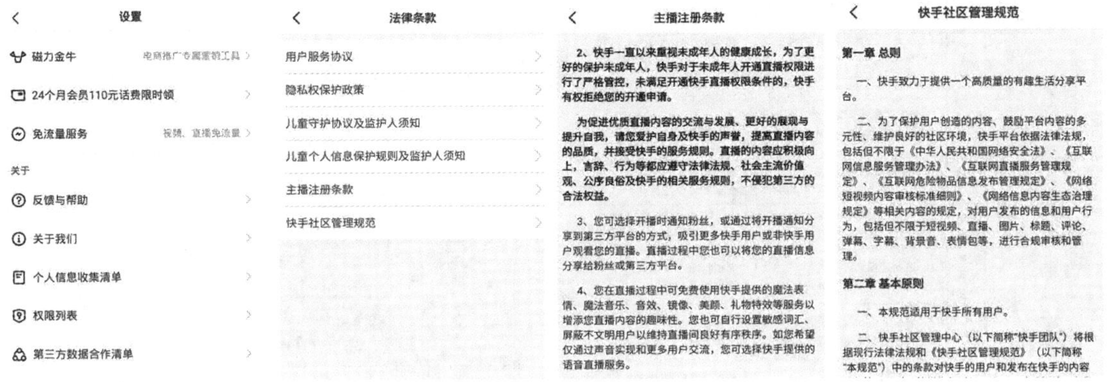

图 6–10　快手平台规则

三、认识茶叶直播销售岗位

(一)茶叶直播销售岗位等级划分

2021 年 11 月 25 日，《互联网营销师国家职业技能标准》正式颁布，其对直播销售员这一职业设立了五个等级，分别为五级 / 初级工、四级 / 中级工、三级 / 高级工、二级 / 技师、一级 / 高级技师，如图 6–11 所示。

等级	职业功能	工作内容	技能要求	知识要求
五级 / 初级工	工作准备	宣传准备	(1) 能搜集商品图文素材 (2)能使用网络搜索工具核实、整理商品素材信息 (3) 能发布商品图文信息预告	(1) 商品图文素材搜集方法 (2) 网络搜索工具使用方法 (3) 商品图文信息发布技巧
		设备、软件和材料准备	(1) 能连接硬件设备 (2) 能下载安装直播软件 (3)能根据直播计划选择道具、场地	(1) 硬件安装调试方法 (2) 软件下载安装方法 (3) 直播样品搜集方法 (4) 道具、场地选择方法
		风险评估	(1) 能提出断网、断电等简单故障的解决方法 (2)能判断营销过程中的法律、法规风险	(1) 断网、断电等故障的解决方法 (2) 营销过程中法律、法规的风险判断方法
	直播营销	直播预演	(1) 能将商品特性整理成直播脚本 (2) 能根据脚本进行直播彩排	(1) 直播脚本编写方法 (2) 直播彩排方案制定方法
		直播销售	(1) 能介绍销售商品的基本特性及卖点 (2) 能对销售商品进行展示 (3) 能引导用户下单	(1) 商品特性及卖点的介绍技巧 (2) 销售商品的展示方法 (3) 引导用户下单的技巧
	售后与复盘	售后	(1) 能查询商品的发货进度 (2) 能处理用户反馈的问题	(1) 发货进度查询方法 (2) 投诉问题的处理方法
		复盘	(1) 能采集营销数据 (2) 能统计营销数据	(1) 数据采集方法 (2) 统计软件使用方法

等级	职业功能	工作内容	技能要求	知识要求
四级 / 中级工	工作准备	宣传准备	(1) 能制作商品专属宣传素材 (2) 能执行跨平台宣传计划 (3) 能汇总统计相关网络舆情风险信息	(1) 素材搜集计划的制订方法 (2) 数据监控方案的主要内容 (3) 音视频转码的方法
		设备、软件和材料准备	(1) 能制订样品（道具）搭配计划 (2) 能制订出镜者形象方案	(1) 样品库的盘点方法 (2) 样品（道具）的搭配方法 (3) 出镜者形象方案的制定方法 (4) 硬件设备的选择方法 (5) 设备搭建与联调的方法
		风险评估	(1) 能评估团队协作风险 (2) 能制定并执行风险应对计划	(1) 团队协作风险的预判方法 (2) 风险应对计划的制定方法
	直播营销	直播预演	(1) 能编写团队协作的直播脚本 (2) 能根据直播脚本测试营销流程	(1) 团队协作的直播脚本编写要求 (2) 营销流程的测试方法
		直播销售	(1) 能使用营销话术介绍商品特点 (2) 能介绍平台优惠及商品折扣信息	(1) 营销话术的表达技巧 (2) 平台优惠及产品折扣的介绍方法
	售后与复盘	售后	(1) 能分析和汇总异常数据 (2) 能建立售后标准工作流程	(1) 异常数据的分析和汇总方法 (2) 售后标准工作流程的主要内容
		复盘	(1) 能对售前预测数据进行复核 (2) 能通过复盘提出营销方案的优化建议	(1) 数据复核方法 (2) 营销方案优化方法
三级 / 高级工	工作准备	宣传准备	(1) 能建立第三方宣传供应商资源库 (2) 能计算预热投入产出比 (3) 能协调引流资源并扩大宣传渠道 (4) 能分析研判相关网络舆情风险信息	(1) 第三方资源库的建立方法 (2) 投入产出比的测算方法
		设备、软件和材料准备	(1) 能根据营销计划选购硬件设备 (2) 能制定道具采购计划	(1) 出入库管理制度的建立办法 (2) 设备采购要求 (3) 道具采购要求 (4) 设备状态检测方法

图 6–11　直播销售员等级划分

等级	职业功能	工作内容	技能要求	知识要求
三级/高级工	工作准备	风险评估	（1）能制定风险管理奖惩制度 （2）能评估风险防控方案的时效性	（1）风险管理奖惩制度的主要内容 （2）风险防控方案的评估方法
	直播营销	直播预演	（1）能组织团队进行直播预演 （2）能根据预演效果调整营销方案	（1）团队配合技巧 （2）营销方案的调整方法
		直播销售	（1）能对个人情绪进行控制管理 （2）能调动直播间气氛 （3）能根据用户反馈实时调整直播策略	（1）个人情绪管控技巧 （2）直播间气氛调动技巧 （3）直播策略的调整原则
	售后与复盘	售后	（1）能使用智能交互系统回复用户信息 （2）能撰写售后工作报告	（1）智能交互系统的使用方法 （2）售后工作报告主要内容和撰写技巧
		复盘	（1）能制定数据维度和分析标准 （2）能制定数据采集操作流程	（1）数据维度和分析标准的制定方法 （2）数据采集操作流程的制定方法
二级/技师	直播营销	营销策划	（1）能制定主题直播间搭建方案 （2）能制定个人品牌方案	（1）直播间搭建技巧 （2）个人品牌塑造方法
		直播规划	（1）能设定直播销售周期目标 （2）能建立直播销售规范流程	（1）直播销售目标编制方法 （2）直播流程操作步骤
	团队管理	团队架构设置	（1）能制定团队考核标准 （2）能解决跨部门协作的问题	（1）考核标准设计方法 （2）协作沟通技巧
		团队文化建设	（1）能建立员工的评价体系 （2）能建立员工相互评价机制	（1）评价体系建立方法 （2）互评机制建立方法
	培训指导	培训	（1）能制定培训计划 （2）能编写培训讲义 （3）能讲授专业基础知识和技能要求	（1）培训计划的编写方法 （2）讲义编写方法 （3）培训教学与组织技巧
		指导	（1）能指导三级/高级工及以下级别人员工作 （2）能制定培训指导规范	（1）专业技能指导方法 （2）培训指导规范编写方法

等级	职业功能	工作内容	技能要求	知识要求
一级/高级技师	直播营销	营销计划	（1）能制定多媒介传播计划 （2）能对营销效果进行评估	（1）多媒介传播的方法 （2）营销效果的评估方法
		直播规划	（1）能制定直播用户管理方案 （2）能制定提升用户购买率的计划	（1）用户管理的方法 （2）提升购买率的方法
	团队管理	团队架构设置	（1）能根据业务需求搭建团队 （2）能根据业务方向调整团队分工	（1）团队架构的搭建方法 （2）团队分工的调整方法
		团队文化建设	（1）能建立团队文化理念 （2）能制定团队管理规范	（1）文化理念的建立方法 （2）管理规范的制定方法
	培训指导	培训	（1）能组织开展培训教学工作 （2）能建立培训考评体系	（1）培训教学工作的要求与技巧 （2）考评体系的建立方法
		指导	（1）能指导二级/技师及以下级别人员工作 （2）能评估培训效果	（1）专业技能指导的考评方法 （2）培训效果的评估方法

续图 6-11

（二）茶叶直播销售员的岗位职责

根据 BOSS 直聘网站招聘，总结了茶叶直播销售员的岗位职责，茶叶直播销售员的岗位职责如图 6-12 所示。

图 6-12　茶叶直播销售员的岗位职责

(三)茶叶直播销售员的任职要求

在了解了茶叶直播销售岗位职责后,根据特讯商务运营有限公司和其他公司对茶叶直播销售员的任职要求,总结并归纳了茶叶直播销售员的任职要求。

(1)语言文字组织表达能力。

(2)形象管理能力。

(3)控场能力。

(4)应变能力。

(5)抗压能力。

工作任务清单——茶叶直播销售岗位规划

任务情景描述

岗位规划就是在自我认知的基础上,针对自己将要从事的岗位以及要达到的职业目标所制订的方案或计划。做好岗位规划,不仅能真实、全面地了解自己,明确学习和发展方向,还可以有针对性地改进自身不足,从而提升自己应对竞争的能力。下面请同学们针对茶叶直播销售岗位进行规划。

建议学时

2 学时

任务流程

(一)自我分析

这一阶段,可以通过对以下问题的诚实回答来认识自己,然后得出对自身兴趣爱好、性格特征、职业价值观、职业能力等方面的分析。

(1)我的性格是什么,具有怎样的人格特质?

(2)我的兴趣是什么?

(3)我掌握了哪些知识和技能?其中有哪些是与众不同但符合茶叶直播销售岗位的?

(4)我具有怎样的职业价值观?

(5)使我开心、难过、生气、成熟、意志消沉、被激励的事分别是什么?

(6)我的优点和缺点是什么?

(二)职业分析

在这一阶段,可以进入 BOSS 直聘、智联招聘等招聘网站,搜索感兴趣的茶叶直播销售员岗位,查看招聘信息后从以下几个方面进行分析。

(1)岗位职责。

(2)任职要求。

(3)薪酬水平。

（三）确定目标

此步骤需要提出切实可行的个人目标，包括知识目标、能力目标、职业提升目标、薪资收入目标、工作环境目标等。

（四）制订计划

此步骤需要根据个人目标，衡量距离实现目标的差距，制订行动计划。行动计划要尽可能量化，以方便检查，可以在 Word 中形成一篇完整的茶叶直播销售岗位规划书（图 6-13），从而为后续实施提供指导。

时间：　年　月　日

姓名			性别		年龄	
自我分析	兴趣爱好					
	性格特征					
	职业能力					
	职业价值观					
职业分析	目标公司名称					
	目标岗位					
	薪资收入					
	岗位职责					
	任职要求					
岗位目标	知识目标					
	能力目标					
	薪资收入目标					
提升计划						

图 6-13　茶叶直播销售岗位规划书

实训评价

序号	评分内容	总分	老师打分	老师点评
1	是否能清晰认识自我	20		
2	能否根据目标岗位提出可行的目标	30		
3	能否根据个人目标制订行动计划	20		
4	是否呈现出了完整的岗位规划书	30		

总分：________

工作任务清单——简历制作

任务情景描述

求职简历是求职者求职时用于介绍自己的书面材料，也是用人单位对求职者留下初步印象的重要凭证。求职简历是求职者学习生活、工作经历的一个缩影，用于向用人单位进行自我展示、自我推销。求职简历在很大程度上决定了用人单位是否对求职者感兴趣，并给予求职者面试的机会。下面请同学们尝试制作茶叶直播销售岗位相关的求职简历。

建议学时

2 学时

任务流程

第一步：罗列求职者基本情况（表 6–1）。

表 6–1　求职者基本情况

姓名		性别		年龄	
民族		籍贯		政治面貌	
学历		毕业学校			
专业		手机号码			

第二步：表明求职意向。

在填写求职意向时，一定要直截了当地表明想要应聘的职位，如“求职意向：带货主播”，方便用人单位了解求职者的求职意向。

第三步：写明教育经历。

这部分内容主要是求职者从高中阶段至就业前所获得最高学历阶段之间的经历。教育经历对求职者的简历来说是排在第一位的重要信息，包括毕业学校、所学专业、学历等。

第四步：写明实践经历。

实践经历是求职简历需要重点突出的部分，是反映求职者岗位适应能力的重要参考内容之一。在填写实践经历时，必须具有针对性，不要将所有实践经历盲目填写，要找出与岗位招聘需求对应的经历或者具备胜任这份工作的能力。

第五步：写明专业技能。

专业技能同样是求职简历的重要部分，可以展现求职者的核心竞争力。求职者可以展示取得的资格等级证书，或某方面的过人之处。

第六步：写明获奖情况。

在简历中写明获奖情况能够增加用人单位对求职者的好感。获奖情况包括奖学金、三好学生、优秀学生干部、优秀团员、社会实践优秀个人、优秀社团负责人等。

第七步：添加自我评价。

自我评价一般是包括自己的突出优势、工作态度或座右铭等，表达应言简意赅，力求有总结升华的效果。

实训评价

序号	评分内容	总分	老师打分	老师点评
1	是否清楚罗列基本情况和求职意向	20		
2	是否写明教育经历和实践经历	30		
3	是否写明专业技能、获奖情况	30		
4	求职简历是否美观、简练	20		

总分：________

任务二　提升茶叶主播素养

一、打造茶叶主播人设

人设即人物设定，一般而言，茶叶直播领域被大众熟知的主播都有比较鲜明、独特的人设，主播越有辨识度，越容易脱颖而出。为了让主播快速被用户记住，吸引更多用户的关注，首先应定位茶叶直播人设，并设置能够凸显人设定位的账号。

（一）茶叶直播人设定位

人设是识别主播的符号，主播的人设定位要结合自身特点，并适当放大自身的闪光点，展现自己的真实特征，以吸引和感染用户。对于新手主播而言，可以尝试根据行业热门主播的定位方向，结合自身特点进行人设塑造和定位。

1. 了解茶叶直播人设定位方向

茶叶直播电商行业的茶叶直播人设主要有三种定位方向（表 6–2）。

表 6–2　直播人设定位方向与说明

方向	说明
专业达人	专业达人是基于自己的兴趣爱好、特长、专业领域等来打造的人设，如美妆教程达人、服饰穿搭达人等
泛娱乐达人	泛娱乐达人主要是通过展示才艺，如唱歌、跳舞或拍摄短视频等，建立独特的个人形象，进而打造出的一种人设
专家学者	专家学者一般是基于自己的职业形成的人设定位，一般需要机构或职称认证，并有专业技术支持，所以很难批量复刻，但这类人设可以在短时间内建立用户信赖，更容易促使用户下单

2. 明确茶叶直播人设定位

茶叶直播人设定位的关键在于能够真实、全面地剖析自己，新手主播可以从五个维度进行明确（表 6–3）。

表 6–3　直播人设定位的五个维度

维度	说明	示例
我是谁	确定身份和形象	我是一名美妆店员，销售经验丰富，热情诚恳，个人形象气质佳
面对谁	目标群体的地域、年龄、性格、偏好、收入状况、消费能力等	面对追求改善形象、喜欢时尚的年轻女性用户
提供什么	突出自己的核心竞争力	提供店内的彩妆产品，其商品价格不高，是店内的畅销款
解决什么问题	要能解决用户痛点需求（即尚未充分满足而又迫切需要满足的需求）	解决不知如何化妆、不知如何选购彩妆产品等需求
给用户带来什么好处	要能给用户带来利益或好处	提供价格折扣，还赠送小礼品

（二）设置凸显人设定位的账号

要设置凸显人设定位的账号，首先需要确定茶叶直播账号的设计方案，主要包括名称、头像、简介和背景图等方面，然后在茶叶直播电商平台中按照方案确定的内容进行设置。

1. 确定茶叶直播账号的设计方案

茶叶直播账号的设计方案包括名称、头像（图 6–14）、简介和背景图（图 6–15）等。

图 6–14　头像

图 6–15　背景图

2. 设置茶叶直播账号

在完成主播人设定位的方案设计后，接下来需要在抖音中以“助农茶叶直播达人”的人设定位来设置账号信息，具体操作如图 6–16 所示。

二、规划茶叶主播形象

用户进入茶叶直播间，第一眼看到的就是主播整体的形象面貌。主播不一定漂亮、帅气，但应当保证自信、大方，且穿着干净、整洁。为了使茶叶主播形象更加专业、有可信度，需要在服装、妆容以及表情、镜头管理等方面进行茶叶直播形象规划。

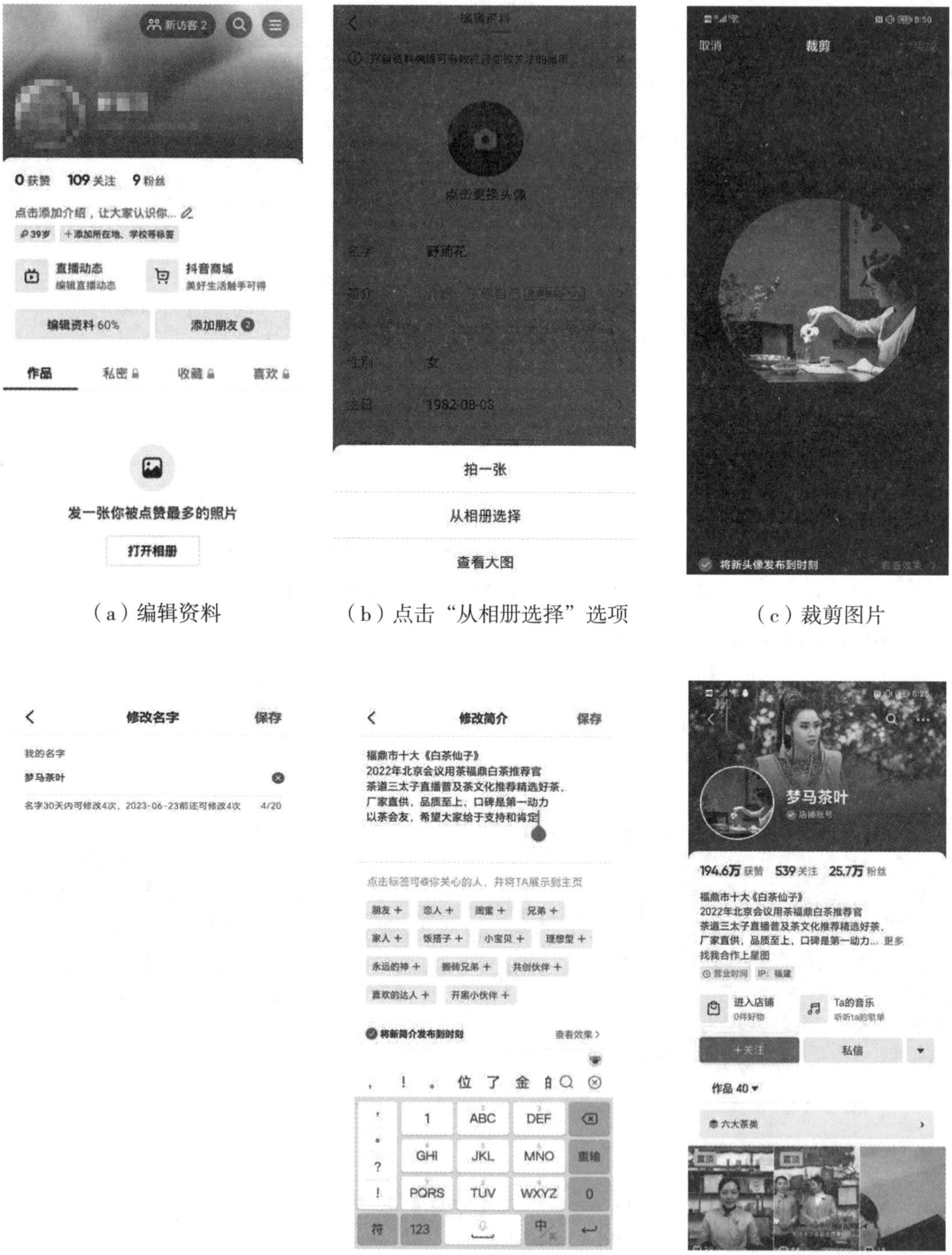

（a）编辑资料　（b）点击“从相册选择”选项　（c）裁剪图片

（d）修改名字　（e）修改简介　（f）设置后效果

图 6-16　设置直播账号

(一)主播服装与妆发打造

1. 选择合适的服装

服装选择的关键在于色彩搭配,运用好着装颜色搭配,不仅可以修正和掩饰身材的不足,还能强调和突出自身优势。如图 6–17 所示为不同的服装搭配方案。

(a)新中式汉服

(b)改良式旗袍

图 6–17 不同的服装搭配

2. 打造得体的妆发

(1)清洁面部,保持干净。

在直播前,主播最好用清洁霜、洗面奶等清洁面部的产品深层清洁,以去除污垢和肌肤表面的过剩油脂,让主播看起来更有精神和活力。在清洁面部后,主播还可以涂抹爽肤水、乳液或面霜等护肤品,做好面部肌肤的补水和保湿。

(2)适当化妆,修饰瑕疵。

主播需要了解各种化妆品和化妆工具的功能和使用方法,在直播前画一个与本场直播相匹配的妆容,包括上底妆、画眉、画眼影、画腮红、涂口红等步骤。

图 6–18 盘发

(3) 打理头发，提升气质(图 6–18)。

(二) 主播表情管理

就主播而言，亲切、自然的表情不仅能拉近与用户的距离，还能快速获得用户的好感。为了让主播在直播时看起来落落大方、神采奕奕，主播需在直播前了解并学习表情管理的方法，主要包括眼神管理和笑容管理两个方面。

1. 眼神管理

眼神管理训练方法包括定点训练、远近训练、转眼训练三种，具体见表 6–4。

表 6–4 主播眼神管理训练方法

方法	说明
定点训练	在白纸上点一个黑点，将白纸放在前方，一直盯着它，直到眼睛发酸为止
远近训练	手拿一支笔，眼睛以笔为目标，然后将笔由近到远、再由远到近，此过程眼睛要随着笔移动。该动作可重复 10 次
转眼训练	眼睛先直视正前方，然后顺时针缓慢转动眼球，再逆时针缓慢转动眼球。该动作可重复 10 次

2. 笑容管理

主播可以采用以下两个动作练习自然且有感染力的笑容。

(1) 放松嘴唇，深呼吸 3 次，然后再大声说出 “ɑ～o～e”，重复 2～5 组。

(2) 拿一根筷子和一面镜子(或一部手机)，面对镜子(或用手机自拍)，用牙齿轻咬筷子，嘴角微微上扬，略高于筷子。取下筷子，嘴角上扬保持 10 秒，重复 2～5 组。

(三) 主播镜头管理

新手主播在茶叶直播时面对镜头可能会感觉紧张、尴尬，不知道眼睛该看向哪里，因此除了开展表情管理训练外，主播还需要开展镜头管理训练，具体见表 6–5。

表 6–5 主播镜头管理训练方法

方法	说明
模仿法	即在直播电商平台中找到与自己风格和人设定位相似的主播，反复观看其直播，模仿其直播风格
背诵法	即提前将直播中要说的话制作成文档，再反复阅读并熟记于心
对镜练习法	即面对一面比较大的镜子，对着镜子说话，观察自己说话时的状态，如是否微笑、是否有过多小动作等
手机录频法	即提前按照直播脚本录制视频并反复观看，不仅可以更好地了解自己的直播状态(观察自己的表情、肢体动作、语速等)，还可以修改、优化相关销售话术

三、专业能力训练

作为一名主播，要想拥有较好的茶叶直播表现力，需要进行口才训练、沟通训练、应变能力训练。

好的口才不仅可以为茶叶直播增添色彩，还可以有效提升主播的个人魅力。口才训练是主播专业能力训练中比较重要的部分，需要长期坚持发音、音量、语速、气息和口头表达能力等方面的训练。

（一）口才训练

1. 发音训练

主播在训练发音之前，首先应明确自己在发音方面存在哪些问题。发音方面的问题一般体现在咬字和吐字上。清楚自己的发音问题后，主播就可以从发准字音、提升听觉能力、方言辩证等方面入手开展发音训练。

2. 音量训练

要想让用户沉浸在直播中，主播就要控制音量，开展音量训练（包括过高音量控制、过低音量控制、话音颤抖控制）。

3. 语速训练

主播要尽量做到吐字清晰、发音清楚、语速适中。一般而言，主播可通过语速测试、朗读训练的方法来练习控制语速。

4. 气息训练

气息训练方法有胸腹联合式呼吸法、压腹数数法、软口盖练习法、跑步背诗法，具体见表6–6。

表 6–6　气息训练方法

方法	说明	操作
胸腹联合式呼吸法	深呼吸方法，把空气吸入肺叶底部，即横膈膜处（一般为系腰带的地方）	一般是鼻子吸气，把空气吸入横膈膜，使肋骨向外自然张开，这时腹部有发胀的感觉，随着小腹收缩，气息也从小腹深处涌上来，推动声带发音
压腹数数法	一种气息输出强制训练，可以达到增强腹肌和横膈膜的控气力度的目的	平躺在床上，在腹部压上一摞书或其他重量适中的重物，吸足一口气，开始从1往后数数，一直数到气息用尽。练习时，开始阶段压的书或重物可少些，后逐渐增加
软口盖练习法	也就是闭口打呵欠法	打呵欠时故意不张开嘴巴，而强制用鼻子吸气和呼气
跑步背诗法	跑步出现轻微气喘时，背一首短小的古诗	开始训练时可两人配合，并肩小跑，一句接一句地背下去。背诵时，要尽量控制不出现喘息声。一首诗背完后，要调节呼吸，然后再继续

5. 口头表达能力训练

就茶叶直播销售而言，主播的口头表达能力训练更多的是一种对口齿灵活度、语言组织能力和即兴表达能力的训练。

⑴口齿灵活度训练。

使用速读法时，主播可以先寻找一篇演讲稿、诗词或散文等，再借助词典把不认识或不熟悉的字或词注音，然后开始朗读。在第一次朗读时，速度不要太快，只求准确、语音标准，之后再逐渐加快速度。

⑵语言组织能力训练。

语言组织能力是人们有效沟通的基础。无论是在日常生活中，还是在工作和学习中，都需要清晰、准确地表达自己的思想。提高语言组织能力训练有五个步骤，具体见图6-19。

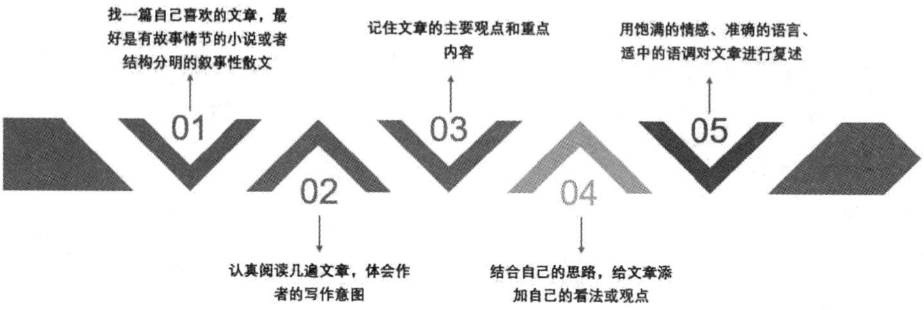

图6-19 语言组织能力训练的步骤

⑶即兴表达能力训练。

每个人都希望能达到即兴表达的状态，在很多临场形式中都可以侃侃而谈，作为主播想要达到即兴表达，主要有三个训练步骤，具体见图6-20。

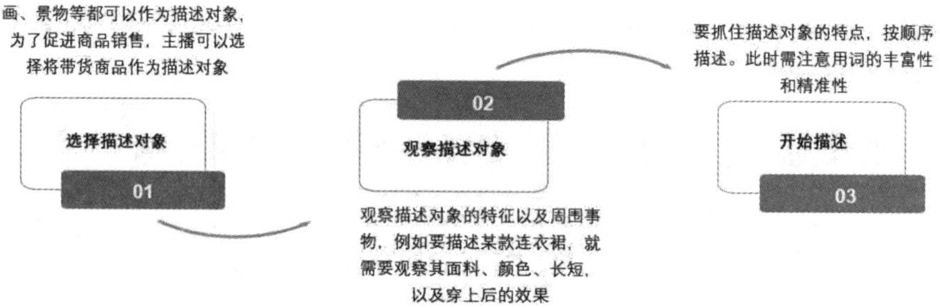

图6-20 即兴表达能力训练的步骤

（二）沟通训练

要想与用户有效沟通，就需要开展一些沟通训练，掌握让用户参与沟通的方法和技巧，如提问、引入话题和搞笑幽默等。

1. 提问

提问包括开放式提问和封闭式提问两种方式。①开放式提问是指提出比较广泛、范围较大的问题，对回答的内容不设限制，给对方以充分自由发挥的余地。其优点有便于建立话题，拉近距离，增强信任；引导对方说话，获取更多信息等。②封闭式提问是指提问者提出的问题带有预设的答案，回答者的回答不需要展开，从而使提问者可以明确某些问题。其优点有缩短沟通时间，明确问题内容，获取重点，缩小讨论范围等。

2. 引入话题

引入话题包括激发式引入和提问式引入等方式。

3. 搞笑幽默

搞笑幽默的主播总是能吸引用户的关注，带动直播间的气氛。在茶叶直播的过程中适时抛出一些好笑的故事或言论，可以很好地让用户参与沟通。在茶叶直播时主播可以应用自嘲、搞笑故事等幽默技巧带动直播间的气氛，具体方法见表 6–7。

表 6–7　提升幽默技巧的方法

方法	说明	示例
从用户问题入手	根据用户提出的问题展开讨论和交流	某主播在推荐一款帽子时，某位用户询问：“这款帽子适合什么脸型？” 主播可以此为话题，引导直播间内的其他用户展开讨论，最后给出自己的建议
从自身经历入手	结合自身身边的人或事物展开讨论和交流	某主播在介绍某款猫粮时，分享宠物猫咪的一些趣事，从而引发喜欢猫咪或养宠物的用户的共鸣，促使他们积极分享自己的经历
从当下热点入手	结合热搜榜单中的热门话题展开讨论和交流	某主播在介绍某款零食时借某热播剧中出现的美食来引发用户讨论

（三）应变能力训练

茶叶直播即时性非常强，因此在茶叶直播过程中，主播会遇到各种各样的突发情况，这就非常考验主播的应变能力。为了提高主播的应变能力，接下来介绍直播中常见的突发情况和处理方法，具体见表 6–8。

表 6–8　直播中常见的突发情况和处理方法

突发情况		处理方法
技术故障	直播时无声音、无画面	及时检查声卡或摄像头等是否存在问题
	直播闪退、黑屏	退出直播程序后重新登录，或及时更换直播设备
	直播卡顿、掉线	检查网络信号是否稳定或设备是否有问题
	商品链接失效或错误	安抚用户情绪，告知用户先停止购买，若无法妥善解决，则直接下架该产品，并完成后续内容的直播
商品问题	商品本身的质量或性能在直播展示时出现问题	及时向用户道歉，如果是已经售出的商品出现了严重的质量问题，要及时联系用户进行处理（如退换货）
	商品的价格出现问题	以真诚的态度向用户表示歉意，与商家协商，并提出更好的解决办法，若无法与商家达成共识，则要迅速停止合作
用户负面评论		控制情绪，对无关紧要的言论可以选择漠视或无视；如果是用户对商品或直播本身问题的负面评论，可以让客服主动联系该用户解决问题
用户无理要求		控制情绪，对无关紧要的要求可以委婉拒绝或无视；若发现某一用户多次发送不当言论，可以采取相应的措施（如禁言或投诉至平台等）

无论是面对哪种类型的突发情况，主播都可以按照图 6–21 的策略进行处理。

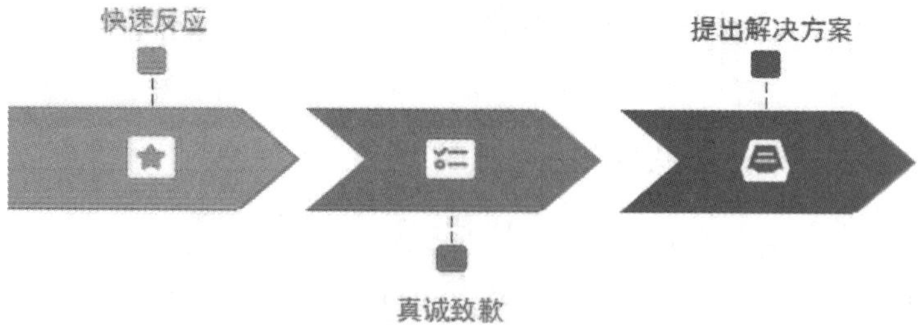

图 6-21 主播面对突发情况的处理策略

工作任务清单——打造直播主播账号

任务情景描述

王悦是一名来自四川成都的应届毕业生，热爱运动，掌握了部分健身运动方面的知识。为了带动更多的人加入健身队伍，毕业后她准备朝健身主播的方向发展。请同学们为其打造一个能凸显其健身主播人设的账号，并通过快手 App 进行设置。

表 6-9 基本信息

项目	内容	项目	内容
姓名	王悦	性别	女
年龄	20	所在省市	四川省成都市
兴趣爱好	唱歌、健身、看书、喝茶	特长	乒乓球、游泳、瑜伽

建议学时

2 学时

任务流程

（一）确定直播账号的设计方案

账号设计方案如表 6-10 所示。

账号设计方案示例如表 6-11 所示。

（二）设置快手直播账号

第一步：下载并登录快手 App，点击界面右下角的“我”选项，打开“我”界面，点击**完善资料**按钮。

第二步：打开“编辑个人资料”界面，点击“更换头像”按钮，在下方弹出的面板中点击“从相册选取”选项。

第三步：在打开的界面中选择作为头像的图片。

第四步：进入“头像预览”界面，设置头像的显示效果后，点击**完成**按钮。

表 6-10　账号设计方案

项目	方案
名称	
简介	
头像	
背景图	

表 6-11　账号设计方案示例

项目	设计思路	方案
名称	与健身主播人设定位相匹配，并加入自己的真实名字，以加深用户对账号和主播的印象	悦悦爱健身
头像	以健身时拍摄的照片作为头像，吸引对健身感兴趣的用户	
简介	通过简单的语言告诉用户该账号所定位的领域，展示账号的特色——专业的健身知识和性价比高的健身用品推荐	全方位分享健身知识和健身好物。健身让生活更美好！
背景图	以健身器材照片作为背景图，进一步加深用户对账号和主播的印象	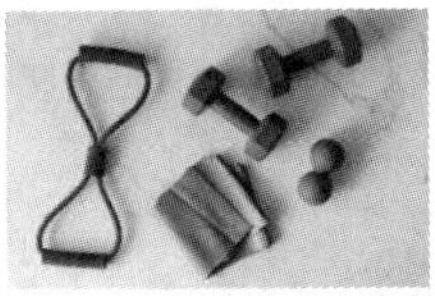

第五步：返回“编辑个人资料”界面，点击“昵称”选项，进入“设置昵称”界面，输入账号名称“悦悦爱健身”，点击完成按钮。

第六步：返回“编辑个人资料”界面，点击“个人介绍”选项，进入“设置个人介绍”界面，输入设计好的简介内容，点击完成按钮。

第七步：返回“我”界面，点击设置封面按钮，在下方弹出的面板中点击“从相册选取”选项，在打开的界面中选择作为背景图的图片。

第八步：进入“照片预览界面”，确认无误后点击右上角的✓按钮。

第九步：账号设置完成。

实训评价

序号	评分内容	总分	老师打分	老师点评
1	是否准确地完成账号设计方案	30		
2	打造的账号是否能凸显人设定位	30		
3	是否完成设置账号的操作	40		

总分：________

任务三　做好茶叶直播准备

一、搭建茶叶直播场景

茶叶直播营销要求茶叶直播场景要专业化,同时控制成本。为了与农产品茶叶直播相契合,茶叶营销可以搭建一个田园风格的茶叶直播间。

(一)茶叶直播的配置

1. 手机

手机是茶叶直播的主要设备,适用于室内茶叶直播和室外茶叶直播。对用于直播的手机而言,比较重要的是前置摄像头的像素和系统的性能这两个重要指标。一般来说,茶叶直播用的手机,其运行内存应不低于 4 GB,摄像头像素不低于 1200 万。

2. 支架

支架主要用于固定手机、摄像头、话筒等设备,以保证茶叶直播画面的稳定性。用于茶叶直播的支架主要有自拍杆式和三脚架式两种(图 6–22)。考虑到茶叶直播的支架可能要连接补光灯等设备,因此可选择三脚架式支架。

(a) 自拍杆式支架　　(b) 三脚架式支架

图 6–22　直播支架

3. 话筒

话筒主要用于茶叶直播收音,使主播的声音更有层次,音效更好。话筒主要有两种,一种是动圈式话筒,另一种是电容式话筒(图 6–23)。其中,电容式话筒收音能力较强,能够采集更多的声音细节。目前,大部分主播使用的都是电容式话筒。

4. 独立声卡

独立声卡（图 6–24）是用于收音和增强声音的设备，可以解决大多数手机在茶叶直播过程中无法同时开启茶叶直播软件和音乐播放软件的问题。使用独立声卡播放背景音乐、掌声或笑声等伴奏，可以达到更好的营销效果，也可以有效活跃茶叶直播间的气氛。

5. 补光灯

补光灯（图 6–25）主要为茶叶直播间打光，提供辅助光线，以得到较好的光影效果。补光灯的主要类型包括柔光灯与环形灯。

图 6–23　电容式话筒

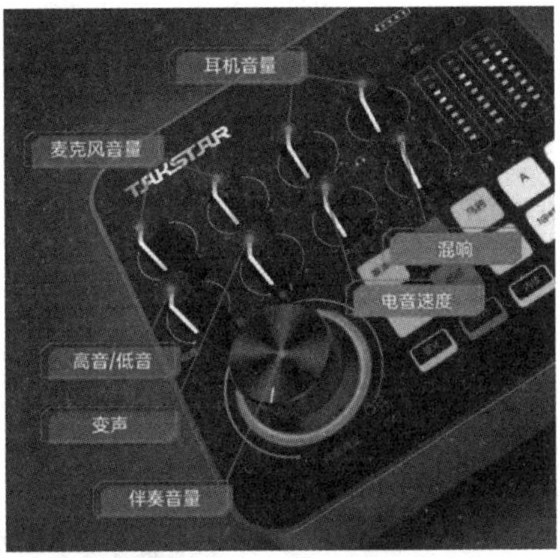

图 6–24　独立声卡

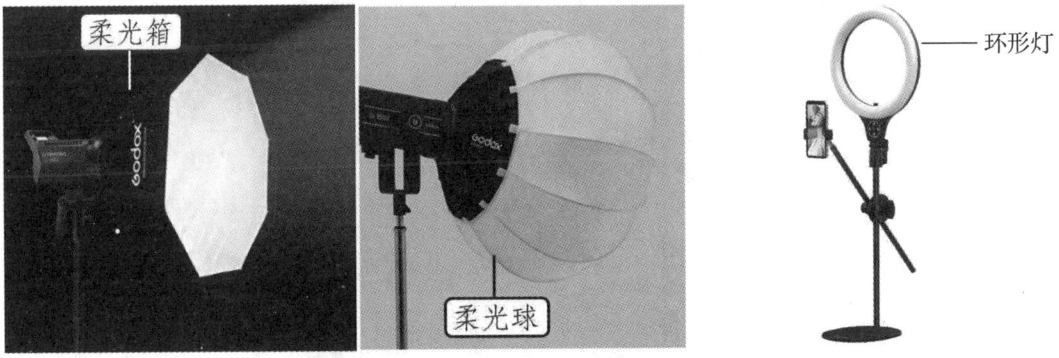

图 6–25　补光灯

（二）布置茶叶直播场地

1. 规划茶叶直播间布局

规划茶叶直播间布局（图 6–26）也就是将茶叶直播室划分为不同的功能区，一般包括茶叶直播区、商品摆放区、后台区及其他区域。规划原则是让主播和需要展示的商品出现在茶叶直播画面中，其他工作人员及不需要展示的商品不显示在画面中。

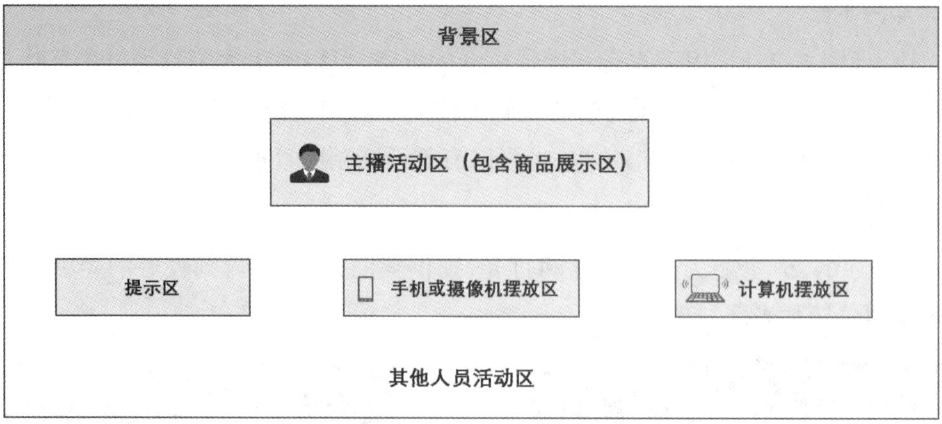

图 6–26 直播间布局平面图

2. 布置茶叶直播室背景

茶叶直播背景一般选择纯色和浅色的墙纸或幕布，这样会显得背景更简洁，视觉效果更宽阔。如果茶叶直播室的面积比较大，还可以布置一些装饰画、鲜花、展示柜等；如遇节假日直播时，可以适当地布置一些与节日相关的物品或道具；如果是品牌的专属茶叶直播间，还可以用品牌 Logo 布置背景，图 6–27 所示为某茶企的专属茶叶直播间。

图 6–27 某茶企专属茶叶直播间

3. 布置茶叶直播间灯光

茶叶直播间的补光灯分为主灯和辅助灯，主灯提供主光光源，一般选择冷光源的 LED 灯；辅助灯则提供补光光源，通常放置在主灯两侧（图 6–28）。

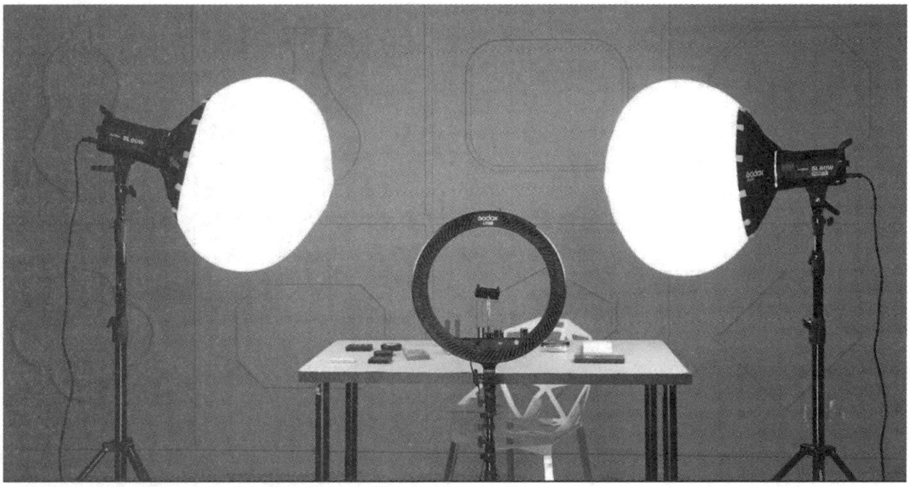

图 6–28　直播间补光灯的放置

（三）茶叶直播后台调试

使用抖音 App 进行茶叶直播，其后台的调试工作比较简单，只需要查看权限是否开通，并进行清晰度设置、美化设置等操作，具体步骤如下。

（1）实名认证。

打开抖音 App，点击“我”选项，然后点击右上角的按钮，在打开的侧边栏中点击“设置”选项。打开“设置”界面，点击“账号与安全”选项，打开“账号与安全”界面，点击“实名认证”选项。打开“实名认证”界面，输入真实姓名和身份证号，单击选中“已阅读并同意……”选项，点击同意协议并认证按钮。

（2）点击“商品橱窗”按钮。

点击“我”选项，然后点击右上角的按钮，在打开的侧边栏中点击“创作者服务中心”选项。进入创作者服务中心，点击“全部分类”按钮 。打开“功能列表”界面（图 6–29），点击“商品橱窗”按钮 。

（3）开通茶叶直播带货权限。

打开“商品橱窗”界面，点击“成为带货达人”选项。打开“成为带货达人”界面，查看申请要求。满足两项要求后点击立即申请按钮。系统审核通过后，即可成功开通茶叶直播带货权限。

（4）开茶叶直播。

在抖音 App 主界面点击“拍摄”按钮，然后在打开的界面下方点击“开茶叶直播”选项。

（5）设置清晰度。

进入茶叶直播预览界面，点击界面下方的“设置”按钮，打开设置面板，点击“选择清晰度”选项，在打开的面板中选择“蓝光 1080P”选项（图 6–30）。

（6）设置滤镜。

点击茶叶直播预览界面中的“美化”按钮，在打开的面板中点击“滤镜”选项卡，点击“焕肤”选项，然后拖动上方滚动条，将滤镜应用度的值设置为“50”（图 6–31）。

图 6-29　“功能列表”界面

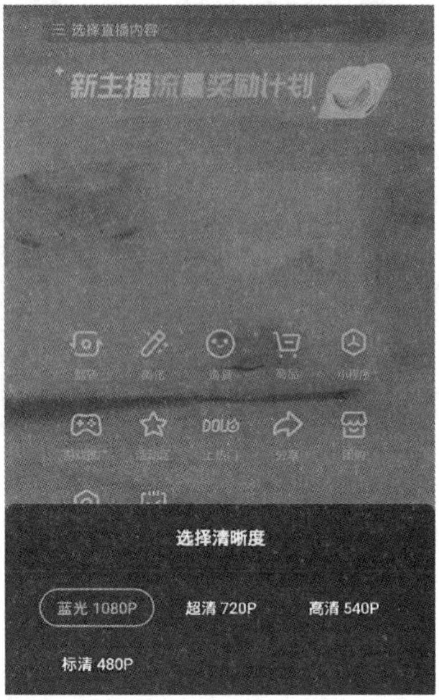

图 6-30　设置清晰度

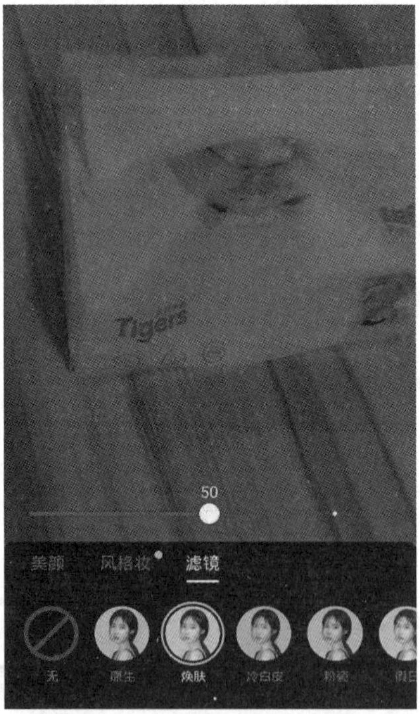

图 6-31　设置滤镜应用度

二、撰写茶叶直播脚本

为了有序管理茶叶直播间，做好茶叶直播内容和时间的控制，在搭建好茶叶直播场景后，需要先确定直播时长和撰写整场茶叶直播的脚本，明确茶叶直播的流程和内容，再为直播商品撰写直播脚本，突出商品特色，吸引用户购买。

整场茶叶直播脚本（图 6–32）是对整个茶叶直播流程和内容的细致说明，可以让茶叶直播团队各岗位人员根据工作职责实现默契配合。整场茶叶直播脚本中要详细填写茶叶直播时间、茶叶直播地点、茶叶直播主题、茶叶直播目标、商品数量等情况，以便主播把控茶叶直播节奏。

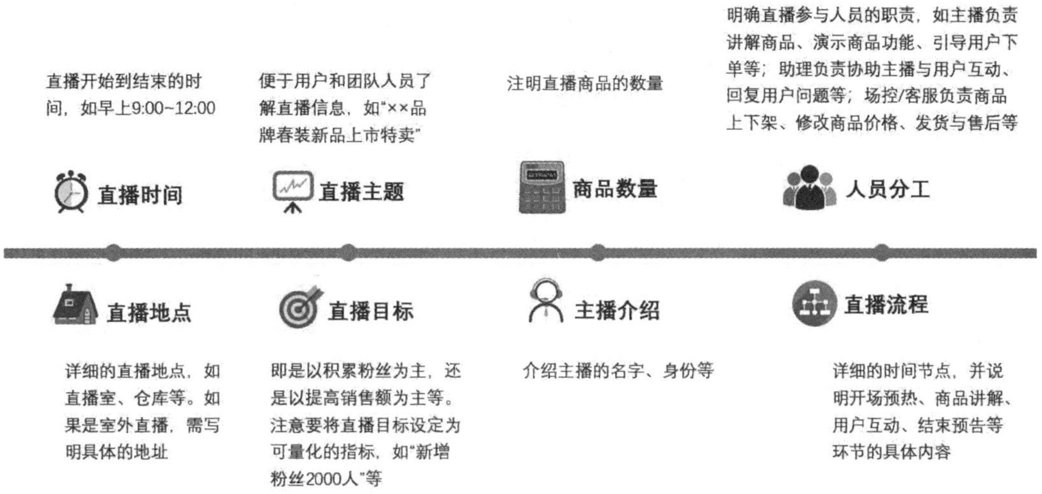

图 6–32　整场茶叶直播脚本

单品茶叶直播脚本是基于单个商品的脚本，一般以表格形式呈现。单品茶叶直播脚本（图 6–33）的要点主要包括商品或品牌介绍、商品核心卖点、利益点强调、引导转化等，各要点之间呈递进关系。

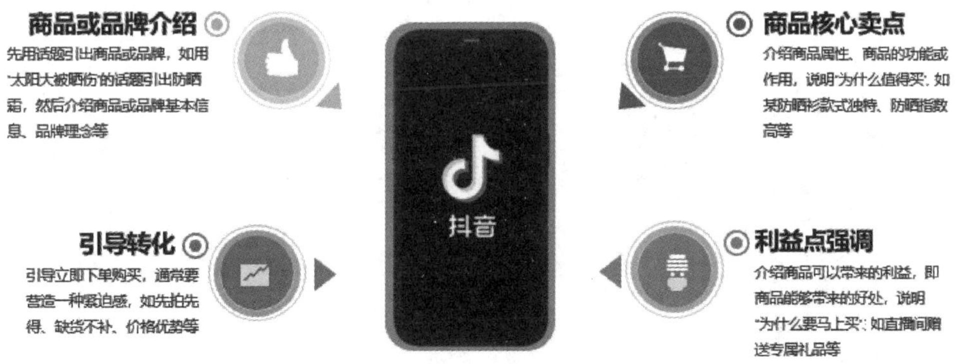

图 6–33　单品茶叶直播脚本

三、茶叶直播宣传与预热

撰写的脚本通过平台的审核后，便可开始茶叶直播的宣传工作，包括茶叶直播标题、封面、宣传文案设计，茶叶直播预告短视频拍摄、剪辑和发布等，从而使用户提前知晓茶叶直播出售的商品以及相关福利，让茶叶直播在开播前达到一定热度。

(一)设计茶叶直播标题与封面

1. 撰写茶叶直播标题

具有吸引力的茶叶直播标题不仅能吸引用户观看茶叶直播,还能获得平台推荐,五种标题能更好地提升茶叶直播间人气,如图 6–34 所示。

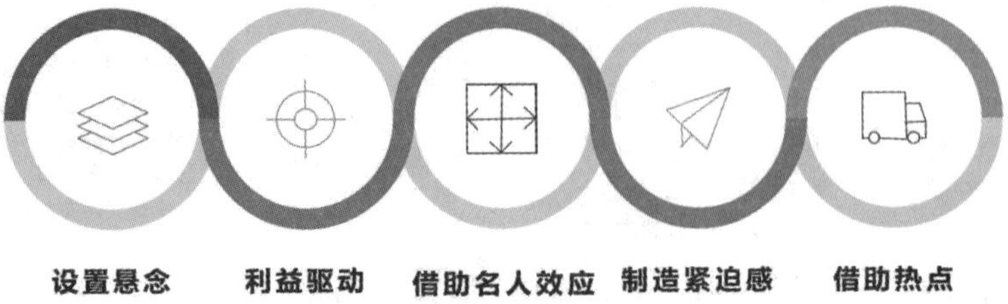

图 6–34 茶叶直播标题

2. 设计茶叶直播封面

当前主流的茶叶直播封面有两种设计方式,即围绕人物或商品进行设计。围绕人物设计的封面以主播、品牌代言人为主,围绕商品设计的封面以茶叶直播主推商品为主。

(1)下载修图软件。

下载并打开修图软件,以美图秀秀为例进行介绍。打开美图秀秀单击界面上方“美化图片”选项卡,在打开的界面中单击打开图片按钮。

(2)打开图片。

打开“打开图片”对话框,选择素材图片,单击打开(O)按钮(图 6–35)。

图 6–35 打开图片

(3)调整图片色彩。

打开素材图片,在“美化图片”选项卡中的“增强”栏中选择“色彩”选项。打开“色彩”对话框,将“饱和度”“色温”“色调”参数分别设置为“12”“2”“10”(图 6–36)。

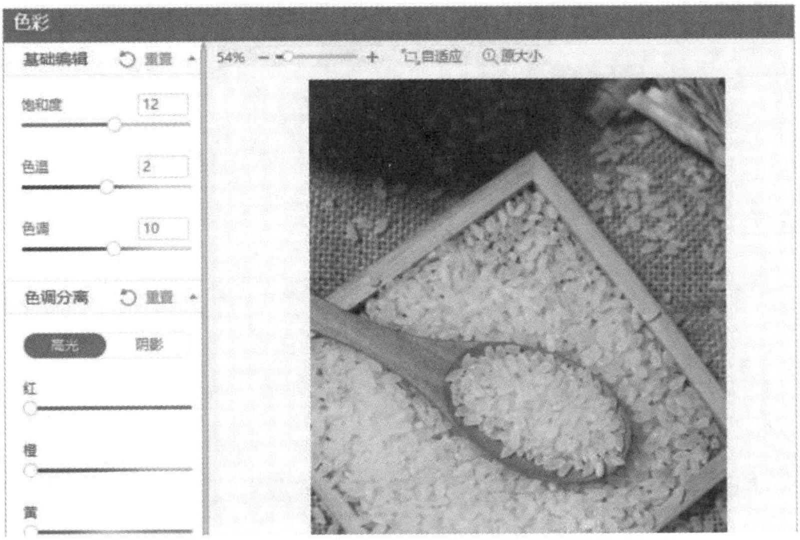

图 6–36　调整图片色彩

(4) 增强图片色彩效果。

单击底部的对比按钮，对比美化图片前后的效果，确认后，单击应用当前效果按钮，增强图片色彩效果。

(5) 选择标注选项。

返回“美化图片”选项卡，单击上方的“文字”选项卡，在打开的界面左侧选择“会话气泡”选项，在打开的界面右侧“会话气泡”面板中选择“标注”选项(图 6–37)。

图 6–37　选择标注选项

(6) 输入文字。

打开“编辑”对话框，在文本框中输入“特食味来啦！”文字，单击确定按钮(图 6–38)。

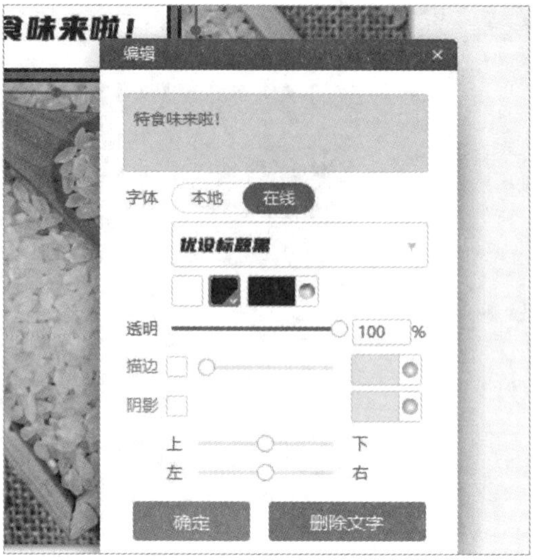

图 6–38 输入文字

(7) 放大会话气泡。

移动该会话气泡到图片的合适位置，然后将鼠标指针移动到该会话气泡右上角位置，当鼠标指针变为形状时，向外侧拖动放大该会话气泡(图 6–39)。

图 6–39 放大会话气泡

(8) 保存路径。

单击界面右上角的 保存 按钮，打开“保存”对话框，在“保存路径”栏中单击选中“自定义”选项，单击 更改 按钮。打开“浏览计算机”对话框，设置文件保存位置后，单击 确定 按钮。

(9) 保存美化后的图片。

返回“保存”对话框，设置文件名与格式后，单击 保存 按钮，保存美化后的图片。

（二）撰写茶叶直播宣传文案

茶叶直播宣传文案是引导用户进入茶叶直播间、让用户了解茶叶直播详情的重要途径。通常情况下，茶叶直播宣传文案（表 6–12）多在微信、微博等平台上发布。

表 6–12　直播宣传文案的要点及说明

要点	说明
展示直播主题	属于关键内容，包括直播时间、平台和主要内容等，要详细罗列
抛出直播亮点	直截了当地告知用户观看本场直播可获得的价值或利益，如直播中的商品卖点、促销活动、折扣活动、抽奖活动，以及在直播间可购买到的低价商品等
设置些许悬念	不用将所有亮点和福利都进行预告，可以适当保留一些亮点和福利，给用户留下悬念，激发用户的好奇心，吸引用户观看
制造紧迫之感	要让用户产生不容错过的感觉，让其准点进入直播间观看直播，如可以采取同标题写作相似的方法

（三）拍摄并剪辑茶叶直播预告短视频

1. 拍摄茶叶直播预告短视频

茶叶直播预告短视频主要有两种展现形式，一种是常规的短视频内容 + 茶叶直播预告信息，另一种是纯茶叶直播预告式的短视频。前者一般是在短视频的前半段输出与账号风格相同的垂直内容，吸引固定粉丝观看，然后在后半段对茶叶直播时间进行预告；后者是以茶叶直播预告为主要内容的短视频，一般采用主播真人出镜的方式，告知用户具体的开播时间和茶叶直播主题，还可以对茶叶直播中的福利活动进行预告，吸引用户观看直播。

2. 剪辑茶叶直播预告短视频

一般来说，茶叶直播预告短视频的时间不宜过长，最好保持在 30 秒以内。另外，还要以字幕的形式将具体的茶叶直播时间、茶叶直播主题和本场茶叶直播的亮点展示在短视频显眼位置，具体剪辑短视频的操作步骤如图 6–40 所示。

第一步　下载并打开剪映App，点击首页的“开始创作”按钮[+]开始剪辑短视频。

第二步　在打开的界面即显示了拍摄的视频素材，选择品牌方提供的视频素材，再点击界面左下角的“高清”单选项，然后点击添加按钮。

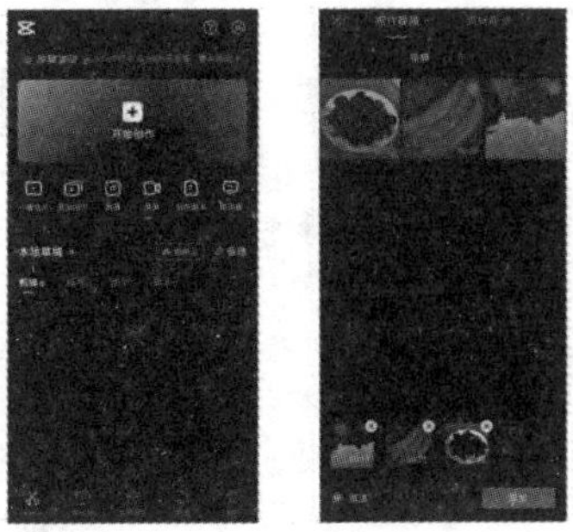

图 6–40　剪辑短视频的操作步骤

第三步 进入剪辑界面，选择第1段视频素材，点击按钮播放，在播放至6秒时点击按钮暂停，暂停后该按钮变回按钮。

第四步 点击界面底部的“剪辑”按钮，进入剪辑状态，然后点击“分割”按钮。

第五步 视频素材从6秒处分割为两个片段，选择6秒后的片段，然后点击“删除”按钮。

第六步 视频素材的后半部分被删除，再按照相同的方法删除第2段视频素材9秒后的片段和第3段视频素材14秒后的部分。此时，短视频时间总长为27秒。

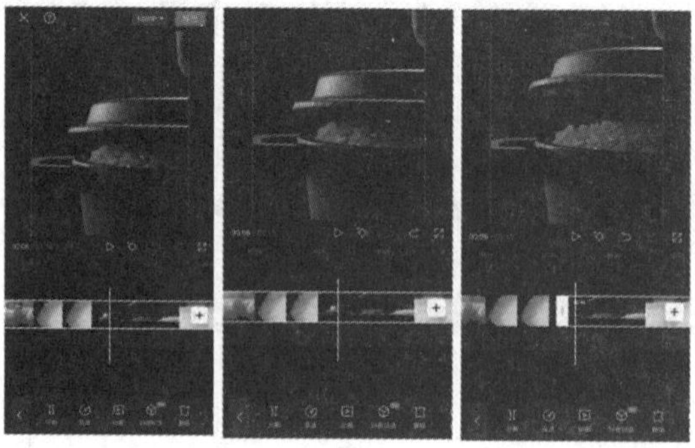

第七步 长按第3段视频素材，向左拖动该段视频素材至第1段视频素材的右边，将其作为短视频的中间部分。

第八步 拖动视频滑轨返回短视频开头，点击界面下方的“文字”按钮，进入文字编辑状态。点击“新建文本”按钮。

第九步 在打开的界面中输入文本“注意啦！注意啦！”，再点击的样式为文字设置样式，然后移动文字到短视频下方位置，点击按钮。

第十步 短视频下方即出现文本的进度条，长按进度条右侧的按钮，向左拖动至第2秒处，此时文字只在短视频的第1秒和第2秒处出现。

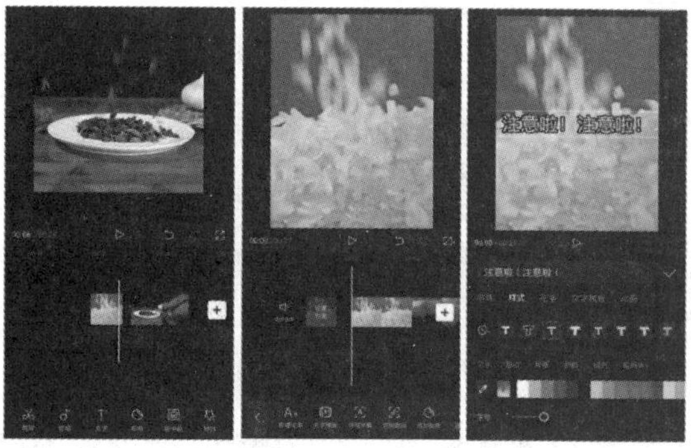

第十一步 点击按钮播放短视频，播放至第3秒时暂停，然后按照相同的方法为短视频的第3～第6秒添加“特食味直播预告来啦！”文本，为第7～第29秒添加“8月30日晚7点，特食味品牌农产品大促销，我们在直播间等着你！”文本。

第十二步 点击第1段视频素材和第2段视频素材连接处的按钮。

第十三步 打开转场设置界面，点击“基础”栏下的“闪黑”选项，然后点击按钮，为两段视频素材之间添加“闪黑”的转场效果。

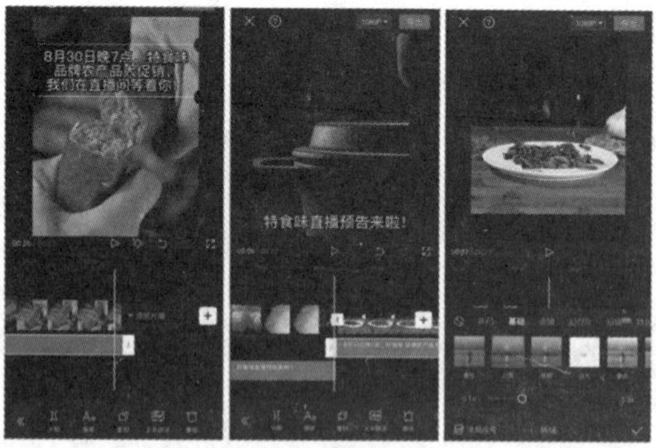

续图 6-40

第十四步　点击第2段视频素材和第3段视频素材连接处的 按钮，在打开的界面中点击“基础转场”栏下的“滑动”选项，然后点击 按钮，为两段视频素材之间添加“滑动”的转场效果。

第十五步　点击界面左侧的“关闭原声”按钮 关闭短视频原有的声音，然后点击添加的第1个文本进度条，再点击界面下方的“文本朗读”按钮 ，然后在打开的界面中选择“女声音色”下方的“知性女声”选项，再点击 按钮。

第十六步　按照相同的方法为短视频所有文本添加“知性女声”的文本朗读声音。

第十七步　返回剪辑主界面，向左滑动界面底部的功能选项，点击“滤镜”按钮 ，在打开的界面中选择“绿妍”选项，然后点击 按钮。

第十八步　返回剪辑主界面，短视频下方即出现滤镜的进度条，长按进度条右侧的 按钮，向右拖动至短视频结尾处为短视频添加滤镜。

第十九步　点击界面下方的“音频”按钮 ，继续在界面底部点击“音乐”按钮 ，然后在打开的界面中选择合适的音乐作为短视频的背景音乐，选好后点击对应的 使用 按钮。

第二十步　音乐添加成功，返回剪辑界面，短视频下方即出现背景音乐的进度条，选择该进度条，在界面底部点击“音量”选项，然后在打开的界面中向左拖动音量滑轨，降低音量至30，再点击 按钮。

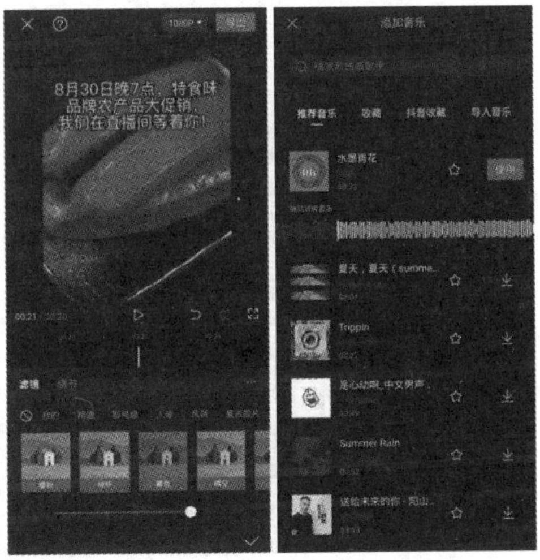

第二十一步　点击界面右侧的 按钮新增视频素材，在打开的界面中点击“素材库”选项卡，再点击“片尾”下的第7个选项，点击界面左下角的“高清”单选项，点击 添加 按钮。

第二十二步　添加片尾后，视频时长变更为28秒，点击音频进度条右侧的 按钮并向右滑动，滑动至28秒的位置处，点击“分割”按钮 ，然后选择音频的后半段，点击“删除”按钮 删除多余的音频。

第二十三步　向右拖动视频滑轨至开头处，点击左侧的“设置封面”选项，在打开的界面中为短视频设置封面，此处选择“视频帧”选项，然后向左拖动视频滑轨，设置该视频画面为封面，然后点击 保存 按钮即可。

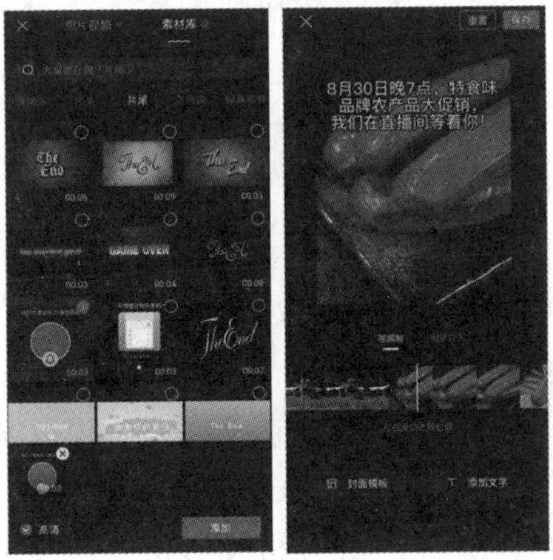

续图 6-40

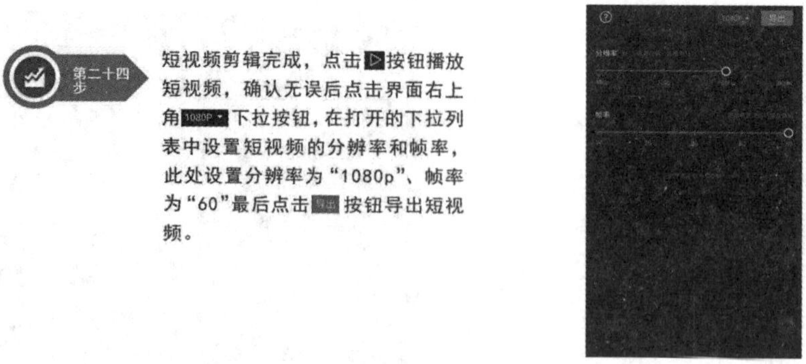

续图 6–40

（四）发布茶叶直播预告

1. 在抖音中发布茶叶直播预告

在抖音中发布茶叶直播预告操作步骤如图 6–41 所示。

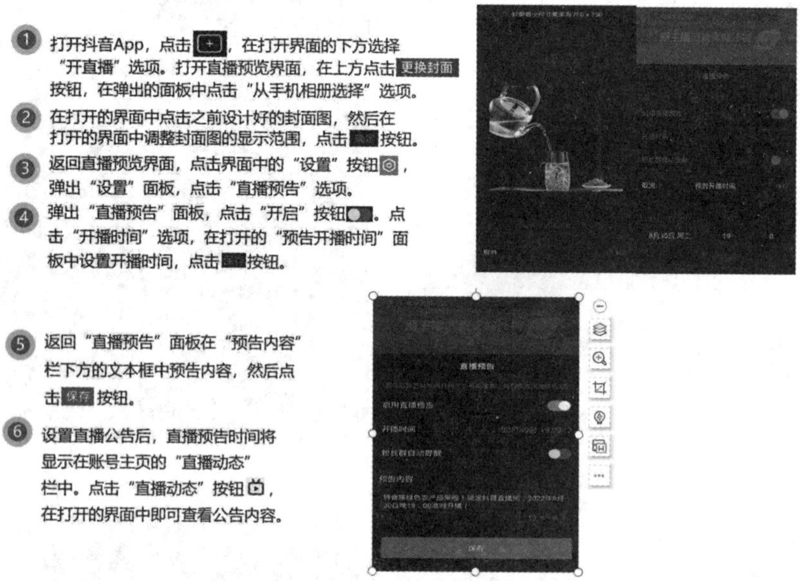

图 6–41　发布直播预告的操作步骤

2. 在抖音中发布茶叶直播预告短视频

将已制作好的茶叶直播预告短视频发布到抖音，操作步骤如下。

（1）打开抖音 App，点击按钮。在打开的界面中点击“相册”选项，在新打开的界面中选择之前剪辑好的短视频。

（2）上传短视频后，在打开的界面中点击下一步按钮。

（3）打开发布界面，在标题文本框中输入撰写好的短视频标题“特食味绿色农产品，茶叶直播间有你想象不到的福利！”，在下方点击#添加话题按钮，在打开的列表中选择话题“# 抖音美食推荐官”。

（4）在话题栏下方的“你在哪里”栏添加商家线下实体门店的地点定位为其引流，完成后

点击 发布 按钮。

3. 在微信朋友圈中发布茶叶直播预告

微信是人们日常使用的即时通信工具，拥有大量的活跃用户，在信息传播方面具有得天独厚的优势。茶叶直播宣传文案和茶叶直播预告短视频，发布到微信账号的朋友圈中，具体操作如下。

（1）打开微信 App，点击“发现”选项，在打开的界面中点击“朋友圈”选项。

（2）在打开的界面中点击右上角的 按钮，在弹出的面板中点击“从相册选择”选项。

（3）在打开的界面中点击制作好的茶叶直播预告短视频，点击右上角的 完成 按钮，进入编辑界面，此处不做任何修改，点击 完成 按钮。

（4）短视频上传成功后，在打开界面上方的文本框中输入茶叶直播宣传文案，点击 发表 按钮。

复习思考题

1. 简述直播宣传海报设计的步骤。
2. 直播营销的要素包括哪些？
3. 直播营销的活动策划主要包括哪几个阶段？

工作任务清单——设计单品茶叶直播脚本

任务情景描述

汉服是我国的传统服饰，华夏文明几千年的发展形成了独特且完整的服饰系统。近年来，随着“汉服热”的兴起，我国汉服的爱好者数量和市场规模快速增长，不少汉服品牌也随之崛起。“汉裳”是一个新兴的汉服品牌，其上新了一款齐腰一片式褶裙。请同学们依据上述汉服的简介设计单品茶叶直播脚本。

建议学时

2 学时

任务流程

请同学们根据单品汉服直播脚本的简介与示例，设计单品茶叶直播脚本并填写表 6-13。

表 6-13　单品茶叶直播脚本

要点	脚本具体内容
商品或品牌介绍	
商品卖点	
利益点强调	
引导转化	

实训评价

序号	评分内容	总分	老师打分	老师点评
1	是否掌握了单品直播脚本的写作要点	50		
2	能否撰写出完整的单品直播脚本	50		

总分：________

工作任务清单——设计茶叶直播宣传海报

任务情景描述

茶，不仅是中华民族之国粹，也是古代“丝绸之路”上的重要商品。发展至今，茶和茶文化也继续扮演着连接“一带一路”沿线国家和地区交流合作的桥梁和纽带。“采春轩”是云南某地的茶叶品牌，该品牌于 2022 年 5 月 1 日在其抖音官方茶叶直播间开展专场茶叶直播，进入茶叶直播间的用户关注主播即可领取一张 10 元的优惠券，分享茶叶直播间可参与抽奖，中奖者可免费领取陶瓷小茶杯一个。请同学们根据提供的素材图片为其设计一张茶叶直播宣传海报。

建议学时

2 学时

任务流程

进入创客贴，针对茶叶产品选择一个清新淡雅风格的模板，制作茶叶直播宣传海报，具体操作如下。

第一步：进入创客贴官方网站（图 6-42），登录后选择左侧导航栏中的“模板中心”选项，在上方的输入框中输入“茶叶直播预告”，按【Enter】键搜索，选择“场景”栏中的“手机海报”选项，再选择“价格”栏中的“免费”选项，然后在下方的模板中选择模板。

图 6-42 创客贴官方网站

第二步：进入制作页面，其中将显示所选择的模板样式，选择模板海报中的卡通人物，单击界面上方的 **换图** 按钮，在打开的对话框中选择要更换的图片，此处选择“采茶 .png”图片，然后单击打开(O)按钮。

第三步：此时将图片上传到海报中，完成图片替换，调整图片到合适位置（图 6–43）。

图 6–43　上传并调整图片

第四步：选择海报左侧上方的一支稻穗，按【Delete】键删除，再按照同样的方法删除海报左上角的图片。选择剩下的一支稻穗，按照步骤三的方法替换为“茶叶 .png”图片，然后放大并调整位置到海报左上角（图 6–44）。

第五步：将页面上方的文字修改为“茶叶上新 邀您共品”，将页面左侧的两段文字分别修改为“采春轩专场直播要开始啦！”“关注主播可领取 10 元优惠券，分享直播间就有机会免费领取陶瓷小茶杯！”，将“茶叶直播时间”文本框下方的文字修改为“2022 年 5 月 1 日 19:00”（图 6–45）。

第六步：将文本框按位置排列，然后删除海报底部的地址、网址、小程序码、联系方式和白色底纹。

第七步：海报制作完毕，单击界面右侧的下载下拉按钮，打开“下载作品”对话框，在其中选择文件类型、尺寸、使用类型，此处保持默认，然后单击下载按钮，将图片下载到计算机中。

图 6–44　替换并调整图片位置

图 6–45 海报的文字修改

实训评价

序号	评分内容	总分	老师打分	老师点评
1	是否能选择合适的海报模板	20		
2	是否能快速替换文字、图片	30		
3	是否能制作美观且有吸引力的海报	50		

总分：________

项目七 茶叶社群营销

学习目标

★知识目标

了解茶叶社群营销

熟悉茶叶社群营销的方法

掌握茶叶社群营销的关键要素

★技能目标

熟悉茶叶社群营销的推广策略

掌握茶叶社群营销文案撰写技巧和方法

★素质目标

遵守法律法规、平台规范

做网络生态治理的拥护者和践行者，引导社群正向发展

提高自身的专业能力和水平

案例导入

老店出新招

一个自产自销经营了20多年的茶叶店老板，面对激烈的市场竞争，他不断创新营销方法，与时俱进，旨在为店铺运营寻找更好出路。由于茶叶店开在写字楼周边，他首先在门口打出一块很显眼的招牌，写着“免费喝茶”几个大字，店里专门腾出一块区域，摆着几张茶台，供商务人士洽谈使用，茶水完全免费，并提供WiFi、书籍、卫生间等。因为他明白只有先利他才能利己！客户进店后，就能看到一个展架，上面醒目地写着加群享“会员福利”几个大字。

会员福利具体有以下几项。

(1)会员群客户在本店消费享受8.8折优惠。

(2)消费产生积分，积分可以兑换茶叶或生活用品。

(3)会员生日当天进店消费，享5倍积分，并赠送288元的茶叶1盒。

(4)会员群定期分享茶叶知识、茶文化以及其他相关知识。

(5)可不定期领取周边门店优惠券。

(6)每周一三五均推出一款特价茶叶，只有会员群客户方可购买。

(7)每晚红包雨，手气最佳者当天消费免单(要求：免单用户分享朋友圈)，其他赠送优惠券。

注意！消费金额满99元，即可参与抽奖1次，并赠送500元抵值卡，还可以进入会员群，享受会员福利。

抽奖奖品如下：

特等奖：当次消费金额免单；

一等奖：价值228元的茶具一套；

二等奖：价值128元的保温杯一个；

三等奖：现金抵用券一张；

幸运奖：价值10元的玻璃杯(带过滤网)一个。

同时，引导中奖客户分享朋友圈，并标记店铺位置。

这位老板也很注重会员群的日常管理维护，会在会员群定期做一些活动(例如，秒杀、红包雨、猜价等)，丰富的会员群活动，调动了群成员的积极性；挖掘群里活跃用户，向活跃用户发放一些福利，发展活跃用户为群班主任、小助手等，帮助管理群、推广群。也会定期邀约茶业相关人士进行茶文化、财经类等知识的分享，营造喝茶、聊天氛围以增加人气，有了人气就有了财气，时不时还有客户转介绍。该店通过会员群对私域流量进行加工，增加了客户黏性和忠诚度，让客户在想喝茶、买茶时第一时间就能想到这家店，也引导客户帮助转发推广，以此增加店铺销售额。

任务一　茶叶社群营销的方法

一、茶叶社群营销

社群营销又称为网络社群营销，是基于互联网等移动终端把具有共同兴趣和爱好的人聚集在一起，进行营销传播的过程，在营销过程中通过引起受众的关注，汇聚人群达到最终的营销目的。

茶叶社群营销是基于圈子、人脉、六度空间概念而产生的针对茶叶营销的新模式，它借助虚拟社群中的人际关系进行营销。通过社群(如微信群、QQ群)将茶叶爱好者聚集在一起，旨在把兴趣圈打造成消费家园。

茶叶网络社群营销是一个口碑传播的过程。通过一些元素打出口碑、汇聚人群、口碑再扩散……

建立和运营网络社群的条件包括人力和资金、内容和服务、时间和耐心、产品及营销模式等。其运营模式和流程，与一般的 SNS 营销（利用社交网络模式所发展的人脉进行营销）并无原则性差别，但对沟通和服务方面有更高的要求，而不是简单的通过社交网络实现“内容营销”。

二、如何有效开展社群营销

（一）设计社群主题

试想大家在一个社群内，彼此又不认识，如何取信？有必要加入这个社群吗？是什么吸引着人们在陌生的环境中留存？其实这就是商家需要考虑的问题。要建立社群，首先要让大家有同样需求，或者有同样爱好，这样才可以维系。为了同一个需求而彼此相熟，这样才可以为后续营销打下基础。为了让人们知道这个社群的主旨或目标就必须设计社群主题。

（二）体现社群的价值

对于商家打算做社群营销，在建立社群之后，要让大家知道这个社群的价值所在，这也是维系客户不退群的关键。商家可以在社群中分享一些有价值的文章，或者说是群成员都很关心的话题等，这样才会引起群成员的关注，增加群成员的活跃度。同时，群内的文章也会被群成员转发，此时商家在文章中发一些隐含的推广链接，即可完成裂变推广。

（三）正确引导消费

在社群营销方面，商家打造的社群可以吸收大量粉丝，但对于某些粉丝而言，虽然进群但仍旧避免不了有退群的可能，因此，商家必须要有所重视。况且吸引粉丝入群的目的是促进群成员消费，因此商家必须要做一些引导，让粉丝了解产品性能，并认同这一产品的价值，从而实现消费。

三、茶叶社群营销的方法

茶叶社群营销以社群为基石。社群的发展壮大并非一朝一夕之功，无论社群规模如何，社群营销需要讲究一定的方法，且存在共通性，运用恰当的方法才能发挥社群运营团队及社群自身的优势。

茶叶社群营销的方法包括灵魂人物营销、社群文化营销及价值营销。

（一）灵魂人物营销

社群成员扮演着不同的角色，包括内容创造者、评论者、收集者、围观者及不活跃者等，他们各自的诉求不同，彼此相互影响。在所有成员中，核心人物当属社群的灵魂人物。灵魂人物就是社群中占据主导地位的人，是整个社群的核心，一般是人格魅力、专业技能出众的人（如茶界泰斗张天福、吴觉农等）。灵魂人物可能兼任社群组织者、内容创造者、思考者等多重身份，对社群的定位、发展、成长等有长远影响。

以灵魂人物为主体进行的茶叶社群营销，就是通过灵魂人物在某一领域的影响力，吸引感兴趣的用户加入社群，使其他社群成员活跃起来，为社群创造更多价值。这种营销方式对灵魂人物的要求较高，需要其具有独特的人格魅力和影响力。

（二）社群文化营销

社群文化即社群特有的文化，通常表现为社群 Logo、规则、福利、口号、价值观、处事方式等。社群文化具有凝聚社群的作用，也对社群成员的行为具有导向作用，同时能够激励社群成员更加积极地参与互动，增强其责任感和使命感。如通过“以茶会友”“茶可载道”“懂生活，知茶趣”作为共同价值取向组建社群（图 7–1），更容易找到“志同道合”的茶缘人。

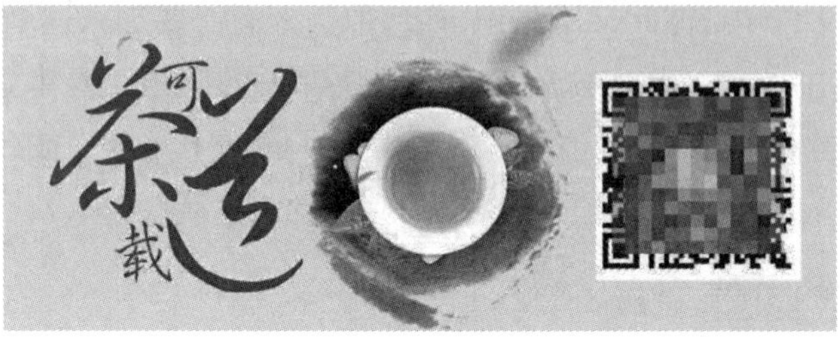

图 7–1 “茶可载道”社群

依靠社群文化进行营销，就是通过社群营造的文化氛围引起用户的好奇心，从而吸引用户自发了解社群，加入社群。要建立社群文化，营销人员可以从明确社群标签、树立社群价值观、加强社群成员的信任和增强社群成员归属感等方面入手。

（1）明确社群标签。社群标签是指社群给用户留下的印象，能够影响用户对社群的评价。一般来说，社群标签应当是多维度的。如一提到某个社群，用户会立刻用一些标签来评价（如“文艺”“热闹”“有情怀”“技术含量高”等）。

（2）树立社群价值观。社群价值观是指社群成员对不同事情的认知、理解、判断或抉择。要树立社群价值观，营销人员应明确哪些行为是社群倡导的，哪些问题是违背社群理念的（如有的社群明确禁止发布广告等），从而规范社群成员在社群中的行为，方便社群成员的交流沟通，增强社群凝聚力。

（3）加强社群成员的信任。社群成员对社群的信任度会影响社群成员对社群文化的认同度。只有当社群成员对社群有足够高的信任度时，社群才能拥有好的氛围，好的社群氛围正是社群文化形成的条件之一。

（4）增强社群成员归属感。营销人员可通过举办各种各样的线上活动、线下活动或利用奖品等吸引社群成员参与，或制造话题让社群成员互动，以提升社群成员的活跃度，增强其归属感。

优秀的社群文化必定需要具有更高职业素养的茶叶营销人员传递正能量。积极乐观的思想有利于激励社群成员，有助于营造良好的社群氛围，也有利于树立良好的社群形象，从而提升社群的吸引力，吸引更多用户加入社群。

（三）价值营销

价值是指社群能够给社群成员提供的知识、经验或直接利益。利用价值进行茶叶社群营销，就是向用户展示能在社群中获得的价值（如识茶、品茶、赏析茶文化、养生等），吸引用户加入社群。价值营销对价值的输出频率、质量等有所要求。

上述三种社群营销方法不是相互独立和排斥的，如果一个社群同时具有有影响力的灵魂人物、优秀的社群文化和能持续产出价值的能力，那么该社群就会具有旺盛的生命力。

四、茶叶社群营销的步骤

（一）精准定位社群，建立纽带

社群即建立微信群或 QQ 群等，方便互动和交流。针对商家的产品定位，利用各种抽奖或是优惠等小技巧先找到第一批客户，聚集起来。不管是做社群营销还是做其他类型的营销活动或者项目都应该有一个明确的目标，根据目标计划和安排相关事宜，找到更好的方式和方法，这样会让自己的营销更有条理性。

建好群是做好社群运营的重要基础。建群首先要消除心理障碍，如担心客户被打扰。据有关第三方机构的调研发现：接近 70% 的人愿意接受信息的推送和社群化链接的建立。企业建群，不能是一个粗放的建群模式，也就是把不管其属性、消费能力、诉求点差异的人都聚集到一个群里，这样的群未来的运营会非常困难。这也是目前导致很多群成为死群，或者是个别人活跃、大多数人潜水的主要原因。茶叶企业有必要建立社群运营的矩阵，可以根据不同的客户维度建立相关的群，可从以下维度进行分析。

⑴属性。如男性、女性、年轻人、老年人，或者是行业属性。不同属性的人很难有共同语言，几乎无法在一个群里聊天。

⑵消费能力。消费能力的差异直接决定如何去运营群，并且这也直接决定了群的未来发展方向。如果把不同消费能力的人聚集到一个群里，那么这个群的运营会非常困难，例如，商家不断推送一些品质高的商品，消费能力低的人就会觉得商家售卖的价格太高，如果商家迁就低消费人群，需求能力强的消费者就会远离。

企业特别要重视建好种子用户群，这样的群成员会产生非常重要的传播价值，总之，不同的客户属性，要建立不同的群，确定不同的交流主题。群成员数量的多少，要根据实际情况确定，人数一般在 200 人左右最佳，不一定非要 500 人组成的大群，关键是要把相同属性的人员聚集到一起。

（二）激活社群，保持活跃

建群后，在平常的运营中，最重要的步骤是如何去激活群成员，也就是商家的目标客户。最终能够达到的目标是：群成员能够产生高度的信任和依赖。最终能够把这种信任与依赖转化到企业的实际经营中，一般采用以下方法来激活社群。

⑴情感激活。社群一定是一个讲情感的空间，它能在很大程度上弥补企业与目标客户之间的情感链接，有效地解决企业这个无情感主体的“法人”与情感丰富的自然人的情感链接。

群要讲情感，用情感去连接目标客户。在群的环境下，要用情感拉近企业与目标客户之间的社交距离问题。如果不讲情感，还是一种“硬邦邦”的卖货关系，就失去了建立社群的重要意义。

(2)商品激活。社群营销最终一定要与商家的商品经营紧密结合。

群适合选择什么类型的商品,适合推送什么样的商品信息?一定要结合群的特征:如何产生话题感、如何产生成员共鸣、如何产生“引爆”的效果。群推送的商品不是简单的商品选择,也不是只靠价格手段的信息分发。商品选择很重要,最好的商品选择标准:新意、新鲜、新潮,并具备一定的独特性。要把商品与有关的内容与传播方式相结合:一是用内容赋予商品更多的价值增值;二是用不同的传播手段(如小视频)提高商品的关注度,使之能够产生激活与不断放大传播的最佳效果。

(3)内容激活。要想激活群成员,内容传播非常重要。要结合群成员的特征,选择适合的传播内容。有价值的内容可以起到黏合剂、润滑油、放大器等重要的作用。目前,内容传播的方式很多,可以是图文,也可以是小视频,小视频的传播效果非常显著。

(4)KOL 激活。KOL 营销泛指有 KOL 参与的社会化媒体营销传播行为,兼具群体传播和大众传播的传播优势,其营销价值也受到市场的认可。企业在社群营销中要高度重视 KOL 的价值,要结合社群运营培养自己的 KOL,如美食达人、育儿专家、养生专家、运动专家等,使他们在社群中逐步发挥重要的作用。要用好门店商圈周边 KOL,如广场舞的召集人、健身教练、跆拳道教练、高级月嫂、知名厨师等,使他们与企业的社群运营做好紧密的结合,发挥好他们的价值。

(5)活动激活。要不断地组织各种创新活动,包括社群中的活动(即线上活动)和各种线下的活动。要结合社群成员的特点,组织一些有价值的体验活动(如品牌体验、采摘活动、亲子活动等),发挥激活成员、拉近企业和成员距离的重要价值。

(6)红包激活。红包是微信平台设置的一个重要的激活群成员的功能,要科学有效的用好红包这一重要手段,即什么样的群适合发红包,什么时间发红包,红包的金额为多少?必须要设计一套规则。特别是要结合群的实际,把红包激活与强化群员关系紧密结合。

(7)小程序激活。小程序是用创新技术手段建立链接、激活群成员,产生更大营销价值的主要技术工具。小程序可以产生基于群的环境下系统化的营销价值。要从建立链接开始,通过小程序实现与目标客户在线化链接的目标,把小程序变成连接客户的主要手段之一。

切记不能冷落客户,要做好社群日常互动和交流,否则会流失客户。每日要在群内保持和客户互动交流,让客户能感受到企业的群文化和个人魅力,将来更愿意接受企业所销售的茶叶。

(三)增加社群平台的曝光率

营销就是需要大张旗鼓、高调做事,让越来越多的人知道,加快吸引潜在客户入群。可以通过让利或发放优惠券吸引社群中的成员帮忙宣传,当然条件允许也可聘请专业人士来负责社群营销,仅靠个人的力量是不够的,要做好社群营销,还需要依靠更多人的力量,专业人士具备专业的知识和技巧,有丰富的经验,他们可以做好社群营销,并且可以真正创造出价值,为企业带来效益。

社群虽然是一个非常松散的组织，但必须要有一套详细、完整的管理规则，要有专人管理。选好群管理员非常重要，群管理员一定要具备较强的社交能力，特别需要具备管理熟人、半熟人的能力，有把生人变成熟人的能力，还要有一定的个性。群要建立规则，没有规则的群无法达到良好的营销效果。

社群要确定主题：群的交流要围绕主题展开，尽量不能太偏离群的主题，更不能违反政治纪律和法律法规。为了使社群向好的方面发展，还要特别注意以下原则——尽力为成员创造价值，尽量减少垃圾信息的打扰。

（四）扩大社群，实现裂变

发挥好群的价值，一方面要激活群成员，另一方面要能发挥群成员特别是种子用户的价值，发挥移动环境下的传播作用，通过种子用户产生更大的营销传播裂变，这将产生更大的价值。做好传播要靠内容，好的内容才具备传播属性。同时要选择一些有效的传播手段，便于群成员的传播。对比传统营销模式中的传播与交易分离模式，在移动互联网环境下，借助移动在线交易方式，传播可以发挥更大的作用，形成传播、交易一体化的营销新模式。

进行社群营销，就是客户的引流和裂变使营销更加简单，因此一定要在原来社群的基础上扩大社群规模，实现裂变营销。可以开展有主题、有话题的活动，促进客户消费。做好社群营销的重要体现就是产生了实实在在的消费，让社群内的客户真正买单，为公司产生利益。所以开展各类有话题的活动也很重要。

（五）培养忠实的粉丝，增强凝聚力

社群营销之所以可以异军突起，主要原因是网络社群可以更好地留住用户，把客户当家人，通过深度的互动可以进行产品的付费升级，产生二次销售、三次销售甚至多次销售，不仅实现经济回报，而且客户可以为品牌发展助力。

在大多数传统的营销环境中，产品销售是一锤子买卖，客户需要的时候碰巧找到，不需要的时候石沉大海。好不容易出现的后续交流，可能是“换货”“退货”“维修”，所以当社群价值确立后，需要有意识地去维护客户，比如提供一些无偿服务，先把客户留住。

现在的营销模式，都是讲究粉丝效应，只要企业能“吸粉”，钱财就自然而来。因此一定要利用人们的喜好来培养粉丝感情，做好互动，激发社群成员之间的参与感和体验感。要想做好社群营销，还需要让客户和企业有互动，大家积极参与其中，积极体验产品和服务，才会有接下来的消费行为。

（六）明确社群的最终目的，和客户成为朋友

社群的终极目的其实不是营销，而是和客户成为朋友，当企业和客户成为朋友之后，营销自然就水到渠成了。

除此之外，一定要懂得研究和设计自己的核心产品和文化理念。对于社群营销而言，要想做出成绩，企业就需要有自己的核心产品和理念，需要有吸引客户的地方，好的产品和理念，会让客户更认同企业和企业的营销方式。

任务二 茶叶社群营销的关键要素及推广策略

一、茶叶社群营销的关键要素

建立社群并不难，但要想成功运营社群，让社群持续发展，营销人员需要掌握社群营销的关键要素，主要体现在以下几个方面。

（一）清晰的社群定位

在建立茶叶社群之前，营销人员要先做好社群定位，明确社群要吸引哪一类人。社群定位能够充分体现企业的核心价值定位。例如，"茶可载道"，吸引了想要了解茶道、茶文化的用户；逻辑思维的社群，吸引了追求独立思考的用户。只有当社群有了精准定位之后，才能推出契合用户兴趣的内容，并不断强化社群的兴趣标签，增强社群成员的凝聚力。

一般来说，社群定位基于社群的类型和企业的性质。按照产品形式，社群可分为产品型社群、服务型社群和自媒体社群等；按照划分范围，社群可分为品牌社群、用户社群和产品社群。当然，不管如何划分社群，其目的都是确定社群的基调，确保社群既能满足成员的价值需求，又能为社群营销人员带来回报，形成良好的自运行经济系统，但需注意以下两个方面的内容。

1. 价值最好是互惠互利的

如果社群与成员之间的回报是相互的，那么社群的自运营生态就能真正建立起来，成员之间可以互相分享、彼此输出、互帮互助，也可以帮助成员提升个人品牌，这种互惠互利的关系往往能让价值连接更长久；如果仅仅是产品或商品的单一销售，长此以往，用户对社群的营销模式可能会厌烦，激情越来越低。

2. 明确价值回报的载体

仅明确社群价值还不够，企业的最终目的是如何把价值转化为回报，而回报一定是有载体的。例如，一个兴趣社群，以共同爱好为基础，吸引了一大批粉丝，每天分享感兴趣的话题进行交流，但是该如何转化价值呢？社群的口号是：共同成长，一起学习，但是学习、成长的范围太宽泛，很难把价值真实的挖掘出来。例如，一个茶叶学习交流群，以学习茶叶知识为基础，社群通过推广教程书籍、网课教程来获得收益，这种回报载体是课程。所以回报载体好比是通往财富大门的道路，如果连路都找不到，接下来该怎么走就是空谈，因此第一步就需要企业明确茶叶社群最终能提供哪些具体的价值，其实也是常说的“虚拟产品”。只有真正明白企业能提供什么价值，才能确定如何找到需要的人群。

为了更好地进行社群定位，在建立社群前，营销人员首先要考虑建立社群的目的或建群动机（如销售产品、提供服务、拓展人脉、打造品牌、提升影响力等）。确定了建立社群的目的，才可以更便捷地进行社群定位。

（二）持续输出价值

社群营销人员每次分享内容时都应该全程投入，不应有所保留。社群运营中常会遇到这类问题：分享者没有将所有内容分享出来，有的因为知识有限，有的则是害怕其他成员超越自己，造成群成员分流。其实这是一个误区，要想让社群长久生存并发展壮大，分享者应当倾尽所有，将所有内容分享给成员，从而得到成员的认可和信任。成员对社群的黏性才会越来越强，后续才有利于持续输出价值，带来稳定的影响力和口碑，入群成员才会越来越多。

营销人员在输出价值时，可采用以下四种输出方式。

⑴讨论输出。

讨论输出是指社群成员在社群中讨论相关知识，从而输出价值。营销人员也可以发布一些有讨论性的内容，引起社群成员的讨论，这样不仅能输出有价值的内容，还能活跃社群的气氛。

⑵活动输出。

活动输出即通过社群线上分享、交流活动，输出有价值的内容。

⑶微信公众号输出。

微信公众号输出即通过推广社群拥有的微信公众号或与社群定位相符的微信公众号输出内容。需注意，不管是社群自身拥有的微信公众号还是其他微信公众号，都需要有值得社群成员关注的内容，这样才能起到价值输出的作用。

⑷直播课输出。

直播课输出即通过直播课堂的形式，将社群中的茶叶知识、茶叶文化等分享给社群成员。在此输出方式下，社群需要拥有专业的策划团队，以及有名气的讲师。

（三）维护成员活跃度

社群成员之间的在线沟通多依靠微信、QQ 等。对于社群营销人员而言，能否建立更加紧密的成员关系，直接影响着社群最终的发展。同时，社群活跃度也是衡量社群价值的一个重要指标。大多数成功的社群已经从线上延伸到线下，从线上信息输出和社群成员之间的互动，到线下组织社群成员聚会和活动，目的都是增强社群的凝聚力，提高社群成员活跃度。

（四）善于挖掘价值痛点

挖掘价值痛点是任何营销环节中必不可缺的一环，是订单成交的前提。如何挖掘价值痛点，促成交易，主要方法有以下几种。

1. 刺激购买欲望

持续不断的阐述产品的优质性，让客户有一种“错过这个村就没有这个店”的感觉，可以为有需求的客户勾画一幅美好蓝图，让其不断的产生美好的遐想，增加用户购买欲。

2. 竞品分析

销售任何产品，都不会只有一个商家在售卖，否则早已垄断，所以销售做竞品分析是基本功。针对有需求的用户，企业有针对性的阐述自身产品与竞品相比所占据的优势。例如，价格更优惠、服务更全面、内容更丰富、有其他产品没有的增值服务等。

为什么要这么做？因为面对的是有需求的客户，既然有需求，客户一定会想办法解决需求，也就是销售界里经常说的一句话：“客户一定会买，就是在哪里买的问题”，既然客户一定会付费购买，怎么样让客户挑中企业，当然是竞品分析做得好。

3. 打折促销

打折促销是最常见的销售策略，天底下没有不爱占便宜的人，因为不但可以省钱还可以获得“面子”，有心理优越感。一场优质的促销活动，必须设计好“时间节点”和“价格底线”，“时间节点”是为了烘托紧张感，催促用户尽快成交；“价格底线”是要综合考虑企业的成本，不能只为了成交，不盈利甚至亏本，这样的买卖不做也罢。

（五）树立社群品牌

社群营销除了有企业核心的优质产品，还要树立社群品牌，让客户更加认同产品与企业文化。

当成功完成一次销售活动后，企业不应该就此结束，而是要维护老用户，打造社群品牌，这么做有以下两个目的。

1. 增加社群影响力

社群营销与传统营销最大的不同在于，社群和用户不仅仅是简单的交易行为，更多的是情感连接。所以不管是不是已经成交的用户，实际上都是企业的铁杆粉丝，应该一视同仁。营销过程中，很多企业认为愿意付费买单的用户就是上帝，以后知冷知热的照顾；暂时没有付费买单的用户受到冷落，甚至开始不闻不问，这是一种错误的做法。

在笔者看来，是否付费买单，并不能体现此用户是否为企业的铁杆粉丝，用户付费也很有可能是为了利用企业的产品来解决自身需求而已，至于企业是谁并不重要，如果其他企业有更好、更优惠的产品，可能就在其他企业付费，而没有付费的用户可能在思想上与社群高度统一，是很认可社群的铁杆粉丝，只是暂时没有这个需求，所以不需要购买产品，仅此而已。所以继续维护社群铁杆粉丝是关键，通过铁杆粉丝助力社群发展，不断增强社群影响力。

2. 可以有机会进行二次营销或多次营销

产品功能需要跟紧时代发展的步伐，社会在不断地发展，技能要求越来越高，所以大部分社群的产品都会定期进行更新升级,升级后服务更好,一般价格会更高,谁是升级后的第一批先行者呢?

当然首选是已经付过费的用户,因为他们使用过产品,更有话语权,而且对社群的产品基本认可,所以转化付费的可能性更高。假如,社群也在不断升级,有能力推出更多的产品进行二次或多次销售,受众人群还是首选社群的铁杆粉丝。

(六)打造社群口碑

好口碑是社群营销最好的宣传工具,社群口碑与品牌口碑一样,都必须依靠好产品、好内容、好服务,经过不断积累和沉淀逐渐形成。一个社群要想打造好口碑,必须从基础做起,做好社群服务,为成员提供价值,才能逐渐形成好口碑,并使成员自发传播,逐渐建立以社群为基点的圈子,这样社群才能真正得到发展。

例如,一对年轻夫妻(以下称店主)在小区附近经营一家茶叶店,开业时便通过微信创建了一个会员群,客户购买茶叶时,店主会邀请他们加入会员群。为了促进销售、打造店铺口碑,店主每天定时发布优惠产品,群内成员不仅可以第一时间了解优惠信息,还可以在群内下单预定茶叶。同时,对于指定产品,店主会通过发红包的方式确定产品折扣,如群内成员红包尾数为 1 可享受 7.1 折优惠,尾数为 2 可享受 7.2 折优惠,以此类推,而获得最大金额红包的成员可享受 5 折优惠,通过这种玩法增加趣味性,提高群内成员的活跃度。另外,因为群内成员大多是附近工作或居住的人,所以大家会在群内进行旧物置换、信息分享等。由于群内氛围和商家口碑较好,因此有效提升了用户复购率。

通过上述案例可以看出,线下小型实体店通过社群营销可以优化销售形式,可以有效连接线上销售与线下销售。同时,社群营销一开始就需要打造口碑,以此增强用户黏性。

二、茶叶社群营销推广策略

社群营销常见的推广策略包括用户引流策略和漏斗拉新策略。

(一)用户引流策略

用户引流策略可分为“以老带新”和“裂变拉新”两种方法。“以老带新”是指由群内老成员介绍新成员,这种方法适合有一定资源优势和有较好口碑的成熟社群,如给予每位老成员 1~3 个推荐名额。“裂变拉新”是指采取利益刺激的方式,让群内成员或者外部人员推荐优质的用户,推广者可从中获取一定比例的提成,这种方法既适用于成熟社群,又适用于初创社群。

(二)漏斗拉新策略

漏斗拉新策略是指先用免费的方式吸引用户入群,后采用付费的方式进行漏斗转化。如一个知识型社群,通过部分免费直播课程吸引了 100 个用户入群,后续其推出付费直播课程,有 50 个用户付费购买,这种方法造合初创社群。

任务三 撰写茶叶社群营销文案

社群营销文案，可以说是社群的灵魂，是传播社群理念、输出社群内容、提升用户黏性，以及引导用户裂变的绝佳途径。茶叶社群营销、涉及社群营销文案的撰写，社群营销文案是帮助社群快速吸引用户、增强用户黏性及引导用户消费的重要手段。根据社群营销的不同应用场景，社群营销文案包括社群引流文案和促销活动文案等类型。

一、撰写社群引流文案

引流文案常用于社群会员招募阶段。营销人员撰写高转化率的优质招募文案，可以从以下几个方面入手。

⑴标题引人注意。

标题的作用是使用户产生兴趣，撰写标题的方法有很多。例如，直截了当地表明主题，如“3 个方法突破零基础辨茶”；用利益刺激，如“茶叶免费派送中”“茶艺课程免费派送中，先到先得”；设置悬念，如“如何在零基础下识茶辨茶”等。

⑵说明入群的好处。

说明入群的好处是社群会员招募的关键，常用的方法主要有两种。一是根据用户的痛点问题提出解决方案，如根据标题“3 个方法突破零基础辨茶”，列出“总结分析辨茶大坑”“一看二触”等解决方案；二是突出社群产品的卖点。

⑶权威证明。

权威证明可以提高文案的可信度，常用方法是利用名人效应，如名人推荐、名师授课、展示社群获得的成绩等。

⑷限定时间 / 数量促销。

限定时间 / 数量促销的作用是刺激用户立刻行动，常用方式是提示促销时间或限定名额等。

⑸设置入群入口。

入群入口即通过设置二维码或链接的方式引导用户入群。

撰写社群会员招募文案时可组合应用上述几个方面的内容，但不一定包含所有元素，其表现形式主要是海报文案。图 7–2 所示的社群会员招募文案，包含了标题、入群的好处、促销、入群入口等元素。撰写完社群会员招募文案后，营销人员可将文案发布到朋友圈、公众号、直播间等，以吸引更多用户。

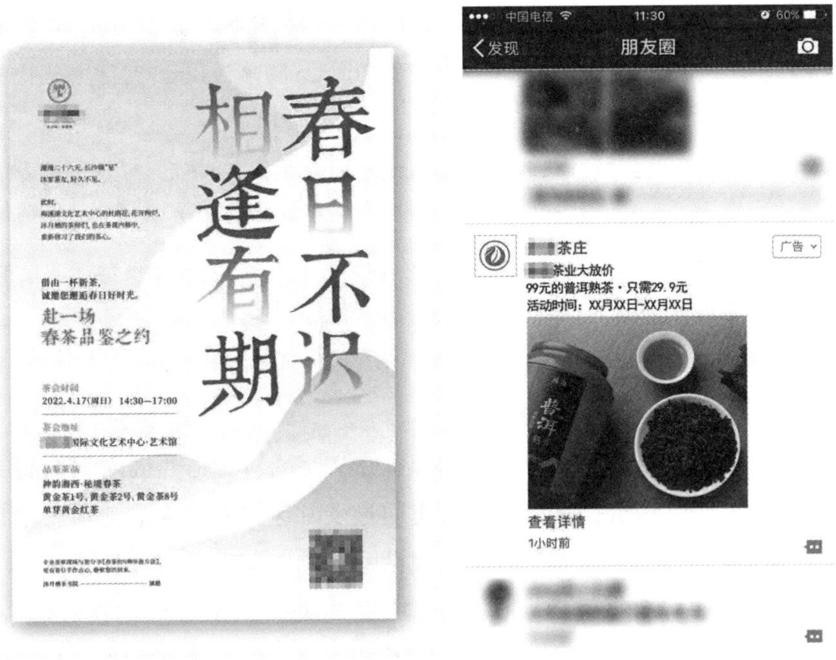

图 7-2　社群会员招募文案

二、撰写促销活动文案

促销活动文案的表现形式既可以是海报式促销活动文案，又可以是纯文字式促销活动文案。

(一)海报式促销活动文案

海报式促销活动文案具有较强的视觉冲击力，其撰写方法与撰写社群会员招募文案相似。标题可采用利益刺激的方式，然后展示产品卖点，另外还包括活动时间、活动规则，并附上二维码，方便社群成员操作。

(二)纯文字式促销活动文案

纯文字式促销活动文案可以通过“@所有人”“产品介绍/活动规则”“链接”这三个要素进行写作。“@所有人”用于告知所有社群成员；“产品介绍/活动规则”用于介绍产品信息或活动规则；“链接”用于引导社群成员参与促销活动。以下为一篇纯文字式促销活动文案范文。

@所有人

会员们，早上好！中秋福利来咯，9月18日—9月23日晒订单赢好礼！

活动规则如下：

①自9月18日起，将当日在本商城消费38元以上的订单详情截图并发到本群，可获得1张与订单金额首位数字相同的中秋礼盒抵扣券。将当日在本商城消费100元及以上的订单详情截图并

发到本群，可获得1张与订单金额前两位数字等额的中秋礼盒抵扣券。例如，晒单46元，获得中秋礼盒抵扣券4元；晒单100元，获得中秋礼盒抵扣券10元；晒单200元，获得中秋礼盒抵扣券20元，以此类推。

②9月23日20:00结束，累计晒单3天以上且每单消费满88元，可参与终极大奖比拼，累计晒单最多者可获得××中秋礼盒1份。

③当日所得抵扣券于次日发放，重复晒单按首单计算，每人每天限参加一次；累计晒单数持平者，抢红包拼手气，金额高者获胜。

戳下方链接进入商城

××××××××（插入商城链接）

营销人员撰写纯文字式促销活动文案时，可在文字内容中适当插入表情符号，提升用户的阅读体验。另外，在发布促销活动文案时，可先通过发红包的方式为活动预热，如上述促销活动的时间是9月18日—9月23日，那么可在正式活动开始之前发红包，调动用户参与活动的积极性，如“9月15日—9月17日每天20:00—20:10发3次拼手气红包，每次红包个数为20个，每次抢红包手气最佳者可获得‘全品类20元无门槛抵扣券一张，当日抵扣券次日发放’”。

三、注意事项

（一）开头热启动

开个好头，可以迅速抓住读者的眼球，让读者能够继续阅读后续内容，如果在开头就败下阵来，那么后面的内容再好都是徒劳。

为了写好文案的开头，以下介绍几种较实用的方法。

(1)设置悬念（利用人的好奇天性）。

(2)够简洁（忌长篇大论）。

(3)讲故事（简短的故事能够激发客户的阅读兴趣）。

(4)表达观点（体现专业水平、提升客户信任度）。

（二）内容挖痛点

开头写好之后，接下来就是描写内容，内容会直接影响文案的转化效果。在内容描写时笔者只强调一个重点——深挖客户的痛点，并提出解决方案。

写文案之前，企业要进行调研，做好客户分析，明确客户的级痛点是什么？

切割营销为一种新型的营销方法，是站在竞争的角度，对复杂的市场进行切割，找到一个让客户接受企业的区域，快速认同企业，规避与强大竞争对手的竞争，同时将竞争对手逼向一侧。在切割营销模式下，必须瞄准客户的痛点和需求，尤其是级痛点。当企业把客户的痛点深挖出来之后，接下来要做的就是给出解决方案（就像医生给病人诊断之后，需要给病人开药等），从而引导客户做出下一步的动作。

（三）分化场景

做针对性社群文案营销。什么场，就得扮什么像！社群文案可以分为引流案、海报案等。具体场景的文案，应该怎么写呢？下面介绍其中两种文案。

1. 引流（社交）案——做好自我介绍

一个吸睛亮眼的自我介绍，能够让他人快速地记住。

通用模板：1份，突出职业；1个数字，突出成绩；1个权威，彰显专业水平；1个第，表明地位；1个希望，表明未来；1个礼物，发个红包或者一份资料，收获潜在的客户和人脉。

2. 海报文案，增强裂变效果

一个好的裂变海报文案，需要具备6个要素：标题引起注意、突出用户痛点、提出解决方案、展现权威证明、立刻行动奖励、零风险承诺。

举个例子：

第一步，撰写标题。

以一个苹果的促销文案标题撰写为例：

(1)把需求转化成恐惧：平安夜不送苹果，不怕女朋友生气？

(2)和消费者成为利益共同体：平时一个包包才能让她笑，今天只需要一个苹果，何乐而不为？

(3)写出让消费者难以启齿的痛：女人的脾气捉摸不透，除了今天我们都知道她想要苹果。

(4)说反话："送苹果只是个形式而已，他不会在意的。"你确定?!

第二步，挖掘用户的痛点。

挖掘痛点就是直接指出目标用户所面临的问题。

比如：针对爱美女性——化妆浪费时间、皮肤总是不好、化妆品不知道如何挑选等。

儿童家长——儿童不爱学习、性格叛逆、挑食、体弱等。

企业经营者——不懂营销、不懂法律、不懂财务税务、不懂人事等。

第三步，解决方案。

解决方案其实就是行动指引，让别人做出选择的指示（如"想了解，赶紧扫码进群看 ×× 分享"）。

第四步，权威证明。

介绍社群分享嘉宾的履历、数据、成绩等。例如，大家还记得大师茶社群的创业故事吗？他们邀请了大师级茶叶大咖 ××× 分享。给大家讲述茶叶的知识，如何识茶、辨茶、了解茶文化等。吸引了很多爱茶人士的关注，后来有的人成为客户，有的人成为经销商。

以知识吸引用户，用个人 IP 塑造价值和打造信任，最终带来收益。

第五步，限时促销。

一般引流文案用这样的方式：仅限 ×× 位，或者 ×× 时间前进群，送 ××。

请想一想，为什么人们都愿意去淘宝购物？淘宝很重要的一点就是7天无理由退换货，在天猫商城购物，除特殊商品外，商家在买家付款后需在二十四小时内上传物流单号，并在四十八小时内发货。

第六步，零风险承诺。

最常见的零风险承诺就是各类网络购物平台的7天无理由退换货服务，或者15天无理由退换货等，其目的是博得潜在客户的信任。

在淘宝中购物的其中一种风险就是换货的快递费，在产品价格里几乎可以忽略不计。如果是卖家的问题，快递费由卖家承担。这个就是淘宝制定的商业规则，站在利他的角度来设计。

零风险承诺表现在以下两个方面。

(1)让用户觉得最大的损失是可以忽略不计的。

(2)用户担心的问题平台/商家已提前发文告知或发布相关协议。

第七步，查缺补漏。

检查语句的逻辑，是否有错别字，信息是否有误等。

任务四 策划茶叶社群活动

网络的存在使社群有了更为广阔的发展空间，能够将有共同兴趣的人汇聚在一起。社群成员的人数不在多而在精。社群成员人数多，但大部分成员活跃度低，那么，社群的转化率很可能不高，营销效果较差。为维持和提高群成员的活跃度，营销人员需要策划类型丰富的社群活动。

一、策划社群线上活动

社群线上活动的形式非常丰富，常见的活动形式有社群分享、社群福利、社群打卡、征集活动、拼团砍价活动等。

(一)社群分享

社群分享是指分享者面向社群成员分享一些知识、心得、体会、感悟等，分享者也可以针对某个话题与其他社群成员进行交流。专业的分享通常需要邀请专业的分享者，当然也可以邀请社群中活跃度较高的成员进行分享，从而刺激其他成员积极参与。为了保证分享质量，在社群分享前应该对分享内容、分享模式进行确认，特别是对于没有经验的新手分享者而言，确定内容和流程很重要。在分享期间或分享结束后，分享者可以引导社群成员宣传分享情况。社群营销人员也应该总结分享内容，并在各社交媒体平台上传播，从而打造好社群的口碑、扩大社群的影响力。

(二)社群福利

社群福利是指给予表现优异的社群成员的一些福利。常见的福利包括现金福利、学习福利、荣誉福利等。

（三）社群打卡

社群打卡是指为了使社群成员养成良好的习惯而采取的一种督促方式。对社群而言，打卡活动可以活跃社群氛围，也便于营销人员掌握群内成员的活跃数据，帮助筛选群内成员，常见的社群打卡方式是任务打卡。任务打卡适合大多数社群，不同类型社群的打卡方式不同，如亲子类社群通过记录亲子活动打卡；课程学习类社群通过提交作业打卡；摄影兴趣类社群通过上传摄影作品打卡等。虽然社群打卡能够提高社群的活跃度，但有时社群成员很难坚持完成打卡任务，因此为了确保社群成员能够坚持打卡，可设置打卡规则和奖励。例如，茶叶社群可以引导成员坚持每日饮茶打卡，坚持20天可免费领取茶具一套，培养潜在客户。

（四）征集活动

征集活动的形式十分多样，如品牌形象代言人征集、品牌口号征集、社群榜样征集、素材征集（如与活动主题相关的图片征集、故事征集）等。征集活动中往往会设置互动环节，如在社群内或社交平台上，通过投票、点赞、排名等方式选出最终征集的作品及其发布者。这种方式可以让参与活动的社群成员主动邀请朋友关注活动，从而扩大活动的影响力，进行口碑传播。

（五）拼团砍价活动

社群开展拼团砍价活动，一般通过组团享优惠、以老带新等方式进行，这样不仅可以提高社群成员的活跃度，还可以为社群引流，促进产品销售。例如，茶叶社群在群内发布活动通知：邀请朋友组团（2人成团）购买茶叶可享受买一斤送半斤的优惠。

除了上述介绍的线上活动类型外，社群也可以自定义线上活动形式，需要注意的是，设置的线上活动要使所有社群成员易于参加，能够提高社群成员的活跃度。

二、策划社群线下活动

一个社群从线上到线下的全过程，可以建立起成员之间的多维联系，让联系不再局限于网络。社群的线下活动根据规模，会表现出不同的组织难度。因此，为了保证活动的顺利开展，组织者在活动开始前必须进行完整的活动策划，以便更好地把控活动全局。

（一）选择线下活动的类型

对于社群而言，线下活动的类型主要包括核心成员地区性聚会、核心成员和外围成员聚会感。在这两种聚会形式中，核心成员和外围成员聚会人数较多，组织难度较大；核心成员地区性聚会则更方便组织。当然，不管是哪一种聚会形式，在聚会过程中，组织者都可以实时发布一些聚会实况到社群或社交平台。通过上述操作一方面可增加社群影响力，增强成员对社群的黏性；另一方面也可持续激发和保持社群活跃度，刺激更多成员积极参加线下活动。

（二）制订活动计划

无论开展什么类型的活动，活动计划都是必不可少的，每一次活动都应该有活动主题和活动目的。制订活动计划时，首先要明确活动的目的，是为了增进社群成员感情、培养社群管理运营人才，还是宣传营销内容；其次是明确活动形式，包括确定活动名称、举办时间、报名方式、活动地点、活动流程、费用、奖品及邀请的嘉宾等。这样开展的活动才有针对性，质量更高，参与的人才会更多。

（三）策划活动内容

策划一场有影响力的社群线下活动，高品质的活动内容是关键。在内容为王的互联网时代，只有拥有优质的活动内容，社群成员才会对活动有所期待。用心做好每一次线下活动，并为下一次活动做好铺垫，就能够在社群成员中形成口碑，吸引更多用户加入社群，从而扩大社群的影响力。

（四）宣传推广活动

再好的活动不宣传推广，也不会有太多人知道。在确定活动相关信息后，营销人员可以组织线上管理人员推广活动，如在微信公众号、微博等平台进行宣传，并发布活动海报、邀请媒体等。营销人员也可收集活动参与人员对活动的建议，进一步优化活动方案。另外，在活动开展过程中，营销人员还可以直播线下活动、发布参与人员的合影照片等，以推动活动的线上传播。

（五）总结复盘

总结复盘是指对活动的效果进行总结和分析，生成复盘报告，为下一次的线下活动积累经验和教训。

课堂讨论

你加入过营销类的微信群或 QQ 群吗？谈谈你对社群运营的评价。

复习思考题

1. 如何理解茶叶社群营销？
2. 简述茶叶社群营销的方法。
3. 简述茶叶社群营销的推广策略。

工作任务清单——社群活动策划

任务情景描述

社群给茶叶及茶叶企业的发展带来了许多便利，增强了消费者对茶叶企业及其产品的了解和信任，同时也促进了茶叶的销售，帮助茶叶企业进行良好的客户维护。某茶叶企业需要利用微信建立社群并策划社群活动，以助力其茶叶销售、推广及顾客维护。

建议学时

2 学时

任务流程与活动

任务活动 1:任务确立;

任务活动 2:微信社群建立;

任务活动 3:微信社群活动策划;

任务活动 4:评价与总结。

任务活动 1:任务确立

(1) 活动思考。

本项目工作任务的具体内容是什么?

____

____

(2) 思想提升。

微信社群建立及社群活动开展对茶叶企业乃至行业的发展有什么影响?

____

____

任务活动 2:微信社群建立

活动步骤	活动要求	活动记录
步骤 1	明确建群的目的及相关内容信息，结合产品和消费者特点进行社群定位	微信社群定位
步骤 2	在微信平台创建群聊，确定社群名称、品牌定位和 Logo 信息，展现该茶叶企业特点	微信社群创建
步骤 3	保存微信社群二维码并转发	微信社群二维码生成

任务活动 3:微信社群活动策划

活动步骤	活动要求	活动记录
步骤 1	构思社群活动类型（线上或线下活动）	构思社群活动类型
步骤 2	选定活动类型后，结合产品和消费者特点设计活动形式，线上可利用社群分享、社群福利、社群打卡、征集活动、拼团砍价等活动形式开展；线下可通过组织策划核心成员地区性聚会或核心成员和外盟成员聚会。以此扩大社群影响力，增强群成员对社群的黏性	确定社群活动形式
步骤 3	确定活动形式后，针对某个具体的社群活动策划其内容，比如社群分享活动，就要明确时间、地点、参与对象、分享内容及形式、辐射范围及活动结果	策划社群活动具体内容
步骤 4	茶叶企业工作人员按照社群活动的策划方案，提前测试，做到查漏补缺，争取将活动开展得更完美	社群活动测试

任务活动 4:评价与总结

(1) 评价。

一级指标	二级指标	评价内容	分值	自评	互评	师评
工作能力	学习能力	可以完成学习活动的各种能力组合	10			
	实操能力	能够根据所学的技能独自完成工作任务	10			
	创新能力	具备新思想、新理论、新方法和新发明的能力	10			
工作态度	学习方法	根据工作任务能对知识进行归纳总结	10			
	学习态度	对学习保有较为持久的行为状态	10			
工作成果	成果展现	作品完整度	50			

(2) 所思所获。

项目八 茶叶软文营销

学习目标

★知识目标

了解软文的基本概念

熟悉茶叶软文营销的特点

掌握茶叶软文写作的步骤

掌握茶叶软文写作的方式方法

★技能目标

能熟练运用茶叶软文的写作技巧

能创作茶叶软文标题

能进行茶叶软文的结构布局

能掌握茶叶软文排版的相关技能

★素质目标

增强学生的茶叶软文营销意识

培养学生的创新思维能力和良好的职业道德

案例导入

中秋遇上国庆，茶企还可以这么玩儿！

中国传统佳节——中秋节，和国人们最期待的年中小长假——国庆节，在这个秋天相遇了！这两个仅次于春节的重大节日，是人们消费的高峰期，也是各大品牌企业通过节日营销提高品牌知名度和美誉度的绝佳时机。

作为茶企“营销一哥”的小罐茶此次通过“礼遇中秋”专题又成功出圈。整个9月为人们提供了一套节日营销的模板。

1.“蓝诗月”概念打造

9月1日，小罐茶官方公众号发布文章《中秋为什么是蓝？》一文，由宋文雯老师的研究成果——“中国人更倾向于用饱和度高、明度低的蓝色来描绘中秋，它所传递的美好祝愿、思念和团圆情绪等厚重深沉的情感,与中秋节的关联最为紧密。”引出其中秋新品——小罐蓝诗月礼盒。将色彩与节日特性联系起来,确定此次节日营销的基调——美好、厚重、深情。

2. 软文轰炸

9 月 1 日至今,小罐茶的官方公众号围绕小罐蓝诗月礼盒这一新品,接连推出七篇软文(图 8-1)。

图 8-1　小罐茶中秋软文

9 月 1 日:《中秋是?》《中秋好礼全指南 get》《中秋为什么是蓝?》引出新品——小罐蓝诗月礼盒。

9 月 9 日:《今晚,宠的就是你》呈现多款小罐茶套装,满足多种产品组合需求;《非卖品,了解一下》介绍以茶入饼的月饼礼盒装、茶具套装等。

9 月 14 日:《这一句,你现在才懂》以古诗切入并引出小罐蓝诗月礼盒;《我有茶,你有故事吗?》一文收集网友的团圆故事,诠释茶中岁月——茶与故事,便是一段时光。

通过数篇软文的轮番轰炸,营造节日氛围的同时,小罐蓝诗月礼盒的产品概念和特性也已深入人心。最后通过 9 月 9 日至 9 月 30 日的直播活动触达消费者的购物心理。

任务一　软文营销概述

一、软文的含义

软文是基于特定产品的概念诉求与问题分析,对消费者进行有针对性的心理引导的一种文字模式,从本质上来说,它是企业软性渗透的商业策略在广告形式上的展现,通常是借助文字表述与舆论传播的方式使消费者认同某种概念、观点和分析思路,从而达到企业品牌宣传、产品销售的目的。实际上,软文就是一种隐性的文字广告,多由公司内部策划人员或者广告公司撰写,即在新闻稿、使用心得、趣味故事等文章里嵌入广告。

软文相对于纯广告类的硬性广告,精妙之处在于一个“软”字,能够巧妙地植入广告,用产品故事、人物生活等对产品或企业品牌进行包装,内容引人入胜,得到“润物细无声”的传播效果。一篇优秀的软文能使用户阅读后才明白看的是广告,或者即使用户一开始知道这是一则广告,同样饶有兴致地阅读下去。时至今日,软文仍然是企业运营中强有力的网络营销手段。

软文营销则是指通过特定的概念诉求,以摆事实讲道理的方式使消费者走进企业设定的“思维圈”,以强有力的针对性心理攻击迅速实现产品营销的文字模式和口头传播(如新闻、第三方评论、访谈、采访、口碑等)。

在传统媒体行业,软文之所以备受推崇,第一个原因是各种媒体竞争激烈,人们对电视、报刊的硬广告关注度下降,广告的实际效果不明显;第二个原因是媒体对软文的收费比硬广告要低,所以在资金不是很雄厚的情况下,软文的投入产出比(又称投入产出率)较为科学合理。因此,企业从各个方面考虑,可以以软文试水,使市场快速启动。

软文就是带有某种动机的文体,而软文营销则是个人和群体通过撰写软文实现动机,达成交换或交易的目的的营销方式。

课堂思考

你是如何理解软文的?哪些为企业营销服务的软文让你印象深刻?

二、软文的作用

(一)缩减广告成本

传统硬广告成本一直居高不下,很多企业都难以承受。相对于此,软文有绝对的优势,一篇原创软文的费用比硬广告的费用要低很多。而且,一篇优秀的软文常会被读者免费转载,这样就扩大了产品的宣传范围,提升了企业的形象和口碑,从而让消费者更愿意信任企业及其产品。

图 8-2 为某软文推广平台的软文推广价格,与动辄上万元的电视广告和户外广告相比成本要低很多。

(二)辅助搜索引擎优化

搜索引擎优化(SEO)是优化网站以在具有特定关键字和短语的搜索引擎中获得更高排名并获得“免费”有机流量的过程。一篇优秀的软文具备两个元素:网址链接、关键词。有了这两个元素,软文的点击率和曝光率会大大提高,从而提升企业和产品形象。如果链接页面设计完美，则可以直接提高用户的购买欲。

媒体名称	普通会员	高级会员	金牌会员	电脑权重	移动权重	新闻源	链接情况
腾讯新闻 详情	35.00	30.00	30.00	0	7	百度新闻源	不可带网址
雪球财经新闻网 详情	12.00	11.00	10.00	5	5	非百度新闻源	不可带网址
雪球财经新闻 详情	12.00	11.00	10.00	4	4	非百度新闻源	可带网址
百家号新闻网 详情	11.00	10.00	9.00	5	5	非百度新闻源	不可带网址
百家号新闻 详情	12.00	11.00	10.00	6	6	非百度新闻源	不可带网址
360新闻网 详情	14.00	12.00	11.00	5	5	百度新闻源	不可带网址
360新闻 详情	10.00	9.00	8.00	6	6	百度新闻源	不可带网址
网易网新闻资讯 详情	14.00	11.00	10.00	4	4	百度新闻源	不可带网址
网易新闻资讯 详情	15.00	12.00	10.00	5	5	非百度新闻源	不可带网址
网易新闻 详情	14.00	12.00	10.00	4	4	非百度新闻源	不可带网址
网易新闻 详情	14.00	12.00	10.00	4	4	非百度新闻源	不可带网址
易车新闻资讯 详情	15.00	13.00	10.00	6	6	非百度新闻源	不可带网址
搜狐网新闻 详情	14.00	10.00	8.00	8	8	非百度新闻源	不可带网址
搜狐新闻（随机频道... 详情	16.00	12.00	10.00	8	8	非百度新闻源	不可带网址
搜狐新闻 详情	15.00	13.00	10.00	8	8	非百度新闻源	不可带网址
今日头条新闻网 详情	10.00	8.00	6.00	1	1	非百度新闻源	可带网址

图 8-2　某软文推广平台的软文推广价格

（三）提高品牌知名度

要想提高品牌的知名度，仅靠硬广告是远远不够的，不仅费用高昂且难以持久。在互联网上有针对性地发布网络软文，其辐射范围广且时间较长，有利于提高品牌的知名度，一篇软文发布到网络平台后，只要不主动删除或者被平台屏蔽就会一直存在。

（四）提高网站流量

抓住用户的心理，努力拉近与用户的心理距离，进而撰写一篇优秀的软文，可以给企业带来高流量及高转换率，这样不仅可以间接地提高产品的销售量，而且还可以提升相关产品的受关注度。

（五）营销更精准

软文在发布投放时，可以从标题关键词和内容上对目标受众进行区分，使营销更为精准，比如针对喜欢喝茶的茶叶产品软文，可以在标题或内容中插入冲泡、茶香等关键词以吸引潜在用户阅读。而互联网的搜索检索功能也能让文章直达目标受众。此外，创作者也可以通过持续发布有价值的文章吸引用户关注，这样发布的软文就可以实现精准营销。

三、软文营销的特点

（一）本质

软文营销的本质是广告，其追求低成本和高回报率，不回避商业的本性。

（二）包装形式

软文的包装形式可以是新闻资讯，也可以是关于管理思想、企业文化，技术、技巧的文档或评论，还可以是包含文字元素的游戏等资源。

包装形式使受众“眼软”（只有眼光驻留、徘徊，才有机会使用户购买产品）。

（三）宗旨

软文宗旨是创造信任，是使受众“心软”（只有相信，才会付诸行动）。

（四）关键要求

关键要求是把产品卖点说得明白透彻，使受众“脑软”（有了印象，还要了解清楚，否则用户对产品的印象还很生硬）。

（五）着力点

着力点是兴趣和利益，使受众“嘴软”（拿人家的手软，吃人家的嘴软，要找到用户的利益所在）。

（六）重要的特性

重要的特性是口碑传播，使受众“耳软”（朋友推荐的，更愿意倾听，口碑传播的途径如图8-3所示）。

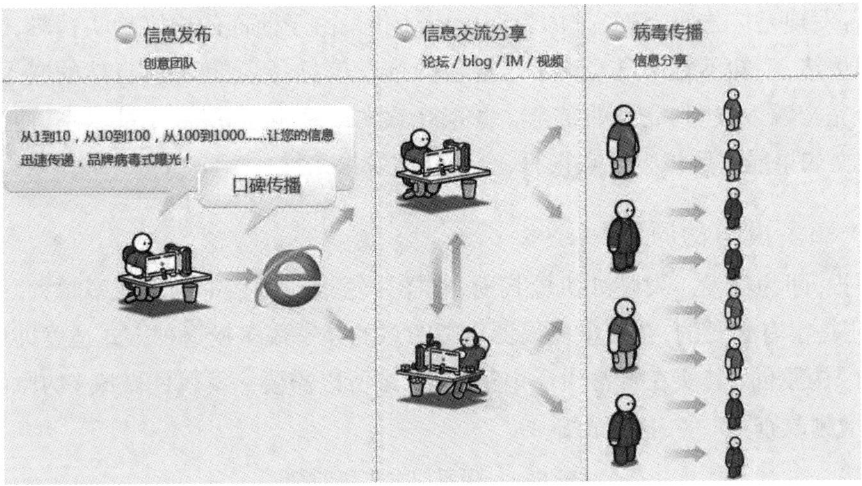

图8-3　口碑传播的途径

任务二　茶叶软文的写作要求

一、茶叶软文的写作技巧

茶叶软文写作技巧很重要，在写作技巧方面，可做以下尝试。

（一）题目要吸引人

标题党曾在网络中红极一时，也曾为很多网站赢得流量，带来收入。这就说明标题党是有发展空间的。之所以逐渐消失，是因为随着搜索的不断完善，用户体验逐渐被人们所重视，而标题党正是背离了用户体验，有个好的开始(标题)，却没有一个好的结尾(内容)，让读者有一种上当受骗的感觉。因此，写茶叶软文要仔细推敲、斟酌三思，把茶叶软文题目写得活泼、准确、鲜明。

(二)内容要调动情感

写作中寻求日常的生活素材。关于这一点，报刊中刊登的文章就极具代表性。其实，并不是报刊的文风多么的精彩，主要是报刊上总有很多吸引人的小故事。写茶叶软文的时候，也应该根据自己的目标人群写一些读者喜欢的文章，让读者去评论，真正的把读者的情感调动起来，那么，茶叶软文就成功了一半。

(三)软硬适中方能效果显著

企业写出的茶叶软文应软硬适中，既不能让读者一眼就看出是广告，又要让读者能够记住企业要宣传推广的信息，起到推广作用。具体的做法有三个要点：①应该把推广的内容放在文末，当读者发现是广告时，已经把内容阅读完，同时，由于前面的内容确实精彩，因此读者不会产生反感情绪，不知不觉中已经记下了企业的推广信息。②要巧妙、自然的嵌入广告信息，能够和内容完全融入，达到完美的结合。③茶叶软文最忌生拉硬扯、胡乱联系，使读者反感。一篇茶叶软文如果能按照以上三点撰写，会使软文效果倍增。

(四)一稿多投与伪原创

一稿多投，即为群发。发帖如机枪扫射，这样一轮扫射下来中枪的概率颇大，虽说效果不算太好，但还是很有必要的，在这里值得创作者注意的是一稿多投这种方式适度即可。

所谓的“伪原创”其实在日常生活中很常见，之所以需要一篇稿件做成“伪原创”，其实就是不断地“增删改查”文字内容(表 8–1)。

表 8–1　伪原创方式和步骤

序号	方式	步骤
1	增	在首段与末尾段进行原创加工
2	删	删除每篇投放软文中的重复内容
3	改	将标题进行处理，绝对不能出现相同的标题。一是针对本次的软文，二是在搜索引擎中不能出现已经被他人使用过的标题
4	查	将关键词的设计、标题的安排、稿件字数等细节从头到尾进行检查

二、茶叶软文的写作步骤

普通的网络茶叶软文只是为了吸引流量或传递某种商业信息，实际上茶叶软文通过更新和改变消费者的价值观与信念，能转变事件与体验的意义，从而达到交易或交换的目的。

茶叶软文其实是与消费者在沟通，但重点不在于沟通的意图，而在于所引发的对方的回应。写茶叶软文应当考虑消费者会怎样理解、认知、回应。简单来说，就是让消费者或客户从了解到理解，从心动到行动。

茶叶软文的写作是为软文营销服务，所以大家首先应当了解当前茶叶软文营销的目标。

（一）了解软文营销的目标

目是目的，标乃标尺，把目的进行划分就形成了目标，所以大家首先要明确茶叶企业的整体营销目标是什么。

要了解茶叶企业在各个发展阶段的目标、各个层面的目标、当下的目标分别是什么，详细地掌握茶叶企业的营销战略之后，再来确定茶叶软文营销的总体目标、各个阶段的目标、各层面的目标、目前的目标等。

最好详细地列出茶叶软文营销的目标战略图，包括对内的目标和对外的目标，线上的目标和线下的目标，传统及网络媒体茶叶软文发布的目标，对广告、公关、营销的目标等，对每一个目标的达成还需要设定发稿数量及投放媒体数量的目标等。

课堂思考

企业的市场营销人员或广告公司的文案人员进行软文营销策划时，可把策划的六要素制作成表格，以便记录及自行检查，如表 8-2 所示。

假设你现在是某茶企的策划人员，需要为“双十一”活动进行软文预热，请根据表 8-2 中策划要素完善具体内容。

表 8-2　软文营销策划要素

策划要素	具体内容
行动目标	
撰写角度	
投放平台	
投放数量	
投放时间	
费用预算	

（二）了解受众群体及投放媒体

对于从事软文营销的部门来说，了解企业品牌或产品的受众群体是非常有必要的，有经验的工作人员对各类媒体也非常熟悉。但是对外包的软文创作者来说，他们或许很难全方位地了解某家企业，但越详细地了解这家企业的产品与服务、企业的历史与文化、企业的高层管理人员、企业在行业中的地位、企业的竞争对手、行业的发展状况、相关政策对行业或对企业的影响等，就越能写出高质量的软文。

从网络软文营销的角度来讲，尤其是对于以网站为营销工具的站长、网店店主、工作室或微型企业而言，他们必须进行相关关键词的调研分析、网站优化的数据分析，了解竞争对手网站与网络广告的基本情况，以及详细了解哪些网站的信息容易被搜索引擎收录到百度新闻频道或资讯频道。其中对关键词的分析特别重要，因为网页内容的优化实际上就是软文的优化，选对一个搜索量大、竞争性小、相关性高的关键词，那么此网页在搜索引擎中的排名就会比较靠前。

软文营销事实上包括软文推广、软文优化、软文传播三个层面。

从撰写软文的角度来说，大家应当了解受众群体的哪些信息呢？

第一，习惯用语。了解受众群体的习惯用语是为了更好地设计关键词，唯有如此才能达到精准营销的目的。所谓习惯用语，主要是针对当前的服务或产品，消费者或客户会如何表达。

第二，偏好网站。即了解受众群体经常在哪些网站上浏览信息、互动讨论、听音乐或观看视频，甚至要了解受众群体喜欢用什么搜索引擎等。

第三，需求问题。对于企业的产品或服务，潜在客户最关心的问题是什么？在整个交易过程中，消费者或客户有什么不方便的地方？消费者或客户最关注的点有哪些？等等。

（三）设定好茶叶软文题材、内容、结构

一个广告内容可以有多个主题，但一篇茶叶软文只有一个主题，茶叶软文的形式是多样的，如新闻软文通过新闻的方式表现，故事软文以小说、杂文或漫画等形式加以表现。

软文的形式为内容服务，而内容主要为营销目标服务。在茶叶软文的写作过程中，大家应当遵循“四个凡是”，即：凡是更有利于推进营销目标的应当选择；凡是更有利于被消费者接受的应当选择；凡是更有利于被媒体采纳的应当选择；凡是更有利于以上三项的应当作为首要选择。

选择合适的表现形式的主要在于更好地将内容传递给目标人群，也是为了更好地与目标人群沟通。

软文的结构包括两种，一种是写作思路的结构，另一种是文章编辑的结构。

写作思路的结构是“意”，文章编辑结构是“形”。“形”可以理解为一些小技巧，如软文段落的优化。软文段落的优化其实是一种阅读上的体验处理，就是让读者能自然而然地、轻松愉悦地读完全文。

（四）定标题

有过软文撰稿经验的创作者一定知道，在设计标题上花费的时间往往比撰写正文的时间还要长。因为标题是吸引受众进一步阅读的前提，如果标题不能吸引人，再好的软文内容也无人问津。

那么，标题对于软文而言作用有多重大？具体详见表 8–3。

表 8–3　软文标题的作用

标题作用	具体表现
对全文提纲挈领	一篇文章一个主题，一个主题简单到可以用一句话来概括，而这句话往往就是标题，起到提示与概括全文的作用
便于搜索引擎抓取识别站点	网页的标题设计在被搜索引擎收录之后，当读者搜索标题中的文字时，该网页就能被搜索出来
吸引读者	如果标题没有很强的吸引力，它无法吸引读者点击阅读，那么文章的撰写就毫无意义
宣传公司、传播理念、推广产品、创建品牌及树立形象	大企业往往都是通过软文中的标题这一方式，一篇接一篇地宣传公司的理念、介绍公司的产品、推广公司的品牌
加强关键词权重	在网页文本的设计中，从搜索引擎优化的角度来说，标题还有加强关键词权重的作用
过滤访客	好的标题可以把那些阅读后不会产生购买兴趣的消费者过滤出去，把可能购买的消费者吸引进来

（五）设计关键词

关键词是指搜索时在搜索框中输入的文字或符号。在网络软文中，一个关键词往往就是一个市场的缩影。如搜索杯子，用户搜索杯子往往是需求方寻找供求方。如搜索马克杯，就可以将其理解为细分市场。而关键词的排名程度完全可以影响到企业在网络市场上的占有率。一般而言，关键词排名越靠前流量就越大，流量大销量就大，销量大利润也会随之增加。

如何设计关键词，一般来说有以下几种思路。

(1) 以消费者的思维方式来选词，从消费者的用语习惯来思考。

(2) 将关键词扩展成一系列词组或短语。

(3) 将关键词进行排列组合。

(4) 在做搜索引擎排名时最好不要使用通用词，搜索量大、竞争性强的词汇很难位于排名的首页。

(5) 使用区域设定关键词越精准越有效，同时由于搜索量相对较少而会得到较好的排名。

(6) 了解竞争对手使用哪些关键词。

(7) 在软文优化过程中，要控制关键词的数量，一篇软文一个主题，在标题中关键词最多只能有三个，同时这些关键词可以巧妙地出现在文章当中。

(8) 设定能产生高回报、高收益的词组。例如，在“考研必过补习班”这个短语中，将关键词“考研”和“必过”绑定在一起时，产生的高回报就是对潜在消费者最好的吸引。

(9) 通过软文推广的目的来设计关键词。

(10) 一些常见的设计关键词的简单公式如表 8–4 所示。

表 8–4　常见的设计关键词的简单公式

序号	关键词组合	示例
1	专业 + 服务	办公茶生产、礼品茶包装、员工福利茶团购
2	地区 + 专业 + 服务	贵州办公茶生产、浙江礼品茶包装、云南员工福利茶团购
3	专业 + 产品 + 行为	高档礼品白茶购买、办公红茶批发
4	地区 + 专业 + 产品 + 行为	贵州高档礼品白茶购买、贵州办公红茶批发

三、茶叶软文营销注意事项

(一)具有吸引力的标题是茶叶软文营销成功的基础

软文文章内容再丰富,如果没有一个具有足够吸引力的标题也是徒劳,文章的标题犹如企业的 Logo,代表着文章的核心内容,其好坏直接影响软文营销的成败。所以创作软文的第一步,就是要赋予文章一个富有诱惑、震撼、神秘感的标题,如《〈狂飙〉还有隐藏剧情？只有喝茶的人才能看懂》,通过反问和热门词(电视剧《狂飙》)的组合,给阅读者一个充满神秘感、新鲜感的标题,以新颖的标题获得大量的转载(图 8–4)。这里需要提醒一下大家,标题虽然要有诱惑力,但是切忌变成标题党。

作为细节满满的优质好剧,《狂飙》里**没有一个镜头是多余的!**

普通人只看到大佬们一起喝杯茶,喝茶人却看到他们用建盏这种“古代斗茶标配器具”来展现角力的深意;**普通人只看到茶桌上的可爱茶宠,喝茶人却看到茶宠“马超背父自立”,**猜出了高启强的心理暗线……

图 8–4　微信平台某篇软文标题

(二)抓住时事热点,利用热门事件和流行词为话题

自从“郭美美”事件发生后,各大网站、报纸就开始刊登有关的新闻报道,搜索引擎的搜索量也会增加,所以谁先抓住时事热点,谁就可能取得成功。时事热点,顾名思义就是那些具有时效性、最新鲜、最热门的新闻。如《315 后才知道,这些茶叶都是“添加剂茶”,茶叶也造假,真坏良心》(图 8–5),借用 315 晚会热门事件,增强文章的可信度,吸引消费者打开阅读。

(三)文章排版清晰,巧妙分布小标题

高质量的软文排版必须严谨,试想一下,一篇连排版都比较凌乱的文章,不但会令读者阅读困难、思路混乱,而且会给读者一种不权威的感觉。因此,为了达到软文营销的目的,文章的排版不可马虎,需要做到最基本的上下连贯,可以在每一段话题上标注小标题,从而突出文章的重点,让读者看起来一目了然。在语言措辞方面,如果是需要说服他人的,可以根据事实添

加“据专家称”“某教授认为”等，能够提高文章的分量。

315后才知道，这些茶叶都是“添加剂茶”，茶叶也造假，真坏良心

2022-03-18 20:32

315晚会一出，众多黑心企业可是“遭了殃”！不过，这就叫做“报应”！以前说：“人在做，天在看”，现在我们可以说：“人在做，人在看”，有了315这样的节日，真的是“大快人心”！

然而，记者的力量是有限的，还是有很多没有被爆出的劣质商品，它们也在实时危害着消费者的身体健康，只是很多时候消费者自己也没有注意到！

造假的茶叶就是其中之一！它的存在，好像是被忽略掉了一样，很多人都不知道！然而，我国作为最大的茶叶消费国，它的质量安全当然也是关乎着“国民命脉”的！希望大家在喝茶和买茶的时候要注意了！

图 8–5　微信平台某篇软文

（四）广告内容自然融入，切勿令用户反感

一篇高质量的软文是让读者在阅读时没有感觉插入广告，就是要够“软”，阅读之后读者还能够受益匪浅，认为文章为其提供了不少帮助。如果茶叶软文的写作能力不是很强，最好把软文放在文章的第二段让读者被第一段吸引之后能够继续阅读。如果茶叶软文创作者没有高超的写作技巧，软文的广告切勿放在最后。因为文章内容如果不够吸引人，读者可能没有读到最后就已经关闭了网页。

任务三　茶叶软文的撰写

学会写软文，甚至可以写一篇好的软文时，就会碰到新的难题，那就是创作者的软文要如何脱颖而出、夺人眼球；如何将企业提供的商业信息完美地植入软文中；如何让软文的投放效果更显著。

众所周知，软文的出现是因为硬广告的泛滥而导致消费者在认知上产生了抵触情绪，正如在不断地使用麻药之后，体内就会产生抗体；无论是报纸、杂志还是网络软文的传播，当消费者一眼瞟去："啊！又是软文"的时候，他们会选择不看；当网站编辑或论坛版主一眼望去："啊！又是软文！"的时候，他们就会选择将软文删除。因此，软文的写作就显得尤为重要。

撰写一篇好的软文，并不需要营销人员有深厚的文学底蕴。撰写软文有技巧可寻，营销人员需要通过不断练习来提升撰写软文的能力，掌握一定的技巧将会事半功倍。

一、茶叶软文标题的写作

设计一个有吸引力的标题是软文营销的基础，只有标题引起了用户的阅读兴趣，用户才会阅读软文，最终才可能实现营销目的。有吸引力的标题能给用户展示软文的感染力和可读性，刺激用户的阅读欲望。

广告之父大卫·奥格威曾说，"平均而论，阅读标题的人是阅读正文的 5 倍"。这无疑揭示了标题的重要性。但设计一个有吸引力的标题并不意味成为"标题党"，而是通过一定的标题写作技巧来提升标题的可读性和对用户的吸引力。

（一）新闻式标题：建立读者信任

新闻式标题是指在标题中准确地描述时间、地点、人物、事件等基本要素。相比向读者展示简单直接粗暴的销售广告标题，新闻式标题采取从第三者的角度报道的形式，会更容易被读者接受；读者从关注新闻资讯的角度去阅读，也更容易建立较高的信任度。

新闻式标题重在准确地传达信息，主要由以下要素组成："时间 + 地点 + 事件"或"人物 + 时间（地点）+ 事件"。

［例 1］标题：第四届广东茶叶产业大会将于 8 月 20 日至 21 日在江门举行

时间：8 月 20 日至 21 日

地点：江门

事件：举行第四届广东茶叶产业大会

［例 2］标题：第 19 届功夫茶"茶王赛"将于 6 月 12 日在厦门举行颁奖盛会

时间：6 月 12 日

地点：厦门

事件：举行第 19 届功夫茶"茶王赛"颁奖仪式

［例 3］标题：安溪茶文化？大型主题系列情景剧《铁观音》5 月 15 日火爆来袭！

时间：5 月 15 日

地点：安溪

事件：情景剧《铁观音》开演

(二)盘点式标题:解决读者麻烦

干货盘点、经验分享类软文本身就自带流量,容易受读者青睐。读者可以通过作者的经验总结和分享,快速地获取一些信息和技巧。如果能在标题上善用数字概括,强调文章内容的实用性和可达性,让读者觉得内容聚焦有价值,能够帮助读者省时省事,可能会增加软文的阅读量和收藏转发量。

盘点式标题,主要由以下要素组成:"数字 + 品类 / 知识技巧 + 好处"。

[例 4]标题:快停下! 这 4 种喝茶方式,越喝越伤身! 很多人都试过!

数字:4

知识技巧:喝茶方式

好处:不伤身

[例 5]标题:茶叶怎么泡才好喝? 掌握这 4 个诀窍,秒变泡茶高手!

数字:4

知识技巧:泡茶诀窍

好处:好喝

[例 6]标题:掌握这 5 招,让你快速分辨铁观音的好坏

数字:5

知识技巧:分辨铁观音的方法

好处:快速辨别铁观音的好坏

(三)借力式标题:发挥热点效应

借力式标题是指将时下的热门事件和名人明星的热门话题植入到软文的标题中,充分发挥热点效应,有利于扩大标题对读者的吸引力,让软文在众多的信息中脱颖而出。

借力式标题,主要由以下要素组成:"热点事件 / 知名人物 + 广告类别"。

[例 7]标题:《狂飙》还有隐藏剧情? 只有喝茶的人才能看懂!

热点事件:电视剧《狂飙》

广告类别:茶

[例 8]标题:白茶庆冬奥,一起向未来! 十位奥运冠军、世界冠军邀你共赴一场白茶的约会

热点事件:冬奥会、十位奥运冠军、世界冠军

广告类别:白茶盛会

[例 9]标题:刘三姐的故乡怎能没茶园?! 原来宜州隐藏着这么幽静的一片茶场!

知名人物:刘三姐

广告类别:茶场

（四）绑定式标题：绑定读者关注

绑定式标题是指通过绑定读者的关注圈来吸引关注。相较于其他信息，读者更关心与自身息息相关的信息。在标题中加入与读者自身描述相符的标签，如地域、年龄、性别、星座、生肖、收入、职业等关键词，让读者能从众多信息中一眼就识别出来，在最短时间内抓住其注意力，提高代入感。通过绑定读者关注的话题（如热门话题、名人明星、切身利益、正在进行的任务等），能让信息逃过大脑的筛选，增加对读者的吸引力，从而大大提升文章的阅读点击量。

绑定式标题，主要由以下要素组成："符合读者的身份标签 + 关注的话题"。

[例 10] 标题：中秋送礼不用愁！最适合你的"茶礼清单"已备好

身份标签：计划中秋送礼的用户

关注话题：适合的茶礼清单

[例 11] 标题：一株白茶变成十万亩茶田！三代茶农见证一片叶子的致富路

身份标签：茶农

关注话题：一片叶子的致富路

[例 12] 标题：这些名家经典紫砂茶具，爱茶之人必备！

身份标签：爱茶之人

关注话题：紫砂茶具

（五）悬念式标题：吸引读者眼球

悬念式标题是指在标题中不完整的概括内容，而将正文中最能吸引人眼球的内容或细节提取出来放到标题中；或把事件的经过描述出来但不告知结果；又或是直接说出一个令人惊讶的结论但又不告诉其原因或过程，刻意营造悬念和制造疑问，让读者产生猎奇的心态，想要立刻点进去一看究竟。

悬念式标题主要有两种表现形式：一种是反常或好奇型悬念标题，主要由以下要素组成："反常或好奇的内容 + 引出疑问"；另一种是恐惧型悬念标题，主要由以下要素组成："警惕性词语 + 具体悬疑的内容"。

[例 13] 标题：喝茶养生助长寿，但这三种茶千万别喝，不养生还易致病！

反常内容：喝茶不养生还易致病

引出疑问：哪三种茶不能喝

[例 14] 标题：普洱生茶凭什么比普洱熟茶贵那么多？背后的原因令人吃惊！

好奇内容：普洱生茶比普洱熟茶贵

引出疑问：普洱生茶比普洱熟茶贵的原因

[例 15] 标题：警惕！这种"茶叶"千万别碰，严重可致命！

警惕性词语：警惕

具体悬疑的内容：哪种"茶叶"碰了可致命

[例 16] 标题：小心！ 12 种喝茶方法可能会要了你的命！

警惕性词语：小心

具体悬疑的内容:可能要命的 12 种喝茶方法

(六)对比式标题:唤起读者痛点

1. 对比过去式标题

对比过去式标题是指出读者过往行为中的一些不合理的地方或是失败的经历,激发他们想要改变现状或不想重蹈之前的错误的心理。比如"曾经错过大学,别再错过本科"这个标题,就是利用读者不想在同一个地方跌倒两次的心理,刺激读者付诸行动。

对比过去式标题,主要由以下要素组成:"过去失败经验 + 现在应该如何避免"。

[例 17]标题:茶叶泡完别再倒掉了！今天才知道残茶居然还有这 9 处妙用,赶紧记下不吃亏!

句型:……才知道……

过去失败的经验:残茶倒掉

现在应该如何避免:赶紧记下 9 处妙用

[例 18]标题:去年错过 G20,今年别再错过首届中国国际茶叶博览会咯

句型:……去年错过……别再错过……

过去失败的经验:错过 G20

现在应该如何避免:参加首届中国国际茶叶博览会

2. 对比别人式标题

对比别人式标题是指利用读者不想落后于人的心理,"人有我无,我有人优"的状态特别容易激发行动。如"同样的工作,发工资后才发现,有学历和无学历差距那么大"这个标题,就更容易唤醒读者"别人和自己一样,凭什么别人得到的比自己多"的痛点,从而促使读者产生要报考本科学历的冲动。

对比别人式标题主要有两种表现形式:一种是"同样的工作 / 年龄 / 收入等,别人做了 A 事件而自己没做导致了差距",其中"A 事件是优越性事件"。另一种是"自己还在做 A 事件,别人已经在做 B 事件",其中"B 事件与 A 事件相比,具有领先性、优越性"。

[例 19]标题:同样的年龄,长期喝茶和不喝茶的人,皮肤状态差别这么大

A 事件:喝茶

导致的差距:年龄相同,皮肤状态差距大

[例 20]标题:你还在喝酒？别人已经在喝茶谈生意了

句型:你还在……别人已经在……

A 事件:喝酒

B 事件:喝茶

(七)提示式标题:提醒读者注意

由于人类的应激反应,对于周遭环境的变化非常敏感。所以如果在标题中设置与读者身

边息息相关的外界变化的通知和提示，就更容易引起读者的关注。提示式标题往往会使用“注意”“开始”“今天”“新消息”“新资讯”等词语提醒读者注意，催促读者采取相应的行动。

提示式标题主要有两种表现形式：一种是“目标群体 + 提示性词语 + 具体提示的内容”；另一种是直接省略目标群体的描述，即“提示性词语 + 具体提示的内容”。

[例 21]标题：爱喝茶的汕头人注意了！市食品药品监督管理局曝光 23 批次不合格茶叶

目标群体：爱喝茶的汕头人

提示性词语：注意

具体提示的内容：23 批次不合格茶叶被曝光

[例 22]标题：勐海茶修中心暑假特色茶旅开始报名！机会不容错过

目标群体：暑假出行的游客

提示性词语：开始

具体提示的内容：勐海茶修中心暑假特色茶旅报名

[例 23]标题：最新资讯：“中茶杯”国际鼎承茶王赛春季赛报名今日开启！

被省略的目标群体：茶企

提示性词语：最新资讯、今日

具体提示的内容：“中茶杯”国际鼎承茶王赛春季赛报名

（八）秘闻式标题：激发读者的好奇心

在标题中设置揭秘式的词语，引起读者的关注。这类标题常用的关键词有“揭秘”“内幕”“真相”等。如能在标题中告知读者这是个大部分人都不知道的秘密；或是在标题中加入权威行业机构或专业人士的背书，如“央视”“航空公司”“医生”等词汇，就能更大程度地增加标题的吸引力，促使读者点击阅读。

秘闻式标题主要由以下要素组成：“前缀 + 秘闻内容 + 后缀”；其中“前缀：权威行业机构 / 专业人士 + 秘闻式关键词，后缀：秘闻式句子”。

[例 24]标题：央视曝光茶业乱象，多家知名茶企上黑榜！

前缀：央视 + 曝光

秘闻内容：茶业乱象

后缀：多家知名茶企上黑榜

[例 25]标题：茶叶店老板不会告诉你的事儿，喝茶小心这些山寨货！

前缀：茶叶店老板 + 不会告诉

秘闻内容：山寨茶叶

后缀：喝茶小心这些山寨货

（九）互补式标题：促进读者行动

互补式标题是指在标题中告诉读者过去使用的某种产品并没有发挥出它 100% 的功效，并告知读者给该产品增加一些互补性的产品，会使原有的产品发挥更好的效果，从而促使读者行动。

互补式标题主要由以下要素组成:“在 A 中加入 / 配上 B+ 更佳效果的描述”,其中“A 代表的是读者已购买的产品,B 代表的推荐的互补产品”。此外,B 还可以用“它”替代具体的产品名称,让读者产生好奇心理,从而促使读者点击阅读。

[例 26]标题:它才是“黄金主食”,煮饭、泡茶时加一点,三高稳了,脾胃好了,睡得香了,心情也舒畅了……

A 产品:煮饭、泡茶

B 产品:用“它”替代具体名称

[例 27]标题:只有这些精美的茶具才配得上你的好茶,也让更多年轻人爱上喝茶!

A 产品:茶

B 产品:茶具

(十)稀缺式标题:刺激读者购买

稀缺式标题运用的是“物以稀为贵”的心理,在标题中提供给读者一个看似稀缺的机会,通过对时间、数量、地点、人群或职业等进行限制,如“最后 1 次”“仅限今天”“最后 100 个名额”等,让读者感受到“物以稀为贵”和产生“绝不能错过”的心理,从而促使读者点击阅读,刺激读者购买转化。

稀缺式标题主要由以下要素组成:“稀缺性关键词 + 具体稀缺的内容”。

[例 28]标题:茶博会只剩最后一天! 5 月 2 日七大展馆特惠狂欢!

稀缺性关键词:最后一天

具体稀缺的内容:5 月 2 日茶博会七大展馆特惠狂欢

[例 29]标题:2022 年年度最后一期茶艺报名! 满足社保条件可申请 1500 元补贴!

稀缺性关键词:2022 年年度最后一期

具体稀缺的内容:茶艺报名

(十一)故事式标题:拉近读者距离

故事式的标题对读者更具黏性。将内容中最能吸引人眼球的转折点、最励志或最有情怀的故事细节提取到标题中,让读者深受感染,想要进一步了解创作者成功背后的心酸历程和成功经验,从而促使读者点击阅读。

故事式标题主要有三种表现形式:第一种是成功型的故事标题,句式是“过去的辛酸 + 现在的成功”;第二种是情怀型的故事标题,句式是“花费多长时间 / 放弃多少钱去做一件事”;第三种是将前两种句式结合的混合型故事标题。

[例 30]标题:每年节省 80 万元! 扎根家乡 13 年,她让古树茶加工从“柴火时代”进入了“清洁能源时代”!

情怀事件:扎根家乡 13 年,进入“清洁能源时代”

[例 31]标题:陈方伟:辞掉“铁饭碗”回乡当茶农、开非遗酒店

情怀事件:辞职回乡创业

课堂思考

2021 年的第一天,万众期待的大益“牛”终于揭开它的神秘面纱。在天猫大益茶叶旗舰店直播举行的《大益牛年生肖纪念茶发布会》上,发布了两款牛年生肖纪念茶,分别是力开天地(生)和护犊情深(熟)。

请根据材料,运用标题的写作技巧,拟写至少 3 条标题。

二、茶叶软文开头的写法

如果说标题是挑起读者阅读欲望的关键,那么开头就是挑起读者购买欲望的关键。对于一篇优秀的茶叶软文来说,不仅要有一个好的标题,好的开头也必不可少。抓住读者注意力,促使读者继续阅读文章,是茶叶软文开头的重要作用。如果茶叶软文开头不能吸引读者,读者就会关闭该篇文章的页面,那么将读者转化为买家的机会也会流失。如果茶叶软文在开头就能让读者产生信任感,那么会调动读者的购买欲。另外,茶叶软文的开头还为下文做铺垫,通过设置悬念、举例或者开篇点题等方式奠定基调,推动下文的发展,使广告内容能够很好地被植入。

因此,茶叶软文开头忌废话,人们阅读一篇文章的精力和时间都是有限的,茶叶软文的开头一般都很精炼,文字内容不会很冗长,开头部分的内容节奏需紧凑、不拖拉。

(一)开门见山直奔主题

所谓开门见山就是直截了当,直奔主题,毫不拖泥带水。这种写作方法在文章一开始就引出文中的主要人物或点出故事,或揭示主题或点明说明的对象。它要求快速切入文章中心,将文章需要表达的内容直接描述给读者。

软文中的开门见山式写法,就是直接说明某产品或服务的好处,介绍如何解决某种问题等(图 8-6)。这种写作手法主要围绕产品本身的功能或特性来展开,同时结合读者情况,以引起读者共鸣。

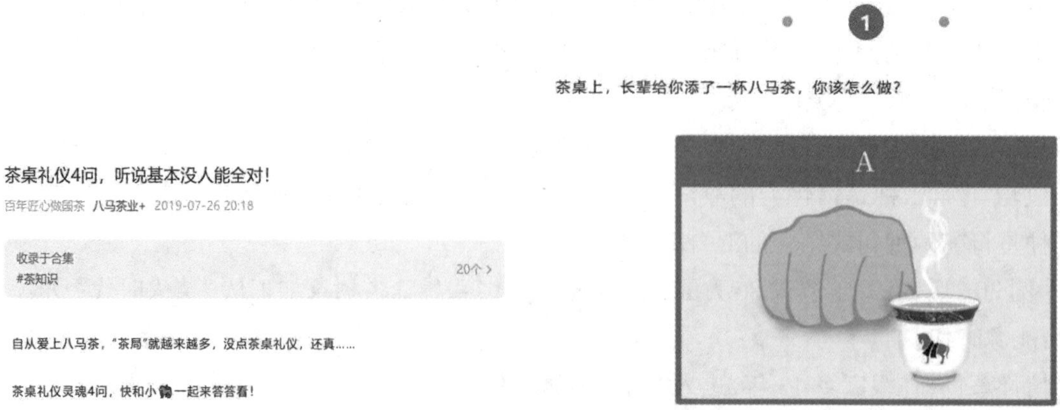

图 8-6 开门见山式开头

（二）描绘场景营造氛围

在开头有目的地引入或营造软文行动目标所需要的氛围、情境，预热主题，以激起读者的情感体验，调动读者的阅读兴趣。

在写茶叶软文时，创作者要灵活运用这种方式，充分突出软文的“软”，最好是将产品放到一定的情景中，通过情景的描述和渲染，让消费者融入其中，毫无违和感地接受商家推广的产品。因此，在开头描述的具体场景要符合目标人群的需求，为了让场景更有说服力，可以配图加以解释，如图 8-7 所示。

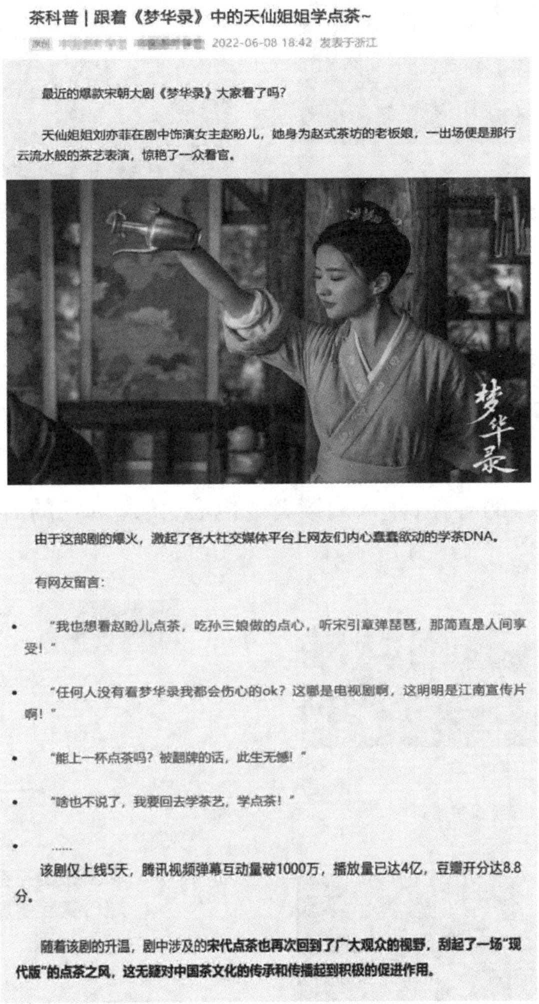

茶科普 | 跟着《梦华录》中的天仙姐姐学点茶~

[redacted] 2022-06-08 18:42 发表于浙江

最近的爆款宋朝大剧《梦华录》大家看了吗?

天仙姐姐刘亦菲在剧中饰演女主赵盼儿，她身为赵式茶坊的老板娘，一出场便是那行云流水般的茶艺表演，惊艳了一众看官。

由于这部剧的爆火，激起了各大社交媒体平台上网友们内心蠢蠢欲动的学茶DNA。

有网友留言：

- “我也想看赵盼儿点茶，吃孙三娘做的点心，听宋引章弹琵琶，那简直是人间享受！”
- “任何人没有看梦华录我都会伤心的ok？这哪是电视剧啊，这明明是江南宣传片啊！”
- “能上一杯点茶吗？被翻牌的话，此生无憾！”
- “啥也不说了，我要回去学茶艺，学点茶！”
- ……

该剧仅上线5天，腾讯视频弹幕互动量破1000万，播放量已达4亿，豆瓣开分达8.8分。

随着该剧的升温，剧中涉及的**宋代点茶也再次回到了广大观众的视野，刮起了一场“现代版”的点茶之风，这无疑对中国茶文化的传承和传播起到积极的促进作用。**

图 8-7　以描绘场景开头

（三）引入名句突显文章主旨

在文章开头精心设计一段短小精悍、紧扣主题又意蕴丰富的文字，或者使用名人名言、谚语、诗词等来引领文章的内容，凸显文章的主旨及情感。这样既显露文采，又能提高文章的可读性，吸引读者，如图 8-8 所示。

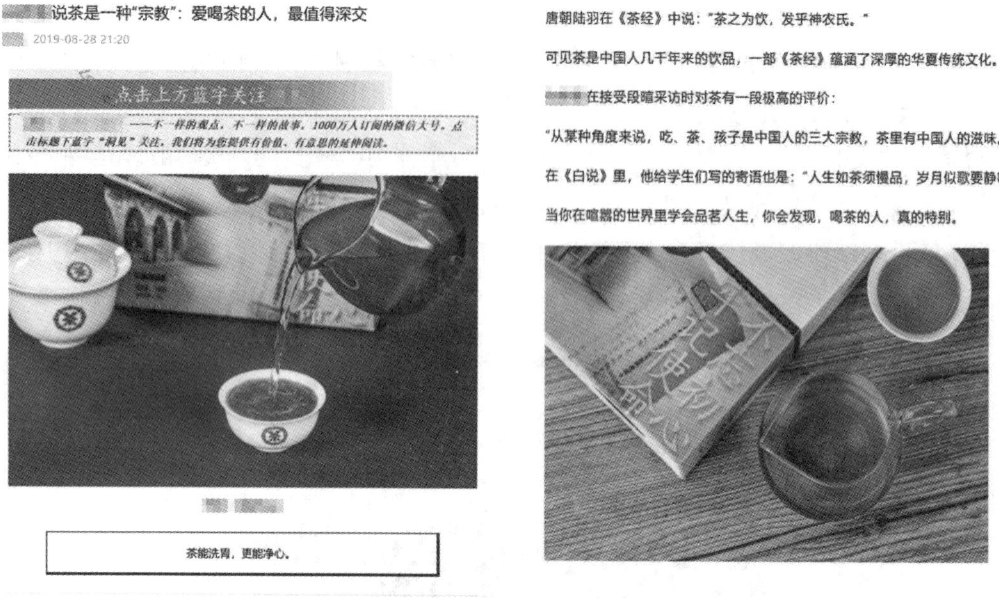

图 8-8　引入名句开头

（四）痛点切入戳中要害

生活中的不得已，不管大家是否承认，它就在那里，只是偶尔被忘记。而产品就是为了解决这些问题，所以软文完全可以从提示阅读者生活中的不得已开始。图 8-9 所展示的是站在阅读者的角度，把握阅读者的心理，代入阅读者的内心，传递真实的需求痛点。

图 8-9　痛点切入开头

（五）故事导入吸引消费者关注

这种方法开头是将富有哲理的小故事，或者与要表达的中心思想相关的小故事作为开头，后续用一句话来揭示道理，如图 8–10 所示。

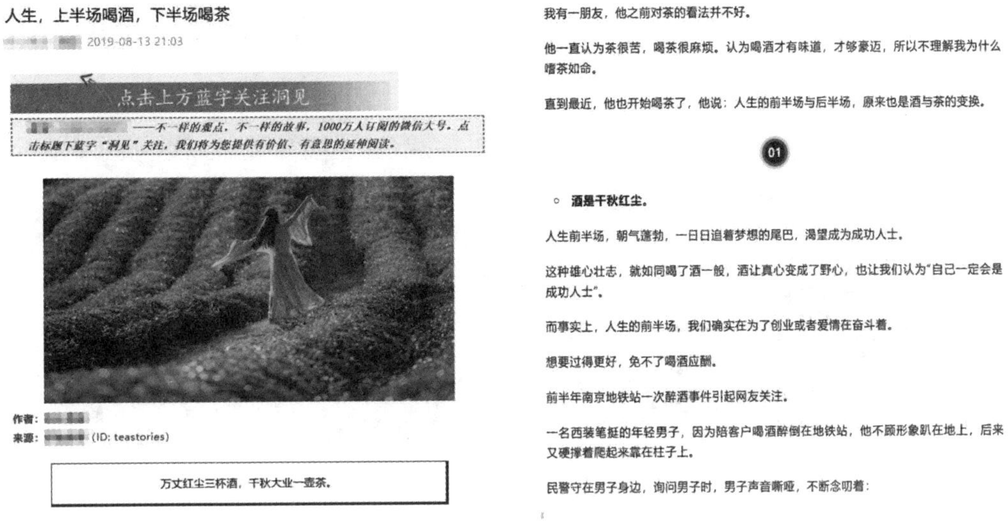
人生，上半场喝酒，下半场喝茶

2019-08-13 21:03

点击上方蓝字关注洞见

——不一样的观点，不一样的故事，1000万人订阅的微信大号。点击标题下蓝字“洞见”关注，我们将为您提供有价值、有意思的延伸阅读。

作者：

来源：(ID: teastories)

万丈红尘三杯酒，千秋大业一壶茶。

我有一朋友，他之前对茶的看法并不好。

他一直认为茶很苦，喝茶很麻烦。认为喝酒才有味道，才够豪迈，所以不理解我为什么嗜茶如命。

直到最近，他也开始喝茶了，他说：人生的前半场与后半场，原来也是酒与茶的变换。

01

- **酒是千秋红尘。**

人生前半场，朝气蓬勃，一日日追着梦想的尾巴，渴望成为成功人士。

这种雄心壮志，就如同喝了酒一般，酒让真心变成了野心，也让我们认为“自己一定会是成功人士”。

而事实上，人生的前半场，我们确实在为了创业或者爱情在奋斗着。

想要过得更好，免不了喝酒应酬。

前半年南京地铁站一次醉酒事件引起网友关注。

一名西装笔挺的年轻男子，因为陪客户喝酒醉倒在地铁站，他不顾形象趴在地上，后来又硬撑着爬起来靠在柱子上。

民警守在男子身边，询问男子时，男子声音嘶哑，不断念叨着：

图 8–10　以故事作为开头

（六）巧用修辞增加可读性

正文中常用的修辞手法有比喻、拟人、借代、夸张、对偶、排比、设问和反问等，通过这些修辞手法来写文章开头，可以让文章更有趣味性和可读性，如图 8–11 所示。

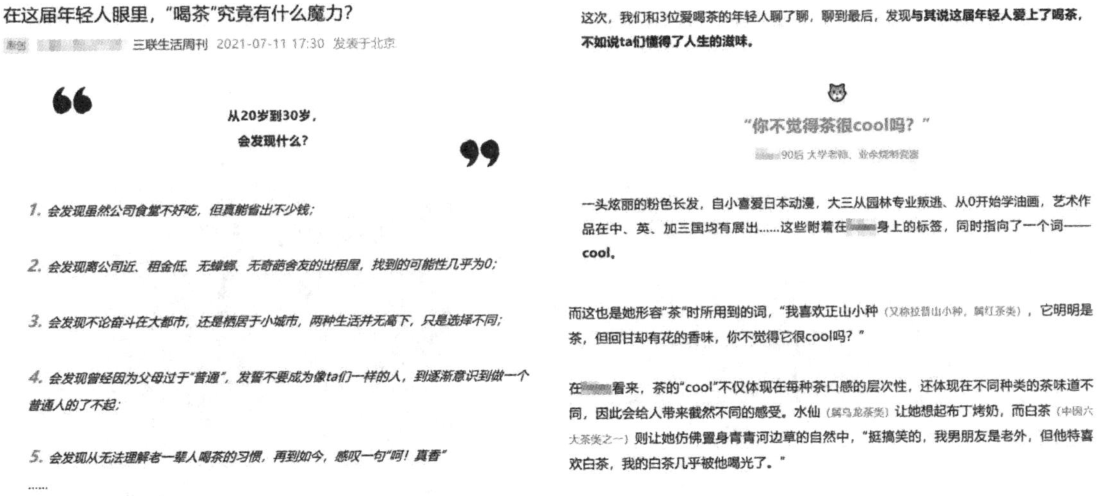
在这届年轻人眼里，“喝茶”究竟有什么魔力？

三联生活周刊 2021-07-11 17:30 发表于北京

从20岁到30岁，
会发现什么？

1. 会发现虽然公司食堂不好吃，但真能省出不少钱；

2. 会发现离公司近、租金低、无蟑螂、无奇葩舍友的出租屋，找到的可能性几乎为0；

3. 会发现不论奋斗在大都市，还是栖居于小城市，两种生活并无高下，只是选择不同；

4. 会发现曾经因为父母过于“普通”，发誓不要成为像ta们一样的人，到逐渐意识到做一个普通人的了不起；

5. 会发现从无法理解老一辈人喝茶的习惯，再到如今，感叹一句“呵！真香”

……

这次，我们和3位爱喝茶的年轻人聊了聊，聊到最后，发现**与其说这届年轻人爱上了喝茶，不如说ta们懂得了人生的滋味。**

“你不觉得茶很cool吗？”

一头炫丽的粉色长发，自小喜爱日本动漫，大三从园林专业叛逃、从0开始学油画，艺术作品在中、英、加三国均有展出……这些附着在身上的标签，同时指向了一个词——cool。

而这也是她形容“茶”时所用到的词，“我喜欢正山小种（又称拉普山小种，属红茶类），它明明是茶，但回甘却有花的香味，你不觉得它很cool吗？”

在看来，茶的“cool”不仅体现在每种茶口感的层次性，还体现在不同种类的茶味道不同，因此会给人带来截然不同的感受。水仙（属乌龙茶类）让她想起布丁烤奶，而白茶（中国六大茶类之一）则让她仿佛置身青青河边草的自然中，“挺搞笑的，我男朋友是老外，但他特喜欢白茶，我的白茶几乎被他喝光了。”

图 8–11　巧用修辞写开头

（七）夸张刺激以“利”诱人

夸张的写法可以快速抓住消费者的眼球，让消费者想一探究竟。夸张刺激的开头写法，主要是通过惊人的内容来吸引消费者，这些内容包括产品的人气、销量、价格等，其中销量是产品品质最有说服力的一项。销量火爆不仅代表着产品的超高人气，还表明了消费者对产品品质的认可，如图 8-12 所示。

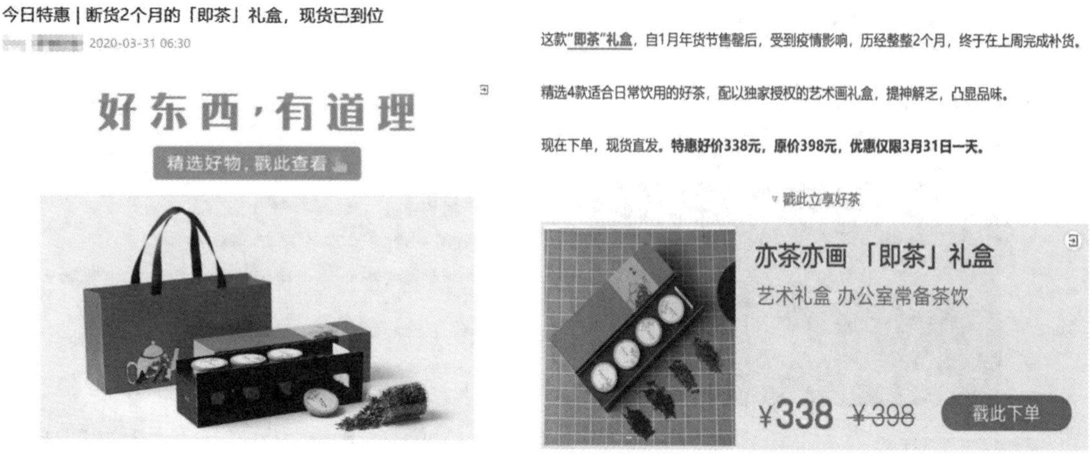

图 8-12　夸张刺激开头

（八）联想猜测开头

联想猜测与夸张刺激类似，但联想猜测更倾向于写实或拟人，能让消费者在看到文章的第一时间展开丰富的联想，激发消费者的阅读欲望，如图 8-13 所示。

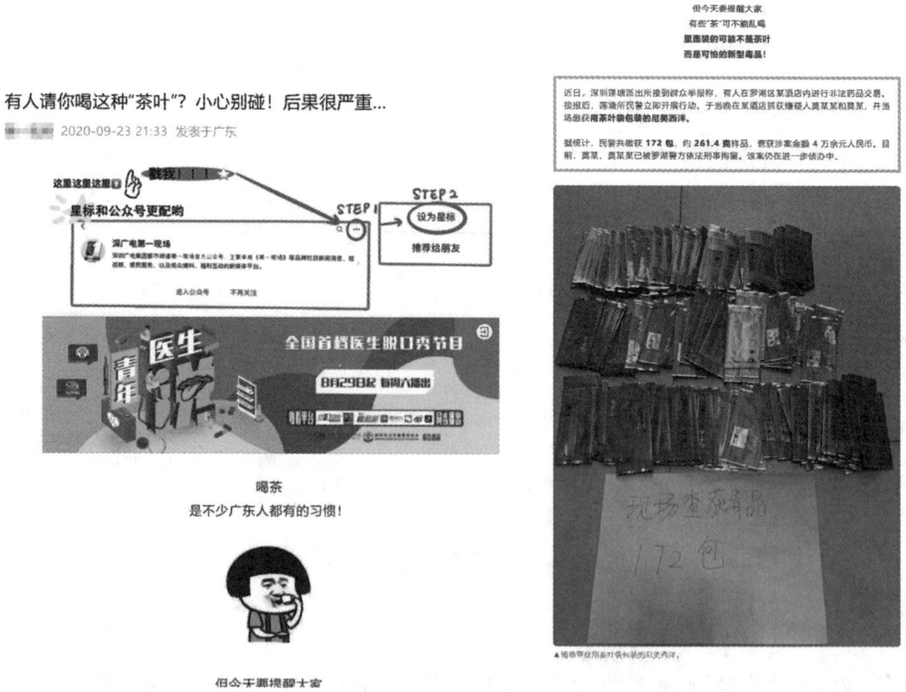

图 8-13　联想猜测开头

三、茶叶软文正文的布局

文章讲究“凤头、熊腰、豹尾”，“凤头”说的是开头新奇，“熊腰”是指中间内容详尽，“豹尾”就是结尾巧妙、强而有力。软文的写作离不开这个原则。在茶叶软文营销中，软文的正文起到唤醒读者需求、解决需求、促进购买的作用。要实现这样的目的，就要求正文有一定的排兵布阵，特别是对于较长的茶叶软文来说，更要讲究排列，让内容饱满，从而抓住读者的心。在写茶叶软文时，使用一些布局技巧，可以让软文更具可读性，布局技巧有以下几种。

（一）悬念式

所谓悬念式正文布局，是指通过设置疑团引起读者的好奇心，让读者迫切地想要往下阅读找到答案。即把文章中最吸引人的情节前置设疑，然后在正文部分层层铺垫，逐步解开疑团。

这类软文的主要表现形式有以下两种。一种是抛出一个让人感到惊讶或好奇的事件起因，不告诉其结果，即通过层层递进、一环扣一环的方式解开答案；另一种是告知读者一个难以想象的结果，但对其过程及原因不做交代，即通过倒叙的方式逐一揭开谜底。

（二）抑扬式

可以采用先抑后扬（又称欲扬先抑）的方法进行写作，这种方法是为肯定人、事、景、物，先用曲解或嘲讽的态度尽力去贬低或否定它的一种构思方法。例如，要写某茶场的好，开头先写它的不好，再通过赞扬来说明它的好，但注意要抑少扬多。

通过软文推广产品、服务或思想时，也可以写不好的方面，这种不好一般都不是核心点上的不好，而是一些无伤大雅的不好。当然这需要创作者用高明的写作手法来体现。以下是两篇对某茶叶的描写，前一段采用平铺直叙的方法，后一段采用欲扬先抑的方法，读者可以对比表达效果。

平铺直叙：某茶企的产品我一直都十分喜欢，最近它们推出了一款新产品礼盒，可以在网上申请免费试用。于是我凌晨就等在电脑前准备抢购，但没想到的是，活动一开始就被其他人抢完了。哎！要是我速度再快一点就好了。

欲扬先抑：某茶企！我恨你！你知道你有多招恨吗？你不知道我一直都很喜欢你的产品吗？为什么刚出的新品不多放一些！你不知道新年“茶礼”是我的目标吗？我凌晨就等在电脑前准备抢，3 秒啊！只有 3 秒就没有了！哎！要是我速度再快一点就好了！

以上两个片段都是推广新产品茶叶礼盒的软文，可前一段就事写事，毫无吸引力；后一段先抑后扬，使文章显得曲折生动，给读者留下了深刻的印象，增加了文章的感染力。

先抑后扬可以让读者解除心理防线，且行文会让读者产生反差感，而这种反差感是读者记住一个商品或品牌的好方法。

在写故事性软文时，更要注意写作技巧。不要让读者看到文章开头就知道文章结尾，要避免平铺直叙，要做到千折百转，使文章产生诱人的艺术魅力。

（三）穿插回放式

利用思维可以超越时空的特点，以某物象或思想情感为线索，将描写的内容通过插入、回访、倒放等方式形成一个整体。选好串联素材的线索，围绕一个中心截取组织材料，如图 8-14 所示。

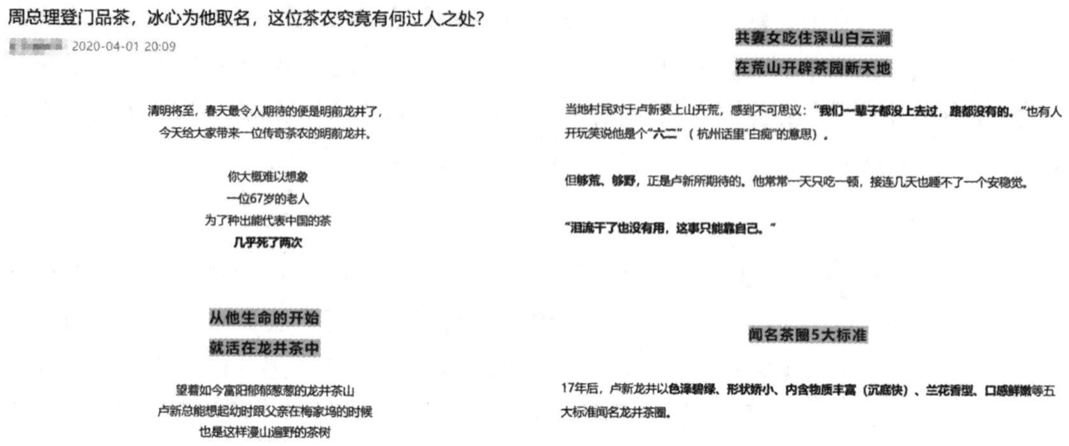

图 8-14　穿插回放式布局

（四）片段组合式

片段组合式软文布局主要是将体现同主题的几个生动、典型的片段有机地组合起来，用于叙述事件，描写商品特点，烘托品牌。主要是以叙事的方法进行创作，但注意每个片段的内容不要太多且不能分散主题，一定要多角度地围绕主题来展开推广，如图 8-15 所示。

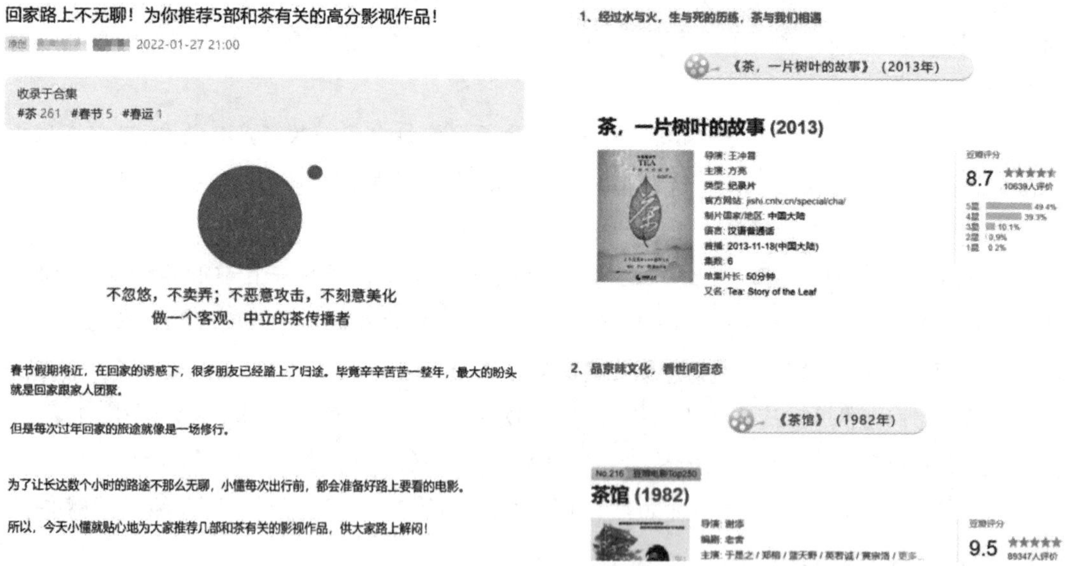

图 8-15　片段组合式布局

（五）层递式

层递式软文布局方法主要针对一些比较复杂或陌生的产品，多以议论文体的形式写作。

写作层递式软文就是把消费者遇到的问题一层层地剥离，在论证的过程中要做到层层深入、步步推进、环环相扣。论述时的层递叙述方式有以下三种。

(1) 由现象递进到本质，由事实递进到规律。

(2) 直接讲道理，层层深入。

(3) 提出 “是什么” 后，展开对 “为什么” 的分析，最后讲 “怎么样”。

层递式软文具有逻辑严密的特点，其内容之间的逻辑关系、顺序等不可随意颠倒。

写层递式软文时，可以站在读者的角度，罗列出读者可能遇到的各种问题，并对这些问题及解答方法做到心中有数，把握文章的递进关系，如图 8–16 所示。

茶与酒，中国人的两种性格

点击上方蓝字关注洞见

酒不醉人人自醉，茶不清心心自清。

01

喝酒，总是在心境大起大落时。

高兴了，喝两杯助兴；心烦了，来几壶浇愁。

“酒入豪肠 七分酿成了月光”。胸中怀一腔豪气，美酒灌入，心境更加开阔，心情更加爽朗。

“慨当以慷，忧思难忘。何以解忧？唯有杜康。”忧愁时，痛饮一壶好酒，暂时忘却人世间的纷扰烦忧。

文人骚客独自畅饮美酒时，酒是暂时脱离世俗的媒介。喝到酣畅淋漓，酩酊大醉，醉后“无思无虑，其乐陶陶”。

一人饮醉，亦或有不得已而为之的辛酸。竹林七贤之一的阮籍，面对曹魏的覆亡，又不肯与司马氏合作，只能借醉酒来避免激烈冲突，全生避害。

人在世间，多少无奈，幸有美酒相伴，暂解烦忧。

酒，代表着真性情。

酒后的人易吐真言，自然流露出内心真实情感。

酒，代表着热情豪爽、狂放不羁的性格。

不拘小节，不屑算计，懒争蜗角小利。

侠者如酒，嫉恶如仇，一往无前，无惧无畏。

02

喝茶时，心境平和，波澜不惊。

曾有一位官员在饮茶时说：茶乃人生，茶叶在壶中沉浮，似是人生之沉浮。

独自泡上一杯茶，看茶叶在沸水中旋转、升腾，又落下，最终沉在杯底。

揭开盖子，一杯清茶已成，香气清雅馥郁，沁人心脾。

初饮微苦，再品回甘，然后茶香萦绕齿间。在这细细品味中，心境淡如清风。

喝茶，是浮华之后的素朴，是热闹之后的静默。

喝茶后，人往往保持沉默。人生真味，也就在这不言中了。

“扫来竹叶烹茶叶，劈碎松根煮菜根。”喝茶，从淡淡的苦味中品得一丝甘甜。平凡朴素的生活中自有真趣，繁华落尽见真淳。

茶，代表着沉静稳重的性格，老成持重。

智者如茶，看破了人世间的虚华，淡泊名利；心境寂然，超脱通透。

道家的两位先哲，老子如茶，庄子则如酒。

看着世人沉浸在热闹喧哗中，老子却孑然沉默，似朴拙木讷。

“众人熙熙，如享太牢，如春登台。我独泊兮其未兆，如婴儿之未孩，儽儽兮，若无所归。”（《老子》第二十章）

老子为智者，冷静沉默。大智若愚，大巧若拙。

庄子的心灵则徜徉在天地之间，尽情驰骋想象，想落天外；语言汪洋恣肆，洋洋洒洒。

“乘天地之正，而御六气之变，以游无穷。”心灵自由超脱，达到“独与天地精神之往来”的人生境界。

茶与酒，代表了中国人的两种性格，也都能助成艺术人生。两者互补，又可并存，豪爽似酒的人也会冷静沉着，淡泊如茶的人也会有真性情之洒脱。

图 8–16　层递式布局

（六）总分总式

总分总式结构中的“总”是指文章的总起或总结，是文章的中心思想；“分”是指分层叙述。总分总的结构就是在文章开头先点明主题，然后在文章的主体部分将中心论点分成几个横向展开的分论点进行论证、逐层深入，最后在结论部分加以归纳、总结和必要的引申。

运用总分总结构时要注意分、总之间的紧密联系，分述部分要围绕总述的中心思想进行，总述部分应是分述部分的总纲或结论。

（七）体验式

体验式正文布局是指以读者或第三方的口吻，通过对消费及使用产品的过程体验进行描述，给读者提供客观建议的同时植入推广产品的优点，进一步加深产品在读者心中的印象，让读者在不知不觉中接受产品及产生购买欲。主要的表现形式是：描述消费及使用产品的过程体验，客观地评论产品的优缺点，在与同类产品比较中突出自身卖点并形成最终建议，完成产品销售、口碑引导等营销目的。

(八)正反对比式

通过正反两种情况对比分析论证观点的结构形式。通篇运用对比,把道理讲得更透彻、更鲜明;局部运用正反对比的论据,可以让材料更有说服力。创作者在使用该方法时还需要注意以下三点。

(1)围绕中心论点选择比较材料,且所选择的对象必须是两种性质截然相反或存在明显差异的事物。

(2)论证前先确定对比的论点,论点要紧扣文章中心。

(3)正反论证应有主次之分。若从正面进行论证,则以正面论述为主、反面论述为辅;若从反面进行论证,则以反面论述为主、正面论述为辅。

如《喝茶和不喝茶,差距原来真的这么大!》正是运用正反对比方式布局全文。

四、茶叶软文结尾的写法

软文结尾主要有两大作用,一是加深读者印象,二是引导读者做出行动(包括关注、购买等)。软文没有固定的结尾方式,根据文章内容的不同,其结尾形式也可以各有不同。

(一)自然收尾

自然收尾方式适合于叙事型软文,通常是正文所记叙的事情结束后,文章就自然地结尾。这种收尾方法不会在结尾描述其他丰富的对象或以深刻的哲理性语言结束,而是自然而然地完结,通常记叙的是某件事情的结果。

(二)首尾呼应

首尾呼应的结尾写作方法多用于议论性的软文,而记叙性的文体比较少。这种收尾技巧能使文章的结构更加完整并具有较强的条理性。

首尾呼应写法的结尾是根据文章开头来写的。文章的开头提出观点,中间的内容进行分析,而结尾则自然而然地回到开头的话题,产生一种首尾呼应、浑然一体的感觉。

(三)篇尾升华

篇尾升华式结尾是指软文开篇没有提出明确的主旨,在结尾的时候通过一句话或一段话来点明主旨、升华主题,起到卒章显志、画龙点睛的作用。在结尾处拔高主题后再自然而然地接入广告,对读者的转化更有促进作用。

(四)名言警句

使用古今中外的诗文佳句名人言论可以使软文的意境得到提升,特别是一些具有励志、警示意义的语句,更是广泛地应用于文章写作中。使用名言警句能表达出文章的深刻含义和中心思想,以一种富于哲理或警醒的形式深深地印在消费者心中,起到“言已尽,意无穷”的作用。

需注意的是,这种结尾要与产品或服务在某方面有所关联,表面上是对社会或对人生的思考、警示,实际是为了推广产品或服务。

（五）抒情议论

用抒情议论的方式结束文章，能够表达作者心中的情绪，激起消费者情感的波澜，引起消费者的共鸣，有着强烈的艺术感染力，有助于深化主题。这种结尾方式多用于写人、记事或描述类的文章。

（六）请求号召

在文章结尾处向人们提出某些请求或发出某种号召，以求引起人们的共鸣，加深人们对此事的印象并将其铭记于心。这是一种可以引起人们自发地支持文章所发起的隐形的号召力量，多用于公益类的软文。

例如，《国际茶日 | 泡好一杯中国茶"我为中国茶代言"》一文的结尾——演绎中国茶的精彩，从泡好一杯中国茶开始。让世界爱上中国茶，从泡好一杯中国茶开始。让我们一起泡好一杯中国茶！

（七）祝福

祝福式结尾是指站在第三者的角度对软文中的人或者事物进行祝福。

例如，《国际茶日 | 茶有缘，饮无疆，让世界爱上中国茶》一文结尾——让我们举杯同庆"国际茶日"，共饮万里香馨，祝愿各位茶友"茶"道顺遂，和和美美。

（八）巧妙发问

巧妙发问式结尾多用于叙述性软文，是指在结尾处写下深刻含义的结束语后加入问句，引起读者反思，强化主旨。巧妙发问式结尾的软文留给读者更多的想象空间，颇有"余音绕梁，三日不绝"的韵味，同时也达到和读者互动的效果。

（九）神转折

神转折式结尾是指软文正文部分一直在叙述一个与推广产品无关的内容，但在结尾部分突然转折到另一个看似与之前叙述的内容毫不相干的话题，或是在结尾部分给出一个出人意料、峰回路转的结局并展示广告。

软文内容转折的前后形成一种强烈的反差感和奇特的荒谬感，从而引发某种程度的喜剧效应，让读者感觉突兀而又有趣。这种写法能把广告较好地隐藏起来，使读者毫无防备地阅读，待读者反应过来时，这些推广已被读者所接受。

复习思考题

1. 软文营销具有哪些特点？
2. 可以使用哪些技巧来完成软文的写作？
3. 软文标题有哪些类型？
4. 如何布局软文的结构？

工作任务清单——撰写营销软文

任务情景描述

新春来临之际,某茶企推出两款茶品礼盒。一款是“五福临门”礼盒,其包装设计以“长寿福”为主画面,蕴含着多子、多田、多才、多寿、多福的吉祥寓意,礼盒以朱红色调为主,内含福、寿、禧三款熟茶,禄、财两款生茶,每饼 100 g,定价 599 元 / 盒。一款是“宫廷珍藏”礼盒的新春版,内含 200 g 宫廷珍藏熟茶散茶和 50 g 五年陈新会陈皮,既可单泡纯饮,又可混合调饮。礼盒包装以皇廷宫阙的设计配上双开门结构,寓意开门见喜、双喜临门,定价 399 元 / 盒。

现需要撰写用于推广该茶企两款茶品礼盒的营销软文。

建议学时

2 学时

任务流程与活动

任务活动 1:任务确立;

任务活动 2:撰写标题;

任务活动 3:撰写描述内容;

任务活动 4:撰写推广软文;

任务活动 5:评价与总结。

任务活动 1:任务确立

(1)活动思考。

本项目工作任务的具体内容是什么?

____

____

(2)思想提升。

中小型茶企如何进行软文营销活动?

____

____

任务活动 2:撰写标题

活动步骤	活动要求	活动记录
步骤 1	思考:如果作为企业销售人员,你觉得什么样的标题能突出这两款礼盒的卖点?	标题 1:
步骤 2	思考:如果作为消费者,你觉得什么样的文章标题能促使你打开文章进行阅读?	标题 2:

任务活动 3:撰写描述内容

活动步骤	活动要求	活动记录
步骤 1	对茶叶礼盒消费者进行分析，了解消费者在选购过程中最关注的产品细节	列举消费选购细节：
步骤 2	结合消费者选购细节，列举该企业推出的茶品礼盒符合消费者选购细节的关键词	关键词：
步骤 3	结合列举的关键词，撰写出符合标题的产品介绍	描述内容：

任务活动 4:撰写推广软文

活动步骤	活动要求	活动记录
步骤 1	假设茶品礼盒将于春节推出，请结合产品，撰写一篇新闻稿式的软文	软文 1：
步骤 2	假设你已购买这款礼盒，请以消费者的角色撰写一篇测评类的软文	软文 2：

任务活动 5:评价与总结

(1)评价。

一级指标	二级指标	评价内容	分值	自评	互评	师评
工作能力	学习能力	可以完成学习活动的各种能力组合	10			
	操作能力	能够根据所学的技能独自完成工作任务	10			
	创新能力	具备新思想、新理论、新方法和新发明的能力	10			
工作态度	学习方法	根据工作任务能对知识进行归纳总结	10			
	学习态度	对学习保有较为持久的行为状态	10			
作品成果	成果展现	作品完整度	50			

(2)所思所获。

项目九　茶叶移动营销新模式

学习目标

★知识目标

了解茶叶二维码营销

了解茶叶 App 营销

★技能目标

熟悉茶叶二维码营销的渠道

熟悉茶叶 App 营销模式

掌握茶叶 App 营销的推广介绍

★素质目标

遵守法律法规、平台规范

创新思维，创作和传播积极、正能量的内容

树立品牌理念，提升文化自信

案例导入

高精准度解决方案，帮助茶企排除困惑

茶业市场竞争越发激烈，各大茶商甚至跨行卖茶的经营者都想从这个庞大的市场上分一杯羹，传统茶企不能只利用传统渠道优势来整合现有的资源进行传播。传统媒介传播和自我的茶文化意识形态，导致品牌理念无法让消费者自然接受，更不要谈消费忠诚度。DY 茶迫切需要搭建一个能够掌控货物流向、经销货物库存动态数据、消费者数据的一个大数据平台，整合各渠道的数据进行精准营销、数据分析等。

经过半年的寻觅，DY 茶最终选择了一个大数据引擎系统，利用系统来建立统一的大数据管理平台，打通多个渠道进行经销商货物管控、用户信息的实时收集，通过数据建模为用户建立属于自己品牌的用户画像，统一分析管理，深度掌握消费者行为与偏好特征，从而实现精准营销。

1. 防窜货

针对货物的防窜，DY 茶对每罐茶叶进行一物一码的赋码处理，利用大数据引擎系统打造一罐

一码、一箱一码,同步将经销商资料全部导入系统数据库,设定限售区域,定品、定量、定经销商方式进行 PDA 快速扫码出货,终端消费者扫码,后台呈现扫码地区,当消费者扫码地区与该批货对应的经销商地区不符时,系统后台实时报警列出窜货信息。基于大数据的方式,实现消费者人人参与、人人监督,实时监控窜货经销商、窜货商品、窜货地区,如发现窜货经销商能第一时间作出警告或处罚,减少稽查人工成本,维护经销商及消费者合法权益。

2. 渠道掌控

通过一物一码,将货物通过 PDA 出货给指定经销商,通过后台扫码数据(二维码被扫即代表货物售出)监控货物销售情况,知晓经销商该批货物的动态销售情况(简称动销情况),销售数据实时知晓,无须等到月末或者季末才进行汇总,方便及时进行销售战略调整,占领市场。

3. 解决营销成本大问题

将传统的媒体推广成本,转移到二维码营销上,通过二维码的营销属性,赋予二维码发放红包、积分、优惠券、流量、话费、实物属性等方式。终端消费者购买整罐茶叶,扫码检验真伪,还能获取企业发放的福利(如红包、积分、优惠券等),提升品牌公信力,树立品牌形象,提升用户体验和复购率,快速拉动终端销量。

4. 解决用户大数据问题

抓取从经销商到消费者的用户数据,通过对数据分析挖掘,反向了解产品动销情况、库存情况、区域情况、收藏情况,再根据用户行为属性,自定义进行标签分组,为二次精准营销提供数据支持,降低营销成本。同时将消费者全部吸引到企业通过系统建立的会员体系中,完善会员体系、积分体系和网上交易体系。

任务一　茶叶二维码营销

二维码营销是移动营销的重要组成部分之一。茶叶企业可传播二维码图案,引导消费者扫描二维码,并推送相关的产品资讯或推广活动,刺激消费者购买。

随着移动互联网的发展和智能手机的普及,茶叶二维码营销已经成为目前常用的新型营销方式。这种营销方式可以直接在互联网上发布、传播,也可以通过传统线下途径传播,然后将消费者引至线上消费。

一、二维码营销概述

二维码是用某种特定的几何图形按照一定的规律,在二维方向上分布的黑白相间的记录数据符号信息的图形。茶叶二维码图案指向的内容十分丰富,包括茶叶产品资讯、促销活动、在线预订、溯源防伪等。它不仅可以为消费者提供更加便利的服务,而且还是茶叶企业开展网络营销的优质营销途径。

二、茶叶二维码营销优势

从茶叶企业的角度分析，二维码营销有以下五个比较明显的优势。

（一）便捷

消费者只需通过手机扫描二维码即可随时随地浏览、查询、支付等，在茶叶企业产品展示、活动促销、消费者服务等方面具有不错的效果。

（二）易于修改

茶叶二维码营销内容可以根据企业的营销策略实时调整，如需更改内容信息时可直接在系统后台更改，无须重新制作投放，减少企业的制作成本。

（三）易于进入商业市场

随着移动营销的快速发展和二维码的普及，功能齐全、人性化、省时实用的茶叶二维码营销策略更容易打入市场，茶叶企业可以通过二维码为消费者提供扫码下单、活动促销、礼品赠送、在线预订等服务。

（四）利于更精准的营销推送

茶叶企业通过对消费者来源、扫码次数等进行统计分析，制定出更精准、细分的营销策略，提高营销效果。

（五）更好地融入人们的工作和生活

二维码为人们的数字化生活提供了便利，能够更好地融入人们的工作和生活。茶叶企业进行二维码营销时，可以将视频、文字、图片、链接等植入二维码内，并通过名片、报刊、展会、宣传单、网站、地铁墙、公交站牌、公交车身等线下途径进行投放，也可以通过社交平台、媒体平台、门户网站、企业网站等线上途径进行投放，方便企业实现线上、线下的整合营销。

三、茶叶二维码营销渠道

（一）茶叶二维码营销的线上渠道

二维码营销是移动营销背景下茶叶商家或企业竞相使用的一种营销方式，二维码营销也需要提前进行营销定位，确定营销目标和营销渠道，这样才能取得理想的营销效果。

茶叶二维码营销的线上渠道大多是基于社交平台的渠道建立的。社交平台是二维码营销常用的线上渠道。将二维码植入社交平台，利用社交平台的社交关系和分享功能，可实现二维码快速、广泛地传播。茶叶商家或企业可通过二维码为消费者提供各种服务，为消费者带来便捷的操作体验。大多数情况下茶叶企业会选择消费者定位比较精准或消费者基数比较大的平台，如微博、微信等。

1. 微博

微博上的热门话题通常可以在短时间内获得非常高的关注度。茶叶企业在微博上推广二维码,通常也可以取得不错的效果。图 9-1 所示为微博上的二维码推广。

图 9-1　微博上的二维码推广

2. 微信

微信不仅具有二维码传播功能,同时可以将二维码快速传播到具有相同特征的精准人群中,还具有二维码扫描功能,方便消费者读取二维码信息,是企业进行二维码营销的主要渠道之一。茶叶购买、茶叶溯源等新型的二维码营销及应用模式在微信上均可实现。微信公众平台也是二维码营销的"沃土",在微信公众平台上进行文章推送时附带相关二维码信息,可以获得非常好的营销效果。现在很多公众号在推送内容时都会附带二维码信息。图 9-2 所示为微信公众号上不同场景的茶叶二维码推广。

图 9-2　微信公众号上不同场景的茶叶二维码推广

小贴士

二维码的线上传播渠道各式各样,除了比较热门的社交和购物平台之外,新闻网站、视频网站、社群等均可实现二维码的有效传播。

（二）茶叶二维码营销的线下渠道

茶叶二维码营销的渠道分为线上渠道和线下渠道，通常茶叶企业会同时在线上渠道和线下渠道开展二维码营销。

二维码营销与其他营销方式相比具有非常强的适应性，广泛应用于人们的生活。

1. 线下虚拟商店

线下虚拟商店是电商平台较早开展二维码营销的场所，如 1 号店的地铁虚拟商店、京东的楼宇框架广告牌等都曾采用批量展示商品的方式，并在每个商品下方设置相应的二维码，消费者可直接选择产品并扫码购买。这类二维码营销渠道属于阶段性的推出，如一些中小型超市在店庆日或其他活动期间，会对某些产品进行特惠销售，这些产品常附有二维码，消费者扫码即可查看产品详情。

2. 实体包装

茶叶产品的实体包装也是一种流行的线下营销渠道，这种方式可激发消费者二次购物。例如，一些茶叶企业会在快递包装或产品包装上印制店铺地址的二维码，并承诺扫描二维码再次购物可享优惠，以此鼓励消费者使用线上购物。

3. 传统媒体

在新型网络营销模式的冲击下，虽然茶叶传统营销模式受到了一定的冲击，但仍然具有非常强的营销效果。将传统营销模式与网络营销模式进行整合是未来营销的新趋势。现在，很多茶叶企业开始利用平面广告、户外广告以及印刷品等传统媒介，结合二维码，开启整合式的线上线下营销方案，把二维码与传统媒介进行捆绑，将传统媒体的传播价值延伸至互联网，累积不同渠道的消费者。

4. 二维码载体

在向消费者提供服务时，企业可引导消费者扫描二维码或下载相关 App。例如，在电影院使用二维码取票时，可引导消费者扫描二维码并下载相应的 App，或查看相关营销信息等。

案例阅读

茶叶一物一码智能营销，好喝又好玩

通过一物一码技术为茶叶打上一个唯一可识别的二维码，二维码可根据品牌商的刚需诉求来赋予不同的属性，如防伪属性、营销属性、溯源属性、产品复购等。消费者购买茶叶后，通过微信扫一扫即可在微信公众号中领取不等额的现金红包奖励、积分、卡券或礼品等，让消费者记住品牌（品牌即流量、自带 IP 的产品），形成强认知。

1. 一物一码赋码形式

鉴于茶叶的特殊性和饮用安全等问题，茶叶可采用卡片赋码的形式，消费者购买产品后找到二维码，扫码便能参与一物一码扫码赢现金红包活动。茶叶以一物一码智能营销的方式，使零售门店和茶叶店占有率大幅度提升，每个门店的工作人员都是其推销员，也是茶叶的推广者，这样的营销方式让竞品很难进入。

一物一码大数据引擎让企业从“以产品为中心”向“以用户为中心”发生转变。打破传统促销的固化思维，让企业掌握社群与消费者之间的逻辑，传播即营销逻辑，让产品作为消费者的接触点和传播点，让所有推广活动都具备传播价值，降低社群搭建成本并且获客量大。

2. 一物一码是捕捉消费者的最佳入口之一

茶叶的营销二维码在消费者领取奖励的过程中，在无感知的情况下获取消费者信息，为后期的粉丝运营以及产品营销策略提供更多数据支持，包括动态客户关系管理系统、用户标签的建立、用户分层管理、区域营销策略、用户分组营销策略等。

这不仅解决了终端营销、避免费用截留、品牌宣传等问题，又能缩短品牌与用户之间的距离，还能直接与终端消费者互动，产生物质和情感上的黏性，让品牌营销更加有的放矢。对于企业而言，一物一码数字营销背后是一个庞大的数据平台，同时也是一个产品分析管理大脑。

四、茶叶二维码营销的视觉优化和内容优化

二维码的制作途径较多，如草料二维码、联图网、视觉码等。在制作二维码的过程中，为了设计出别具一格的二维码，茶叶企业可以对二维码进行视觉优化和内容优化。

(一)视觉优化

在默认情况下，二维码是黑白相间的图形。其实，二维码的外形是可以进行重新设计的。二维码的尺寸、颜色、类型、中心的图片可以根据企业的需求进行设计。茶叶企业也可以结合产品的特色、品牌理念，添加一些能够展示自身特点的元素，如某茶叶公司的公众号二维码上添加了茶叶元素，某茶叶食品企业的公众号以场景的形式展现其二维码。

(二)内容优化

二维码存储的内容十分丰富，可以是网址、名片、图片等。通常，扫描二维码的终端多是手机，因此，企业要考虑手机屏幕的大小与消费者操作的便捷性。一般来说，扫描二维码后打开的速度不能太慢，因此不能链接太大的文件内容；对于链接网址来说，要尽量设置短链接，以降低二维码的密度，避免出现由于二维码过密而无法扫描的情况。

另外，还要注意二维码的引导语，要求言简意赅、体现营销目的，同时使消费者产生扫描的兴趣。

课堂思考

你见过哪些类型的二维码？如果你正在推广自己的茶叶淘宝店铺，你会选择哪些二维码营销渠道？

任务二　茶叶 App 营销

一、茶叶 App 营销

现在正处于信息时代，互联网不断增速，5G 时代的到来使得以提供分类信息、新闻消息、及时沟通、社交娱乐等功能的 App 开始渗透到营销领域。App 是移动应用程序的简称（也称手机客户端），它可以在移动设备上使用，满足人们咨询、购物、社交、娱乐、搜索等需求。

App 营销指的是应用程序营销，它是基于智能手机和移动电子商务的发展而兴起的移动营销活动。App 营销是指通过手机、社区、SNS 等端口运行的应用程序来开展营销活动。随着智能手机和 iPad 等移动终端设备的普及，人们逐渐习惯使用 App 客户端，而目前国内各大电商均有自己的 App 客户端，这标志着 App 客户端的商业使用开始普及。在不同设备上下载官方 App 软件可对不同产品进行营销，App 营销的核心对象是手机用户，许多茶叶企业也开发了自己的企业 App。茶叶企业可以将开发的 App 投放到手机或其他移动设备上，用户通过下载并使用 App 来获取信息或达到其他目的；茶叶企业则以 App 为载体开展营销，以期达到推广品牌、挖掘新用户的目的。茶叶 App 营销是目前流行的茶叶移动营销模式。

如今，越来越多的互联网企业、电商平台将 App 作为销售的主战场之一。目前，App 给手机电商带来的流量远远超过了传统互联网（PC 端）的流量，通过 App 获得盈利也是各大电商平台的发展方向。App 已经涵盖茶行业的大量需求，如中国茶叶学会、吃茶去、食茶、茶语、茶艺师聚题库等 App（图 9–3）。

越来越多的人在使用大屏幕的智能手机，人们在手机上花费的时间越来越多（候车、吃饭、走路、上厕所）。手机已经融入人们的生活，手机 App 已经成为人们生活不可或缺的一部分。因此茶叶企业展开 App 营销显得尤为重要。

图 9–3　茶行业 App

二、App 营销流行的原因

（一）信息全面

App 营销之所以火爆，一个重要的原因是 App 能够全面展示营销信息，让消费者在没有购买产品之前就可以感受到产品的魅力，从而降低对产品的抵触情绪。由于手机内存的限制，用户不希望在自己手机里安装太多的软件，如果是偶尔使用，用户会在使用后进行删除。

随着移动支付的普及，支付宝几乎成为智能手机用户必备的软件。它作为经常被使用的 App，推出了“我的应用”的功能，将用户经常用到的功能汇集到“我的应用”中，用户需要某项信息服务时，只需要去“我的应用”即可找到相应功能。支付宝一方面免去了用户频繁下载软件的烦恼，另一方面也增加了用户对其的使用黏性，此外，也使得很多应用软件依赖支付宝所带来的巨大流量。支付宝的首页集成了一些常用功能（包括转账、信用卡还款、花呗等），如果需要使用更多的功能，可以点击“更多”，进而可以看到更多的应用功能，支付宝将这些功能分为便民生活、财富管理、资金往来、购物娱乐。在这四类功能中，集成了各种生活服务应用，包括淘宝、滴滴打车、淘票票、哈啰出行等。因此，用户日常生活需要用到的服务信息都可以在支付宝中找到，极大地方便了用户。

（二）营销成本较低

App 营销的模式，其费用相对于电视、报纸，甚至是网络都要低很多，只需要开发一个合适的品牌应用。仍以支付宝为例，在支付宝主页的五个主要功能中，第三个功能是口碑。口碑提供各种品牌优惠券的信息服务，它包括超值团购、附近好店、玩乐等子栏目。在超值团购中，提供了各类餐饮、食品类品牌的优惠信息。当用户对口碑形成使用习惯后，每当产生消费需求都会主动到口碑查询是否有优惠信息，如果此时正好有某一品牌正在做促销活动，就会将这一客户引流，从而形成消费导向。在口碑中投放优惠信息成本低且获客量大，瞄准度较高，各种各样的优惠信息集中在一个应用中，可以吸引大量的用户进行选择，从而降低营销成本。热衷于口碑提供的优惠信息的用户大多是青年群体，该群体多样化消费需求高，需求价格弹性较大，容易受优惠信息的影响而进行消费。因此，App 营销具有营销成本低、客户靶向性好的特点。

（三）持续性强

一旦用户在手机上下载 App，那么用户就会持续地使用 App，其营销抢占的就是用户的零散时间。人们的生活已经碎片化，而手机 App 从某种程度上就是人们消磨碎片化时间的工具之一。在报纸、电视、传单等传统的宣传媒介中，客户更多地处于被动的地位，给用户提供什么样的营销信息，用户就只能接受什么样的营销信息，成本高、目标性差，过多的营销信息反而会造成客户的抵触情绪。而 App 营销作为一种新型的、主动的营销，是用户形成使用习惯以后，主动在 App 搜索自己想要的促销信息，甚至原来没有消费欲望，但是在浏览信息的过程中被促销信息所吸引，反而产生了新的消费欲望，进而促进了新的消费。用户与其说是在 App 搜索优惠信息,不如说是在 App 中消磨时间,从某种程度上说,在 App 中浏览信息也是一种娱乐和消遣。正是这样一种态度的转变,让用户接受优惠信息变得相对简单,用户甚至会主动地寻找优惠信息。这种由被动变主动的方式提高了用户的体验感,也增强了用户的黏性,使得用户会持续地使用 App。基于此,茶叶企业需要开展 App 营销。

(四)用户参与度高

相较于传统的营销,App 营销除了进行促销信息宣传外,还可以利用 App 集成的各种功能使商家与用户形成良好的互动,这种互动既可以促进品牌的推广,又可以让客户在互动中感受到参与感和趣味性(如微信公众号的点赞、转发,大众点评的点评、录制视频、拍摄图片等)。例如,星巴克曾推出一款“星巴克闹钟”的 App,用户在设定的起床闹钟响起后,只需要按提示点击起床按钮,就可以得到一颗星,如果用户能在一小时内走进任意一家星巴克门店,就能以一定的折扣买到一杯咖啡。这种创意策划使得用户从早上一睁眼就开始与该品牌相互结合。茶叶企业也可以按照这种模式开展 App 营销。

课堂讨论

你手机中安装的哪些 App 是常用的?你手机中的 App 都是在什么情况下安装的?

三、茶叶 App 营销的特点

随着移动互联网的快速发展,人们对智能手机的依赖性越来越强,各类手机 App 广泛应用于人们的日常生活中。使用茶叶 App 开展营销的企业越来越多,茶叶 App 营销成为茶叶企业网络营销中的一种重要的营销方式,其营销的特点如下。

(一)流量丰富

App 的种类十分丰富,包括购物、社交、拍照、学习、游戏、教育等不同种类,能够为企业带来不同类型的网络用户和大量流量。有效挖掘这些用户和合理利用流量,可以为企业培养更多忠实用户,实现企业品牌的传播。

(二)信息展示全面

茶叶 App 中可以展示的信息非常全面,包含图片和视频等类型。消费者可以全方位地感受产品,快速、全面地了解茶叶产品或企业信息,从而降低消费者对产品的顾虑、增强消费者对企业的信心、提高消费者的忠诚度与转化率。

(三)方式灵活

茶叶 App 的营销方式较为灵活。用户可通过多种方式搜索、下载并安装 App。企业可以通过手机或计算机后台发布、管理 App 中展示的内容。同时,茶叶企业可以统计用户在 App 中注册、浏览等活动产生的数据,对用户行为进行分析,改善营销策略。

（四）提供良好的用户体验

茶叶 App 的界面可以设计得简洁清晰，主要展示 App 的核心功能和特点。茶叶企业利用 App 除了可以满足用户各种生活、娱乐的需求外，还能通过 App 的评论、分享等功能与用户互动，从而提升用户的体验感。

（五）精准度高

茶叶 App 一般是用户根据自身的需求搜索并下载，这意味着消费者在下载 App 时可能对这一款 App 或其代表的企业有一定的了解，是潜在的目标客户。而且，消费者对 App 的使用往往与即时需求直接相关，当消费者准备消费时，会进入相应的 App 进行购买。因此，App 营销的精准度较高。

四、茶叶 App 营销模式

越来越多的茶叶企业开始将 App 作为茶叶营销的主战场之一。App 成为品牌与消费者之间形成消费关系的重要渠道和连接线上、线下的天然枢纽，茶叶 App 营销的应用也越来越广。为了实现良好的营销效果，茶叶企业需要为不同的 App 设计不同的营销模式。

1. 品牌模式

目前，部分茶叶企业都拥有自己的品牌 App。为企业量身定做的茶叶 App 更容易体现产品和品牌特性，可对品牌产生较好的宣传效果，帮助企业深化品牌形象，为企业跨媒体整合营销牵线搭桥。

2. 广告营销模式

广告营销模式是功能性 App 和游戏 App 常用的一种营销模式。茶叶企业通过植入动态广告栏链接进行广告植入，当消费者点击广告栏时就会进入指定的界面或链接，了解茶叶广告详情或参与活动。这种广告营销模式十分简单、适用范围广，茶叶企业将广告投放到与产品消费者匹配的热门应用上，可能会获得良好的传播效果。但这种广告营销模式会影响消费者对 App 的使用体验，容易影响 App 的持续发展。

为了保证广告的效果和 App 的寿命，企业需要对广告内容进行规划，使广告植入得更自然。例如，《开心茶园》模拟了茶的全产业链生产过程，从种植、炒制、炮制、出售到斗茶赏玩，展现了茶叶自茶园到茶杯的全过程，使用户在游戏中潜移默化地了解茶文化知识，全面获取茶叶的相关资料。

3. 内容模式

内容模式是指通过优质内容吸引精准消费者和潜在消费者，从而实现营销的目的。在茶叶 App 中进行内容营销，企业需要准确定位目标消费者，并策划有效的营销内容，同时还需要进行市场调查，分析市场数据，对内容主题、营销平台等进行确定。例如，一些介绍品茶知识的 App 通过为消费者提供实在、有效的茶道技巧，吸引有品茶需求的消费者，然后向其推荐合适的产品。虽然部分内容或功能需要额外付费，但是内容模式容易将流量变现。

4. 消费者模式

消费者模式常用于网站移植类和品牌应用类 App，这种模式通常没有直接的变现方式，主要是为了让消费者了解产品、扩大品牌的影响力、提高消费者的忠诚度。企业设计出对消费者具有一定价值和作用的应用，消费者通过该应用可以直观地了解企业，与企业品牌产生更多的联系，同时该应用能够为消费者提供便利。例如，某茶 App 针对喝茶场景需求所定制的相关应用，在 App 中设计了选茶聊茶、找茶出茶、喝茶聊茶等内容，让消费者在交流过程中不断强化对品牌的印象，也培养了更精准的潜在消费群体。

5. 购物网站模式

购物网站模式多为购物网站所开发的 App，企业开发相关 App 后，会将其投放到各大应用商店供消费者免费下载使用。消费者可以利用该应用随时随地浏览产品信息，并完成交易，利用购物网站模式 App 展开营销是移动电商营销的主要趋势。对于消费者而言，购物网站模式 App 的特性更便于选购产品；对于购物网站而言，购物网站模式 App 的便捷性提高了流量和转化率。

课堂思考

App 的更新换代非常快，仅依靠简易的客户端开发很难从众多应用中脱颖而出，那么企业应怎样进行营销和营销模式的创新呢？

任务三　茶叶 App 设计与开发

一、茶叶 App 设计

一款运营良好的移动 App 不能只关注其功能，还应该关注其视觉与交互性设计。要设计一款用户界面良好的 App，需要从用户出发，根据用户的属性来确定 App 的设计方向，主要做到以下几点。

（一）充分考虑用户特点

一款茶叶 App 的服务对象通常是具有特定属性的群体。因此，在设计茶叶 App 时，首先要明确服务的目标客户群体，然后根据目标客户群体的特征再进行相应的设计。比如，抖音主要是发布一些幽默搞笑、轻松愉快的短视频，当用户看到短视频后会开心地哈哈大笑，在笑的过程中手跟随着一起抖动，因此得名“抖音”。该款 App 主要定位于青年群体等，它在 Logo 设计上就选择了一个带重影的音乐符，略带一种酒吧的味道，让人联想到兴奋、狂欢，整个界面的设计也比较时尚，符合年轻人的时尚定位。茶叶 App 的 Logo 设计也可以联系到茶叶、茶壶、茶杯、茶山等（图 9–4）。

图 9–4　茶叶 App Logo 设计

（二）充分考虑用户的使用场景

使用场景就是指用户是在什么时间、什么地点、什么环境下使用该 App。设计 App 时，应充分考虑用户的使用场景，将使用场景的特点和 App 设计联系起来，以用户为重心，提高用户的使用感受。例如，滴滴作为一款打车软件，在设计时就考虑到用户经常会在路边或街道上使用，这时候的干扰源就是噪音，产品在设计的时候应避免使用语音技术。这样的设计使得用户在使用滴滴 App 时十分顺手，久而久之，就培养了用户使用习惯。茶叶 App 的设计可以参照茶台、茶桌等物品。

（三）对功能进行取舍

功能取舍是指将主流用户最常用的 20% 的功能进行显现，其他功能则进行适度隐藏，甚至将不希望用户用到但又不得不设置的功能尽量隐藏。这样做的主要目的是 App 的功能更聚焦，当人们产生某种需求时，就会本能地联想到该款 App。例如，当用户产生支付需求时，会想到支付宝。支付宝的主界面中一般可以设置 12 个应用功能，这 12 个应用功能可以根据用户的使用习惯进行顺序的调换，通常用户会把经常使用的功能放在最前面，而把其他的功能放在“更多”的功能选项中，由用户根据自己的需求进行适当的调整。再例如，每次 QQ 的更新，都会出现一些新的功能（如弹窗广告、公众号推荐、游戏推荐等），这些新功能对于一些用户来说是多余的，但是 QQ 把关闭这些信息的按钮设置在一些隐蔽的位置，用户需要花时间去寻找如何关闭这些信息，因此很多用户常会放弃寻找，被迫接受一些广告。

二、茶叶 App 营销用户分析

茶叶 App 用户包括家庭消费用户、团体消费用户、劳保消费用户以及礼品消费用户这四类。

（一）家庭消费

家庭消费是茶叶的主流消费形式。家庭消费形式的消费人群主要有以下两大类。一类是经济收入较高和文化水平较高的人，他们一般以价格较高的名优茶为主，消费量较大。另一类是一般的居民，这部分人主要以大众优质茶为主，多选用散装茶。目前，包装茶、袋泡茶、茶饮料也开始进入家庭消费的眼帘。

(二)团体消费

团体消费主要包括两类。一类是机关、企事业单位的团体消费。另一类是各种的工作会、招待会、茶话会、联欢会、新闻发布会以及其他人员的来往用茶。

(三)劳保消费

劳保消费主要是从事日常工作时的饮茶消费,市场潜力巨大。茶是经济实惠的饮料,又具有很多功效,因而受到人们的喜爱,例如每天与电脑有接触的白领。

(四)礼品消费

礼品茶的需求如今也在日益扩大,礼品茶的包装也在不断更新。名优茶、茶具都成为礼品消费的一个热点。现在人们送礼非常讲究包装,甚至出现茶少包装大、只要包装好等情形。

三、茶叶 App 营销技巧

茶叶 App 营销效果的好坏主要看营销活动的策划。如果策划有新意、互动性强、过程设计紧凑有趣,App 营销就会取得良好的效果。茶叶 App 营销活动策划应做好以下几个方面。

(一)内容为王

一些茶叶 App 的功能性很强,其主要内容就是满足用户需求;而有些茶叶 App 主要是介绍茶的相关内容,具有媒体性质,其内容就比较琐碎、范围较广。总体来说,用户选择 App 的决定性因素是 App 的内容,因此需要进行 App 内容营销。

内容营销是指以图片、文字、动画等方式传达企业的相关内容,促进销售的营销行为。内容营销的形式主要包括案例分析、白皮书、视频以及图片等。内容营销的重点在于“内容”,这里的“内容”通常包括以下三点:一是热点性内容,合理地利用热点性内容,能够在短时间内聚集大量的人气,带来流量;二是持续性内容,持续性内容是 App 的主打内容,应将主要的精力放在持续性内容上,这是 App 的根本;三是即时性内容,是指内容要充分展现当下所发生的事,尽可能做到及时、有效。

(二)学会模仿借鉴

很多的茶叶 App 营销技巧都是大同小异的,对于初创型的企业来说,在最初的时候应该借鉴市场上主流的茶叶 App 的营销策划,把主流的营销策划理解透彻,在熟练运用的基础上进行创新。往往主流的茶叶 App 所采取的营销策划是最有效、最经济、最可执行的,这些营销策划已经接受过市场检验,被证明是有效的。

(三)找准时机

最有效果的营销策划不一定是优惠力度最大的,但一定是优惠时机选择得最好的。例如,《啥是佩奇》的营销就在于它切中过年的时间段,切中大众对于过年、回家、亲情、代沟的认知而进行的巧妙营销。而以茶待客，是中国的传统礼仪，传承千年的人文精神，因此对于茶叶App来说，双十一购物节、周末、节假日等都是非常好的促销时间，茶叶App应充分利用这些节假日进行营销活动（如利用春节、端午、中秋、产品上市庆典、产品更新换代大促销、大型赛事活动等）。大批量成规模的促销活动，既容易刺激消费，又容易培养消费者的消费习惯，还可以引发促销活动的轰动效应以及规模效应。

（四）多渠道布点

多渠道进行推广，比如选择在论坛、贴吧、微博、软文、微信公众号等多种公共媒体进行推广。例如，茶市App亮相2023厦门春季茶博会，全新的数字化茶市运营理念引起现场茶友、茶商以及行业人士的高度关注，既展现了茶市平台发展，又获取了目标客户。

四、提高用户留存率的方法

当App做好推广吸引了大量用户下载后，如果App不能满足用户的需求，或者达不到用户的要求，那么用户可能在使用1到2次后会卸载此App。因此，如何提高用户留存率是决定App能否存活、能否成功的关键。

（一）功能要做得简单极致

一个App并不是功能做得越多越好，而是越精越好，要做到用户产生需求时，就会想到这个App并且使用。因此，茶叶App的功能要做到主体地位明确。例如，当人们需要商务出行时，会想到携程，需要打车就会想到滴滴出行，需要点外卖就会想到美团、饿了么。

（二）拓展更多渠道

移动端虽然是很重要的渠道，但不是唯一的渠道，企业应该建立更多的渠道，与用户建立更长久的关系。可以通过开设论坛、贴吧，讨论组、VIP服务等形式，将热衷于茶叶App的一些忠实粉丝聚集起来，鼓励这些忠实粉丝对茶叶App的使用提出一些改进建议，并通过各种渠道对建议进行及时的反馈，始终保持与用户的沟通，及时了解客户的需求，让App不断地改进，更好地服务客户。

（三）奖励机制

现在茶叶App的竞争越来越激烈，同种类型的App可能有上百款，即便用户下载了一款茶叶App，如果其没有做好充分的奖励机制，用户可能会在短时间内卸载此App，转而使用其他的App。因此，留住用户至关重要，而留住用户除了改善用户体验外，另一种方式就是设置奖励机制，鼓励用户使用App，用户使用得越多，获得的优惠就会越多。主要的App奖励机制有以下三种。

1. 积分

积分就是通过计算用户使用茶叶App的次数，对其进行积分，积累了一定的积分后，会有相应的优惠。在既定需求的前提下，如果用户频繁地更换茶叶App来满足服务，则用户的过往使用记录不会发挥相应的用处，但如果用户的某种需求都在同一个茶叶 App 中满足，则用户的使用记录会转换为相应的积分，进而得到相应的优惠。积分制度的出现，本质上也是为了减少用户与 App 之间的交易成本。积分对于用户来说，可以获得相应的优惠；对茶叶 App 企业来说，积分可以识别出茶叶 App 的优质用户、核心用户等，识别出这些用户后，茶叶 App 可以进行相应的营销策略；另外积分制度也可以吸引茶叶用户经常使用茶叶 App，进而形成用户的消费习惯。

例如，为了激励用户在日常交易时更多地使用支付宝，支付宝推出了支付宝积分，使用支付宝消费会产生相应的积分，积分可以用来抵扣手续费、换取优惠券等。支付宝将不同积分的客户分为大众会员、黄金会员、铂金会员、钻石会员四个等级，不同等级享受的权益也不同。有了积分激励举措，用户在日常支付时大概率会选择用支付宝进行交易，进而增加了用户黏性。

例如，滴滴出行在发布的初期，为了在短时间内吸引大量的乘客和司机，采用了双向补贴政策，在乘客端，发放大量的优惠券补贴乘客，降低乘客的乘坐成本；在司机端，给予大量的奖励，一个普通司机的月净收入能达到 1 万元左右。高额的补贴刺激，使滴滴出行迅速在全国流行开来。

2. 签到

地理位置签到服务（又称签到模式、签到服务，简称“签到”），是指可以将地理位置信息同时“签到”到其他多个地理位置服务上的应用。

签到的基本特点是用户需要主动记录自己的所在位置进行签到，同时通过积分、勋章以及领主等荣誉激励用户签到，满足用户的荣誉感。通过与商家合作，对获得特定积分或勋章的用户提供优惠券或折扣，商家也可借此进行品牌营销。

目前，签到模式广泛应用于 App 营销，尤其是餐饮类、购物类、信息类等 App 均采用这种营销互动模式。茶叶 App 通过用户的签到可以获知用户的地理位置信息，进而可以有针对性地向用户推荐当地的茶叶产品和服务。对于淘宝、京东等主流的购物网站来说，除了“签到”以外，更看中用户因签到而在 App 停留的时间，这段停留的时间就是 App 可以利用各种手段进行营销的时间。相较于其他（做任务、朋友圈分享等）要求较高的互动营销方式，签到操作简单、耗时少，是一种用户相对容易接受的互动营销方式。

3. 任务

任务奖励就是通过完成 App 端指定的任务（如下载、转发、注册、评论等）来获得一定奖励（包括优惠、返现、积分等）。

相较于签到，任务是一种相对参与程度较高、互动性较高、耗时较长的互动营销任务，因此在完成任务后用户会获得较高的奖励。用户如果经常参与这种任务，则意味着用户对 App 的忠实度和满意度较高。例如，为了更好、更快推广某茶叶 App，可以推出红包优惠活动，即用户每次在使用 App 后，都会获得一次抽红包的机会，抽到的红包金额可以在规定的时间内进行使用。朋友圈分享红包也是一种基于强关系的分享，当红包被分享给其他人后，其他人也会被这个红包所吸引进而下载该 App，使得其用户数呈几何级数增长。

任务四　茶叶 App 的推广介绍与推广方式

茶叶 App 在各种应用商店的排名越靠前，其曝光机会越多、流量越大。要想获得靠前的排名，营销人员首先需要撰写 App 的相关介绍信息，然后通过各种途径推广 App。

一、茶叶 App 的推广介绍

茶叶 App 的主标题、副标题、关键词、描述，以及 App 应用截图及预览视频、用户评价、App 下载量等都会影响其排名。

（一）App 主标题

App 主标题（即 App 名称），是影响排名的核心因素，所以 App 主标题应简洁明了、便于记忆。如果 App 发展成熟或拥有一定知名度（如闲鱼、拼多多等），其 App 主标题可使用品牌词，这样既可以吸引用户群体，又能节省推广成本，如图 9-5 所示。 但是大部分茶叶 App 尚未获得名气，那么可以在主标题中突出产品功能或亮点。若主标题无法表达完整的核心信息，尤其是 App 新上线时，可以为主标题添加后缀。

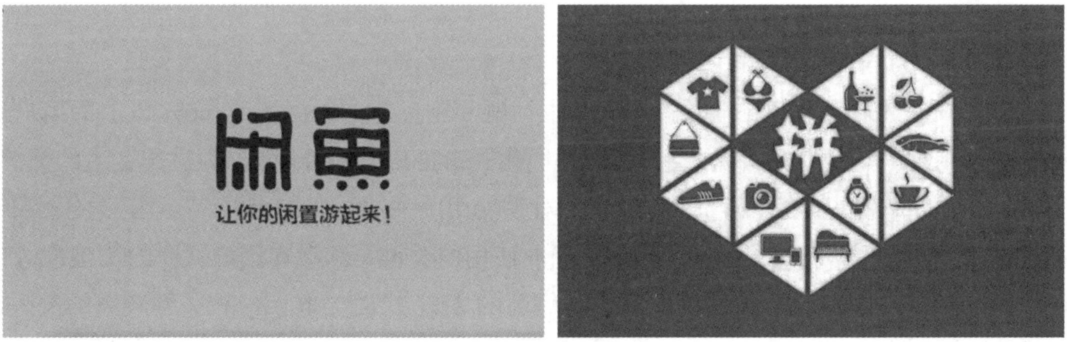

图 9-5　App 主标题

（二）App 副标题

茶叶 App 副标题具有补充说明 App 功能和亮点的作用，也是影响 App 排名的重要因素。通常，茶叶 App 副标题有三种设置方法。

1. 关联品牌

茶叶 App 的副标题关联品牌，可以加强用户对品牌的印象。例如，茶友网 App 副标题为“茶叶茶具之家”，其再次强调了“茶”这一行业特色。

2. 突出功能或亮点

App 副标题可进一步凸显或说明 App 的功能或亮点。例如，茶语 App 的“当代茶文化推广者”。

3. 强调优惠活动

App 副标题可展示 App 上近期开展的优惠活动，以此吸引用户下载 App。图 9–6 所示的 App 副标题就通过短句说明了 App 近期上线的优惠活动。

图 9–6 茶叶中秋礼

需注意，主标题或副标题不宜过长，否则不易通过审核，甚至导致 App 被直接下架。同时，主标题不宜频繁更换，特别是建立用户认知后。主标题的后缀与副标题可以随着 App 功能的更新或新活动的推出实时更换，以便覆盖相关的关键词，加大被搜索的可能性。

（三）茶叶 App 的关键词

茶叶 App 的关键词主要体现在 App 的主标题和副标题中。据统计，60% 以上的用户通过输入关键词搜索和下载 App，因此，关键词是优化 App 推广的重要内容。为挑选合适的关键词，一是可以“蹭”知名品牌的热度，即查找竞争对手使用的关键词（如“淘特”“点淘”之于“淘宝”，“微信读书”之于“微信”等）；二是搜索同类 App 使用的关键词和潜在用户关注的关键词（例如，输入“聊天交友”“健身”等关键词搜索排名靠前的 App，找出与本 App 相关性较高的关键词），以此建立本 App 的热词库。

（四）茶叶 App 的描述

标题和关键词的优化有助于增加流量，茶叶 App 描述的优化则可以在一定程度上增加 App 的下载量。App 的描述内容一般控制在 300～500 字，对功能的描述应简明扼要，便于理解和阅读。并且，茶叶 App 的描述一定要让用户知道茶叶 App 的价值，即能够给用户带来的好处、能够帮助用户处理的问题。另外，在描述内容的末尾可添加企业的联系方式（如微信公众号、微博账号等）。

(五)App 应用截图及预览视频

茶叶 App 应用截图及预览视频可以展示茶叶 App 的功能和界面,是对茶叶 App 的进一步描述。精心设计的预览界面,能够体现茶叶 App 的主要功能,会影响用户的下载选择。因此,展示出来的应用主图(图 9-7)应体现出 App 最重要的功能或特点。

图 9-7 茶叶 App 主图

(六)用户评价

茶叶 App 的用户评价也会影响其他用户的下载决策。茶叶 App 的评论量少,会让用户觉得使用该 App 的用户少;差评过多,用户可能会选择放弃下载。在设计茶叶 App 时,可设置弹窗,提示用户对 App 进行评价。

(七)App 下载量

App 下载量在一定程度上体现了茶叶 App 在市场上被认可和受欢迎的程度,是影响茶叶 App 排名的重要因素,也是与茶叶 App 成功运营的关键因素。要增加茶叶 App 的下载量,根本上还是要开发者潜心打磨产品,完善产品功能,提升用户体验。

二、茶叶 App 的推广方式

茶叶 App 的推广方式非常多,常见的有以下几种方式。

(一)首发申请

App 首发是指茶叶 App 新品或新版本在一段时间内仅在首发应用市场上出现,用户无法在其他应用市场上下载。首发应用市场会给首发 App 提供免费展位,在一定程度上可增加 App 的曝光度。目前,首发分为新品首发和新版本首发两种。新品首发是指产品还未在任何渠道上线，申请门槛相对较低，企业可选择在360手机助手、应用宝等应用商店首发。新版本首发是指每次更新版本时的首发，为了增加申请通过的概率，企业可以多申请几个应用商店的首发或在同一应用商店多次申请首发。

首发是性价比较高的推广方式，目前多数应用商店都支持企业免费申请首发，如应用宝，小米、魅族、OPPO、华为等手机中的应用商店。其中，应用宝、华为商城需要通过后台申请首发，小米、魅族、OPPO等手机中的应用商店则需要通过邮件申请首发。首发申请的预约时间为一个星期左右，首发申请周期大多为半个月或一个月，各应用商店的开发者中心也会对首发申请时间进行详细介绍。

（二）新品自荐

新品自荐是应用商店为鼓励App开发者的创断精神，为一些优质新品App设立的绿色通道。茶叶App开发者可以按照要求推荐自己开发的新品，应用商店经过评估后，会给予质量优异的App推荐位。目前，魅族、小米、华为等手机应用商店都支持新品自荐申请。

（三）网络推广

企业可以通过投放网络广告推广茶叶App，企业也可以通过在微博、微信等社交媒体平台上撰写推广文案推广茶叶App。茶叶App还可通过设置App/小程序跳转的方式，实现从App/小程序跳转到H5互动活动中，快速创建具有自身特点的营销活动，迅速引流，以多种留存活动玩法，沉淀流量，留存用户。

（四）资源互推

很多企业旗下不止一个品牌，此时可以让各品牌之间进行资源互推、实现双赢，例如，快手在其短视频平台上推广资讯内容App——快看点。很多营销团队都有微博和微信，或者同时拥有其他线上媒体资源。企业可以将茶叶App应用程序在社交平台上与其他品牌进行资源互推，实现双赢。

（五）限时免费

对于部分收费茶叶App来说，可通过开展限时免费等活动来吸引用户下载和使用茶叶App，后续可通过功能、界面、服务等优势引导用户开通付费功能。

（六）线下预装

有实力的企业可以和手机厂商合作，在手机出厂前就将茶叶App预装到手机里，购买了相关手机的用户有可能直接成为该App的用户。

（七）开展线下活动

开展线下活动也是一种常用的推广手段，如在店铺内引导用户通过扫描二维码下载茶叶App后，赢取小礼品等。

复习思考题

1. 简述茶叶二维码营销流行的原因。
2. 茶叶 App 营销模式有哪些？
3. 茶叶 App 设计时需要考虑哪些因素？
4. 茶叶 App 如何提高用户留存率？
5. 茶叶 App 营销的推广方式有哪些?

工作任务清单——二维码生成与美化

任务情景描述

二维码给茶叶、茶叶企业的发展带来了便利，有效地提高了消费者对茶叶企业的了解和信任度，同时也方便了消费者购买，使用二维码能够很好地实现茶叶防伪、溯源、价格查询以及宣传等多方面的功能。

某茶叶企业需要制作自己的茶叶产品二维码，要求生成一个具有茶叶企业特色的二维码。

建议学时

2 学时

任务流程与活动

任务活动 1：任务确立；

任务活动 2：二维码生成；

任务活动 3：二维码美化；

任务活动 4：评价与总结。

任务活动 1：任务确立

(1) 活动思考。

本项目工作任务的具体内容是什么?

____

____

____

(2) 思想提升。

茶叶二维码的制作与营销对企业乃至社会发展有什么影响?

____

____

____

任务活动 2:二维码生成

活动步骤	活动要求	活动记录
步骤 1	确定二维码包含的相关内容信息	二维码构思
步骤 2	在计算机端搜索“草料二维码”，登录网站。通过该网站可以将文本、网址、文件、图片、视频、微信内容转换生成二维码	二维码制作
步骤 3	在文本框内输入需要转换的内容，如输入企业网址或产品信息，单击“生成二维码”按钮即可得到二维码，单击二维码下面的“保存图片”按钮，即可将二维码图片保存到计算机	二维码生成

任务活动 3:二维码美化

活动步骤	活动要求	活动记录
步骤 1	点击二维码美化后，侧面有多个功能编辑。“Logo”选项中可选择“上传 Logo”和“Logo 图库”。选择“上传 Logo”可以上传企业自己的 Logo，选择“常用 Logo”系统会提供常用图标	添加“Logo”
步骤 2	在“颜色”选项中可以对码前景色、背景色，对码眼内眼颜色、外眼颜色进行调整；在“码点”“码眼”选项中可以进行不同形状选择	颜色、形状设置
步骤 3	“更多”选项中包含：码边距、容错率、码版本、编码内容。码边距最多为 4 个；容错率最大值为 30%；码版本越高，码点密度越大	码边距、容错率、码版本、编码内容设置
步骤 4	在“编辑字段”选项中可以设置文字及其显示位置、样式等，还可以参考标签样式模板	编辑字段设置

任务活动 4:评价与总结

(1) 评价。

一级指标	二级指标	评价内容	分值	自评	互评	师评
工作能力	学习能力	可以完成学习活动的各种能力组合	10			
	操作能力	能够根据所学的技能独自完成工作任务	10			
	创新能力	具备新思想、新理论、新方法和新发明的能力	10			
工作态度	学习方法	根据工作任务能对知识进行归纳总结	10			
	学习态度	对学习保有较为持久的行为状态	10			
作品成果	成果展现	作品完整度	50			

(2) 所思所获。

____

____

____

项目十 茶叶网络营销效果评估与优化

学习目标

★知识目标

了解茶叶网络营销效果评估的作用

了解茶叶网络营销效果评估的意义

了解基于不同营销方法的评价指标体系

了解茶叶网络营销效果评估的方法

★技能目标

能正确评估茶叶企业网络营销效果

能正确使用网络营销效果评估工具

★素质目标

具有茶叶网络营销效果监测评估意识

培养良好的商务数据收集与分析能力

具备茶叶网络营销的职业道德

案例导入

2023 茶品牌春节营销“攻略”来了！不同渠道、不同平台如何针对性布局？

2023 年伊始，在春节即将到来的白热化竞争之际，各大茶品牌的年终盛典与经销商大会热烈展开，从 2022 年 11 月至今，已见证多场盛会。茶品牌究竟该如何进一步深化春节营销，抓住大众注意力这一稀缺资源，进而扩大品牌影响力，带动春节拓客销售？除了传统的年终经销商大会之外，随着疫情开放和 2023 年新气象的到来，接下来的春节营销引流，是否还有一些更为轻巧的做法？

1. 电商平台：放大年货特质加持产品热度

从淘宝、京东等传统电商和抖音、快手等兴趣电商平台上，都能看到许多切合春节氛围感的主题营销活动和相关话题。譬如,抖音推出的“抖音好物年货节”“嘿!给福气开门”等主题活动,达到电商联动促进转化的效果。利用平台流量加持,近期八马茶业在抖音、淘宝等平台结合“过大年喝八马”营销主题,开启八马年货节专场直播,强势带动春节产品销售转化。

2. 社交平台:“轻传播”扩大品牌影响力

微博是当下话题营销的“核心战场”。利用以微博分享为主的信息传播手段,与年轻化的用户特质,能迅速拓宽品牌传播广度,收获一大批潜在客群。

事实上,很多茶品牌也进行着相关尝试。譬如,CHALI 发起“立下新春 FLAG 阿茶送上跨年礼”互动营销活动,通过随机截取新年 FLAG 参与互动抽奖,有机会获得对应的 FLAG 茶礼;小罐茶联动新华网开展“托你的福 2022 不遗憾”话题营销,分享托福之人和暖心故事,有机会获得小罐茶“福器满堂”新春定制礼盒。此类互动活动都是投入较小的成本,更为轻巧地在短时间内收获大量用户关注。

任务一　茶叶网络营销效果评估概述

企业进行茶叶网络营销活动时,都要对活动进行效果的评估和总结,为日后进行网络营销活动做出准确的判断,从而更好地把握营销活动的方向。在网络营销活动的评估方面,每个茶企所采取的评估方法并不完全一样,对于评估所设定的指标也不完全一致,这样就会导致评估结果不一致。因此,茶叶企业应该提高网络营销的评估水平。

一、网络营销效果评估的概念

所谓评估,是指按照已经确定的目标对象的属性进行测定的行为,即明确活动价值的过程。评估必须有明确的目标,但评估过程本身并不是目标,评估的终极目标是便于企业决策。

网络营销评估是指借助一定的定量指标和定性指标,对企业开展网络营销活动的各个方面(包括网站访问量、个人信息政策、顾客服务和产品价格等)进行评估,以达到总结和改善网络营销活动,提高企业网络营销水平。

网络营销评估是一个系统工程,需要企业的网络部门和销售部门共同参与。网络营销效果评估可以使企业充分把握网络营销推广费用的流向,并能在众多推广平台中选择出最适合企业发展需要的网络营销推广平台。

网络营销评估就是利用各种网络统计分析系统结合线下的统计方式来分析网络营销效果,对销售情况做出准确的评估。因此,任何企业对网络营销效果进行评估时,均可从统计分析数据和销售业绩着手。

企业网络营销部门的工作内容之一就是评估和控制网络营销活动。网络营销活动的评估是为了评估所执行的网络营销计划和方案是否有效。当评估的结果未能达到预期目标时,就要调整网络营销计划和具体方案，从而对网络营销活动进行适当控制。网络营销手段可以精确地记录和追踪访客在网上的每项活动，这是其他任何媒体所无法比拟的。

二、网络营销效果评估的作用

由于网络运行有其独特的规律性，而网络营销所利用的媒介是网络空间，使得网络营销评估的工作系统与其他工作系统相比就略有不同。相比之下，网络营销评估对于茶叶企业及其网站的发展起着决定性的作用。

（一）抓住网站基本流量来源，有效地评测出更适合茶叶企业发展的推广平台

任何网站流量统计软件，都会在最醒目的地方列出基本流量来源数据统计表，通过这个表格可以大概了解网站营销的效果和流量的质量，甚至有的软件可以显示网站流量在 24 小时内的分布情况，这样让茶叶企业可以对网站流量有大致了解。营销人员可以根据这些流量信息的变化大致了解网站表现及网络营销是否起作用。

（二）深入了解流量来源，对所有数据进行统计分析得出月度、季度、年度投资收益率

这是网络营销人员经常研究的内容，通过该部分数据，可以清晰地看到流量的来源，以及不同来源流量的质量，这也提醒网络营销人员应该把更多的时间花在哪些营销活动上。

（三）寻找网站弱点，通过网络营销效果评估评测出商品的销量

网站不可能一开始就是十全十美的，需要在营销的过程中不断改进和完善，这个时候网站流量就可以将用户离开网站或是从哪些页面离开网站的相关信息反映给网络营销人员，便于网络营销人员后续的分析和修改策略。

（四）关注转化与最终结果，通过网络营销效果评估评测出营销活动的有效性

绝大多数商业网站都是以最终结果为目的的，无论流量的多少，无论用户在网站上停留时间的长与短，如果最终没有转化为目标客户，那都是“浮云”，无法产生实际效果。

（五）评估网络营销系统运行状况

通过评估网络营销系统运行状况，了解网络营销工作的效果，形成对系统各组成部分的良性刺激，带动系统正常持续发展。同样，该评估可以检查网络营销系统运行状况与设定目标之间的差距，可随时进行纠正，以确保网络营销系统的正常运转，使得网络营销企业持续健康发展。

（六）权威机构的评估宣传

通过权威机构的评估宣传，可以迅速扩大网络营销企业及其网站以及产品的品牌知名度，从而提升网络营销企业的价值，并使其产生盈利。

三、网络营销效果评估的意义

（一）网络营销评估可以提高企业的管理水平

网络营销是茶叶企业营销活动的重要组成部分之一，它往往在第一时间将企业的发展情况以及产品的创新情况反映出来。以网络营销评估结果为参照，茶叶企业可以更加有针对性地整合自身内部资源，创造出适合企业发展特点和市场环境的企业组织，提高企业整体管理水平。

（二）网络营销评估是网络营销管理的需要，是实施有效网络营销的关键环节之一

正如所有合理活动都要有计划、执行和控制一样，茶叶企业网络营销活动也包含控制环节，控制环节就包括了评估过程。茶叶企业开展网络营销活动要实现其预定目标，那么营销计划、具体的营销活动实施过程的效果如何，不足之处和成功经验有哪些，都依赖于营销活动的评估。只有客观公正地评估过去，才能改进现行的工作，并对将来的活动产生影响，从而形成对营销活动评估基础的系统性积累。从这一点来讲，网络营销评估更具意义，它是实施有效网络营销的关键环节之一。

（三）网络营销评估有利于提高茶叶企业的知名度

营销活动也是茶叶企业扩大知名度的过程，网络营销的目的之一就是宣传企业。网络是全球性的宣传媒介，可以帮助企业在世界范围内提高知名度。客观公正地评估企业的网络营销活动有利于宣传企业、树立企业形象。同时，借助第三方机构的力量对企业开展网络营销的活动效果进行评估，也会获得广告宣传之外的效果。

（四）网络营销评估可以提高茶叶企业网络营销的水平

网络营销作为市场营销的一个重要组成部分，它的改善直接有利于茶叶企业营销活动的开展。不仅如此，通过网络营销评估，茶叶企业可以获得传统市场营销评估中难以获得的信息，推动企业营销工作的开展，对茶叶营销策略进行指导调整。

四、茶叶网络营销效果评估的步骤

网络营销评估需要遵循一定的程序。接下来将介绍基于不同营销方法的效果评价指标体系，可以综合评价企业的网络营销效果。一般来说，可以按照下列步骤对企业网络营销效果进行评估。

（一）建立评估的总体目标

开展网络营销效果评估工作的前提是确保企业相关部门和人员明确网络营销要达到的总体目标，包括提升品牌知名度、增加销售业绩、商誉维护等。

（二）成立评估小组

评估工作需要长期、滚动进行，才能对企业的网络营销策略形成全面、可持续的认识。因此，企业需要成立评估小组来组织和管理网络营销评估的过程。评估小组的职责包括收集数

据、确定评价指标权重、计算企业网络营销综合分数、对综合评价结果进行分析、向相关业务部门和高层管理人员汇报等方面的内容。

（三）确定评价指标体系

网络营销评估小组必须根据评估总体目标，结合当前网络营销工作的内外部环境及网络营销评价的主体任务，确定网络营销评价体系。

（四）收集数据、资料

收集数据与资料关乎网络营销评估结果的准确性。一方面，茶叶企业要主动提供评估的相关数据和资料；另一方面，评估小组应根据评估过程的需要及时补充最新资料，以保证评估的及时性、准确性。

（五）结果分析

评估小组根据所获得的数据、资料，通过模型计算，综合得到网络营销评估结果。评估小组应将该结果与营销目标进行比较，判断网络营销的实际效果，并通过分析评估结果，评价茶叶企业网络营销的经济效益。

（六）信息反馈

网络营销评估小组应将评估结果、分析报告、评价意见及时反馈给相关业务部门和高级管理人员，为进一步优化网络营销过程和结果提供意见和建议。

任务二　茶叶网络营销效果分析

一、建立网络营销分析指标体系

建立网络营销分析指标体系需要遵循以下原则。

（一）科学性原则

建立网络营销评价体系具有科学性。建立评价指标数学模型、收集评价资料、统计、分析等各个环节都要按照客观规律进行，充分考虑茶叶企业网络营销本身的特性和影响因素之间的关系。

（二）系统性原则

网络营销效果评价指标体系所包含的指标应能全面反映评价对象的真实水平，要做好定量指标与定性指标、绝对指标与相对指标、趋上优指标与趋下优指标、现实指标与潜在指标的结合使用。

（三）可操作性原则

基于不同的目的和网络营销方法，网络营销效果评价指标体系不尽相同。有些过于理想化的指标，虽然在理论上能准确反映网络营销的特征，但在当前的内外部环境下，其所依赖的基础信息无法获取，遇到以上情况，企业和评估小组应选择可操作性强的评价指标体系。

（四）定性与定量相结合原则

在建立网络营销效果评价指标体系时要积极采用定量指标，但这并不意味着否定定性指标的作用，在不能或不适合采用定量指标的情况下，也应该辅以定性指标，以保证评价结果的全面性、客观性和真实性。

二、影响茶叶网络营销效果的因素

（一）网站本身

信息的海量化分散了人们的视野，这对营销效果是致命的。无论是站内广告，还是站外广告，优质的网站结构、清晰的网站地图是影响网络营销效果的前提要素。

（二）网络平台

茶叶网络营销的平台选择是展开网络营销的必要前提，能否选择合适的网络营销平台，决定了茶叶产品本身是否具有较大的展示范围。

（三）文案的魅力

优秀的文案内容和内容策划是网络广告的基础。

三、茶叶网络营销效果评估的指标

网络营销方法及目标千变万化，有时网络营销活动的终极目标与销售没有直接关联，那么就不能以销售额作为衡量指标。在测评茶叶网络营销效果确定网站目标价值时，也就无法以具体数据为依据。例如，茶叶企业的网络营销目标就是建立和推广品牌，使更多用户注意到品牌名称，即可达成目标。

（一）网站流量

这是一组直观且具有说服力的数据，同时现有的工具完全可以提供相关的客观数据。网站流量的提升昭示着机会的增多，是茶叶企业营销效果的最直观表现，基于网站流量的效果评测均占据主要地位，但欺骗性的网站流量及低转化率问题仍不容忽视。

（二）销售转化率

销售转化率是销售量与广告浏览量（或访客）的比值。企业最关心的是销售和转化率。这种方式对于企业来说比较有利，但是不适合非销售导向的企业网站。例如，一个网站的目的是提高网站知名度和推广品牌，那这种网络营销效果测评方法显然不合理。

（三）网络广告浏览率

目前，网络广告浏览率越来越低，大多数网民都已经习惯和忽略网络广告，尤其是旗帜类广告。但在塑造茶叶企业和茶叶品牌时，以每千次显示为计费基础的网络显示广告也是一种不错的选择方式。虽然不一定能达成点击和销售，但可以把信息传达给网民，起到推广和强化品牌的作用。

（四）文章或新闻被转载率

这种方法多见于话题营销、网络炒作等。为了达到预期营销效果，网络营销策划机构会精心撰写高质量的茶叶软文，这些软文会被众多浏览者赞赏并且大量转载。在软文发布后的约定时间内，可以通过搜索文章被转载的次数，作为衡量网络营销活动的依据。

（五）账号订阅（关注）数量

微信营销、微博营销越来越被企业所重视，其作为茶叶企业品牌和茶叶产品的重要营销渠道，虽然不能直接带来销售，但可以维护客户关系，提升品牌形象。公众号的订阅数量直接体现该企业受关注的程度和受众的数量。这一数据的获得十分容易，可以作为微信营销、微博营销的效果测评依据之一。

（六）用户在线参与次数

有些企业营销活动以聚集用户数，鼓励网民参与某项活动为目标。因此，计算用户的参与程度和频率显得极为重要。参与程度主要涉及用户参与的时间长度、注册会员的数量等，频率主要是用户的回访周期频度等。但这些数据在统计上会存在一些问题和争议。

典型的是茶叶企业通常会在新茶推出前，吸引消费者到茶叶企业小程序或网站上玩游戏、猜题、下载壁纸、看宣传短片等。这些活动参与的人数，就是网络营销效果测评的依据。

（七）搜索引擎相关关键词排名情况

搜索引擎相关关键词排名对于搜索引擎营销来说是一个极为重要的指标，也是确定关键词营销效果的最有力表现。

以上几种情况，都难以用具体销售金额来计算营销效果，但是都可以用某种形式的数字作为依据。营销人员可以把这些数字当作一个分值，但通过这个分值可以评价网络营销的效果。例如，一个人下载壁纸记为 3 分，一个用户观看宣传短片记为 5 分。

在这些不能以销售金额为依据的情况下，重要的是相对的数字及趋势。营销人员在确定了评价依据后就要保持数据采集的连续性。在一段时间内，以分值或浏览量等数字评价网络营销效果，同样具有参考价值。

总而言之，重要的是任何网络营销活动都必须量化，进行监控和测评。就算具体数字的计算不是很准确，但只要保持计算方法一致，统计数字在时间更迭中变化就可以看出网络营销活动的效率变化。绝对值往往并不重要，重要的是相对值及变化规律。

四、基于不同网络营销方法的营销效果评价指标体系

下面介绍几种基于不同网络营销方法的营销效果评价指标体系。

(一)基于社交媒体的营销评估

1. 消费者成长路径 5A 法则

在移动互联网时代,消费者由独立的个体转变为聚合的群体,因而购买行为也由传统的 B2C(business to customer)形式演变为 G2G(group to group)形式,而社群内部的连接所产生的群体效应对消费者的成长路径产生了巨大影响。这可以总结为消费者成长路径 5A 法则。

(1)认知(aware)。

这是消费者接触产品 / 品牌的第一步,此时初步的认知和存在感已经建立,但这样的认知并不具备任何情感依附。

(2)吸引(appeal)。

吸引的驱动力来自需求,当消费者发现某种茶叶产品 / 品牌满足了他们的某一个需求或者激发了他们的兴趣点时,吸引便产生了。

(3)询问(ask)。

一旦对茶叶购买需求进行了初步确认,消费者便会着手进行相关信息的搜索,对信息进行分析,并最终形成方案评价与购买决策。

(4)购买(act)。

当消费者对产品的分析结果契合了购买动机时,购买意图最终便会转化为购买行为。

(5)拥护(advocate)。

购买产品后最理想的状态是拥护状态,此时消费者将通过社群内部的相互影响而扩散和放大,并反馈至 5A 法则中的其他环节。

2. 基于 5A 法则的评价指标

基于 5A 法则, KMG(科特勒咨询集团)研究院制定了一套评价社交媒体网络营销效果评价指标体系,见表 10–1。

表 10–1　社交媒体网络营销效果评价指标体系

指标	计算方法	指标解读
购买行动比(PAR)	购买人数 / 认知人数	传统的购买行动比保持在一个较高的水平,因而为了扩大销售额,最好的方法就是通过广告战来提升基数——品牌认知人数。以前,大型茶叶企业会绞尽脑汁做创意,在大众媒体投放广告以吸引更多的人知道自己的品牌;而在社交媒体时代,由于品牌选择多样性的爆炸式增长以及消费者媒体消费习惯的变更,购买行动比出现了大幅下降
品牌拥护比(BAR)	拥护人数 / 认知人数	新媒体时代,粉丝经济逐渐成为品牌的关键词,因而 BAR 将代替 PAR 成为更重要的指标,更高的 BAR 代表更高的粉丝经济生产力

续表

指标	计算方法	指标解读
吸引指数	吸引人数 / 认知人数	提高吸引指数需要借助品牌的力量，通过品牌定位及品牌差异化在消费者心中占据的独特地位，创造传播驱动力，并通过具体的营销传播来落实
好奇指数	询问人数 / 吸引人数	提高好奇指数需要借助社群的力量，用社交媒体营销来煽动人们的好奇心，实现好奇指数的爆炸式增长，达到“疯传”的效果
认同指数	购买人数 / 询问人数	认同指数的关键在于渠道管理与销售人员管理，尽管如今的“渠道”在实体之外包含了更多线上的概念，但线下场所依然是非常重要的环节
亲密指数	拥护人数 / 购买人数	亲密指数可以通过会员制度中的积分累积、等级奖励等方式，与客户形成共同利益点，把新客户变成“回头客”

3. 基于网站的营销评估

(1) 网站流量分析工具。

对于开展电子商务的大型网站，使用付费的分析工具是比较好的选择。对于一般的个人网站或者小型的电子商务网站而言，使用免费的分析工具即可满足设计需求。免费的分析工具很多，最知名的当属“Google 分析师”，其他比较流行的分析工具有 StatCounter、中国站长联盟统计和百度统计等。

①中国站长联盟统计是一家针对各类网站提供技术及资源服务的网站，现拥有国内最大的源码发布下载中心以及站长、网管聚集的站长社区，下载中心已经成为国内大型的同类下载站之一，每日的下载量达十万次以上，提供下载的文件储量达 60G 以上；站长社区已有十几万的用户群，并发表了一百多万与技术相关的帖子，网站还提供了很多专门针对网站的特色服务，几年内已为国内数十万的中小型站点提供了数亿次的服务。

中国站长联盟统计界面如图 10-1 所示。

图 10-1　中国站长联盟统计界面

②百度统计是百度公司推出的一款免费的专业网站流量分析工具，能够告诉用户访客是如何找到并浏览其网站，在网站上做了什么。有了这些信息，可以帮助用户改善网站的使用体验，不断提升网站的投资回报率。

百度统计的推广分析部分是针对百度公司的推广客户专门定制的一站式推广效果分析平台。基于推广数据、网站流量数据，该平台可以帮助客户快速评估推广效果。

百度统计界面如图 10-2 所示。

图 10-2 百度统计界面

(2)基于网站的营销评价指标体系。

基于网站营销的效果评价指标体系如表 10-2 所示。

(3)基于茶叶网络新零售的效果评估指标。

①网站 / App 相关指标。

这部分主要是流量相关指标，包括独立访问者数量、重复访问者数量、页面浏览数、每个访问者的页面浏览数和某些具体文件或页面的统计指标。

a. 访问量 / 浏览量(PV)：指用户访问的网页数量。PV 是一个重要的评价指标，反映了网站 / App 内容是否对用户有足够的吸引力。一个网站的访问量越高，说明它的知名度越高，内容越受用户欢迎。在一定统计周期内，用户每打开或刷新一个页面，PV 就是 1；同一页面被多次访问，则 PV 进行累加计算。

b. 独立访客数(UV)：指在一定时间内有多少不同的用户访问了网站 / App，以计算机中的 cookie 为依据来判断当前访问者是否为不同的用户。例如，A 用户登录网站后没有退出，B 用户继续使用 A 用户的账户访问网站，则 UV 就是 1；如果 A 用户退出登录后，B 用户用自己的账户访问网站，则 UV 就是 2。

c. 访问次数：指用户完整打开网站页面进行访问的次数。访问次数是网站访问速度的衡量标准，访问次数一般会大于独立访客数。如果访问次数明显少于独立访客数，则说明很多用户在没有完全打开网页时就将网页关闭，此时需要仔细检查网站，查看是网站空间还是后台程序出现问题。

表 10-2　基于网站营销的效果评价指标体系

一级指标	一级指标解读	二级指标	二级指标解读
网站设计	网站设计指标是从网站用户的体验角度出发，衡量网站的功能、布局的合理性等	页面加载时间	—
		是否有无效链接	—
		浏览器兼容性	—
		搜索引擎识别代码	—
		HTML 代码设计	—
		Java 程序设计	—
网站推广	网站推广评估包括网站的搜索引擎排名以及与企业相关的其他推广工具的使用情况，如与相关重要网站的链接、外链文章等	建立互惠连接的数量	因为访问者可以直接从链接的网页进入网站，所以在其他网页链接的数量越多，对搜索结果排名越有利
		注册用户的数量	用户数量是一个网站价值的重要体现，在一定程度上反映了网站的内容为用户提供的价值
		网站的实际知名度	—
		登记搜索引擎的数量和排名	登记的搜索引擎越多，越可以增加用户访问量。搜索引擎的排名也很重要，排在搜索引擎前三页的引擎将具有更高的点击率
网站流量	—	网站流量	访问量、绝对唯一访问者数、页面访问数、平均页面访问数
		用户行为	在网站停留的时间、文件访问数、弹出率、访问深度等
		浏览网站的方式	浏览器类型、版本，计算机操作系统，用户 IP 地址等

d. 活跃用户数：指在某个统计周期内启动过网站 / App 或操作过核心功能的用户数量。根据不同的统计周期，活跃用户数可以分为日活跃用户数、周活跃用户数和月活跃用户数。

不同类型的 App 关注的活跃用户数的统计周期有差异，例如，新闻、社交、音乐等类型的 App 是大多数用户每天都会使用的应用，因此企业评价指标均为日活跃用户数。但对于某些使用频率较低的 App（如旅游、婚纱摄影类 App 等），企业可能会关注月活跃用户数，甚至更长时间周期内的活跃用户数。

e. 平均访问时长：指用户访问网站的平均停留时间，这是衡量网站用户体验的一个重要指标。如果用户不喜欢网站的内容，可能很快就关闭网页，那么平均访问时长就很短；如果用户对网站的内容感兴趣，那么平均访问时长就会相应增加。平均访问时长的计算公式如下：

$$平均访问时长=\frac{总访问时长}{访问次数}$$

f. 跳出率：指访客进入网站后，只访问一个页面就离开网站的访问次数占总访问次数的百分比。跳出率是反映网站流量质量的重要指标，跳出率越低，则说网站流量质量越好，用户对网站的内容越感兴趣。跳出率的计算公式如下：

$$跳出率=\frac{只访问一个页面就离开网站的访问次数}{总访问次数}\times 100\%$$

②网络推广（广告）相关指标。

a. 展示 / 印象量：网络广告每显示一次称为一次展示 / 印象，展示量一般为广告投放页面的浏览量，通常反映广告所在媒体的访问热度，也是广告 CPM（千次印象成本）付费的基础。

b. 点击量：指网络广告被点击的次数。广告点击量与产生点击的用户数（多以 cookie 为统计依据）之比，可以初步反映广告是否含有虚假点击。例如，一个网络广告一小时内的点击量为 100，如果这 100 个点击是由 100 个不同用户产生的，则这一比例为 1（即 100/100）；如果有一个用户重复点击了 50 次，则这一比例就变为 2（即 100/50）。

广告点击量与广告展示量之比称为广告点击率，也就是看到广告的用户中有多少用户点击了广告，反映了广告对网民的吸引程度。点击量统计是网络广告 CPC（每次点击成本）付费的基础。

c. 到达率：通过点击广告到达被推广网站的用户比例。到达率通过广告到达量与广告点击量的进行计算，其中广告到达量是指用户点击广告到达推广网站的次数，广告到达率反映了广告点击的质量。计算公式如下：

$$广告到达率=\frac{广告到达量}{广告点击量}\times 100\%$$

d. 转化率：通过点击广告进入推广网站的用户形成转化的比例。转化是指用户身份产生转变，例如，用户从普通浏览者升级为注册用户或购买用户（消费者）等。转化一般发生在某些特定页面（如注册成功页、购买成功页、下载成功页等），这些页面的浏览量称为转化量。广告用户的转化量与广告到达量的比值称为广告转化率。也就是通过网络广告到企业站点的用户，有多少成为会员、有多少产生消费等，因此这个指标体现了广告的直接收益。计算公式如下：

$$转化率=\frac{转化量}{到达量}\times 100\%$$

③网络销售相关指标。

企业的最根本目标是营利，因此与销售效果评估相关的指标必不可少。在基于互联网的新零售时代，需要了解销售的漏斗模型（图 10–3），计算公式如下：

$$销售额=流量\times 转化率\times 客单价\times 复购率$$

在上述公式的四个指标中，流量和转化率前面已经做了相关介绍，客单价就是一个消费者一次消费的金额，消费金额越高，越有价值。复购率是指消费者再次消费的可能性，这类消费者通常称为回头客，对于企业来说回头客越多越好。

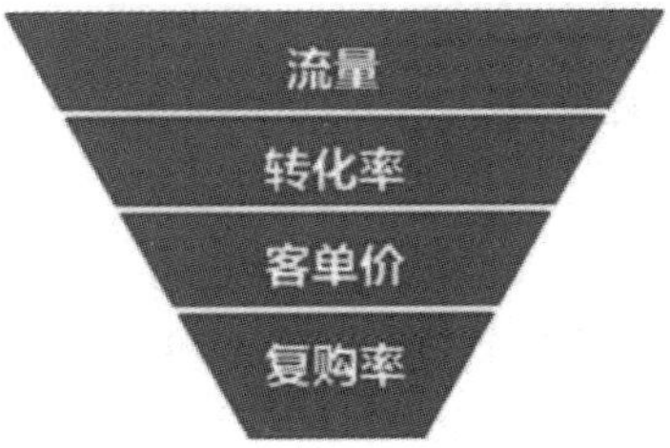

图 10-3 销售的漏斗模型

由此可见,这四个指标的乘积越大越好。企业营销的重点就在于提高这四个指标值。提高以上四个指标的主要策略如下所述。

a. 流量:参考前文介绍。

b. 转化率:让访问茶企网站的用户尽可能产生购买欲,并转化为实际购买,这是转化率的根本。可以参考如下策略:

· 流量的精准性:使访问网站 / App 的用户和茶企目标用户的重合程度尽量高。

· 爆品战略:所谓爆品就是广受消费者欢迎的商品,这需要茶企通过市场调研、查看用户评论内容,了解、挖掘大部分茶叶消费者都喜欢的商品特征和属性。

· 精准选品推荐:根据不同消费者的特征属性及历史行为分析进行个性化商品推荐,这需要用到大数据分析技术。

c. 客单价:可通过商品和价格两方面增加消费者单次购买的金额。

·商品:通过关联销售、捆绑销售、增量销售等方式实现。关联和推荐的茶叶商品十分重要,要选择目标消费者感兴趣的茶叶商品进行推荐。对于茶叶企业,适当进行茶叶、茶具的搭配关联,如卖茶叶时可以关联推荐适合搭配的茶具等。

· 价格:主要通过不同形式的促销实现,以满足消费者"占便宜"的心理。例如,某茶叶企业淘宝店推出优惠券和消费一定金额包邮的活动,当消费者挑选了几件商品,但是还没有达到包邮的金额时,看到店家的促销信息就会考虑多购买几件商品,以享受包邮服务。因此,消费者并不一定是为了购买便宜的商品,而是因为"占便宜"的心理,希望追求一种"物超所值"的感觉。

转化率和客单价结合在一起表示单个流量所能产生的最大化价值。

d. 复购率:让消费者持续购买是复购率要努力解决的问题。通过复购率,挖掘消费者终身价值,也就体现了品牌价值。提高复购率可以通过以下策略实现。

· 强化品牌认知:通过向目标消费者传递差异化的品牌定位,强化品牌认知,积累品牌资产,让消费者产生信任和黏着度。

· 构建转换成本:例如,可以通过积分、累积权益等方式构建消费者转换成本,用这类"虚拟资产"激励消费者长期使用一种品牌。会员制、客户忠诚度计划等也都是常用策略。

· 打通全渠道:为用户提供线上、线下随时随地购买商品的便利条件,尽可能消除购物障碍。

五、茶叶网络营销效果评估的方法

开展网络营销的茶叶企业在不同时期对网络营销系统的评价方法不同,有时是为了提升网络营销策略的水平，而有时是为了提升茶叶企业整体的品牌知名度等，因此网络营销评估的方法也各不相同。常见的网络营销效果评估方法有以下几种。

（一）问卷调查

目前，问卷调查的方式包括在网站上发放调查问卷，直接向消费者调查，或者向消费者发送调查问卷的电子邮件，询问消费者对某个茶叶企业或某款茶叶产品网络营销的意见。对于如网站排名、受欢迎程度等信息，可以采用投票的方法进行。这样做的优点是调查问卷直接面向消费者，可以掌握第一手资料，了解消费者的需求。

进行问卷调查时应注意以下问题：①调查样本的选择；②要根据评价指标精心设计调查问卷的题目；③调查不能涉及消费者未掌握的内容或无法回答的内容；④采用投票方式采集数据时，以防止舞弊行为的发生。

（二）运用评价工具

网络营销企业可以灵活运用统计工具、程序包等来获取和分析相关数据。评估过程中，要注意分析和研究下列资源的信息：服务器、系统日志、用户注册数据库、第三方服务机构提供的数据报表等。

（三）第三方服务机构评价

目前我国网络营销效果评估还处于起步阶段，第三方服务机构提供的服务有限，国内开展网络营销评价的主体一般是管理咨询公司。第三方服务机构的服务机制略有差异，有的采取会员制，采用由企业申请、行业权威机构受理的形式；有的则提供定制化的网络营销评估服务。

我国具有权威性的评价机构是中国互联网络信息中心，该机构可为国内企业提供第三方网站流量认证服务。

复习思考题

1. 简述网络营销评估的步骤。
2. 建立网络营销效果评价指标体系的原则是什么？
3. 简述影响网络营销效果的因素。
4. 网络营销效果评价的指标是什么？

工作任务清单——茶企推广数据统计和分析

任务情景描述

2022 年，中国茶迎来空前的高光时刻，无论是中越茶叙还是金砖会晤，这些国际场合的亮相让茶叙外交、大国茶礼等词汇热议不断，国内外的高关注度成为助力中国茶迈向新阶段的推进器。

2023年5月10日,2023中国茶品牌建设论坛在上海举办。来自茶业、酒业、体育等领域的领导专家、企业代表、媒体代表共聚一堂,就茶文化传播、茶品牌建设、茶产业高质量发展进行深层跨界探讨。活动现场,揭晓了2023大众喜爱的中国茶品牌、2023大众喜爱的中国茶企品牌、2023茶企品牌建设优秀案例集、2023年度"中国名茶品牌传播力指数"入围品牌结果。

茶作为经济作物之一,扮演着非常重要的角色,成为推动中国农村经济发展的重要力量。茶文化在中国发展光大,不仅影响了世界文化,还成为中国联通世界的重要纽带。

对已上线运营的茶企网络营销进行推广数据统计和分析,并对收录数、外部链接数、页面访问量、独立IP访客量、来源、访问停留时间、跳出率、访问深度、转化率等指标分别予以衡量统计,观察和分析这些数据所代表的意义,以及对网站的影响。

建议学时

2学时

任务流程与活动

任务活动1:任务确立;

任务活动2:收集数据;

任务活动3:数据分析;

任务活动4:评价与总结。

任务活动1:任务确立

(1)活动思考。

本项目工作任务的具体内容是什么?

____

____

____

(2)思想提升。

电商平台上茶企网络营销的效果如何?通过哪些数据可以体现电商茶企店铺的效益?

____

____

____

任务活动2:收集数据

活动步骤	活动要求	活动记录
步骤1	查询网站的百度收录数量和外部链接数量	记录数据
步骤2	分析网站的关键词,并查询关键词在搜索引擎(如百度)上的排名	记录数据
步骤3	利用站长统计工具进入数据统计分析后台,对比PV、UV等各项流量指标(按时段对比、按页面对比)	记录数据

任务活动 3:数据分析

活动步骤	活动要求	活动记录
步骤 1	从访客停留时间、跳转率等数据分析客户的行为	记录分析内容
步骤 2	站在用户角度，根据记录内容，分析网站的设计，找出需改进的细节	记录需改进的细节
步骤 3	提出改进的建议	记录建议

任务活动 4:评价与总结

(1)评价。

一级指标	二级指标	评价内容	分值	自评	互评	师评
工作能力	学习能力	可以完成学习活动的各种能力组合	10			
	操作能力	能够根据所学的技能独自完成工作任务	10			
	创新能力	具备新思想、新理论、新方法和新发明的能力	10			
工作态度	学习方法	根据工作任务能对知识进行归纳总结	10			
	学习态度	对学习保有较为持久的行为状态	10			
作品成果	成果展现	作品完整度	50			

(2)所思所获。

参考文献

References

[1] 姜含春 . 茶叶市场营销学 [M]. 北京:中国农业出版社,2010.

[2] 何晓兵 . 网络营销 [M]. 北京:人民邮电出版社,2023.

[3] 郭黎,王庆春 . 网络营销(微课版)[M].2 版 . 北京:人民邮电出版社,2023.

[4] 赵铁 . 网络营销:策划与推广(微课版)[M].2 版 . 北京:人民邮电出版社,2023.

[5] 陈德人 . 网络营销与策划:理论、案例与实训(微课版)[M].2 版 . 北京:人民邮电出版社,2022.

[6] 马继刚,王娟 . 网络营销与策划项目教程 [M].2 版 . 北京:机械工业出版社,2019.

[7] 方玲玉 . 网络营销实务—— "学 · 用 · 做" 一体化教程 [M].4 版 . 北京:电子工业出版社,2021.

[8] 周浩 . 我国茶叶网络营销现状及发展对策 [J]. 茶叶通讯,2010,37(02):36-38.

[9] 武咸春,姜含春 . 浅析茶叶企业的网络营销策略 [J]. 中国茶叶加工,2008(02):8-10.